Realidades sobre
DOCTRINAS FALSAS

- Mormonismo • Testigos de Jehová • Masonería
- Nueva Era • Evolucionismo • y mucho más

Ron Carlson y Ed Decker

Editorial UNILIT

Editorial Unilit
Miami, Fl. 33172
Derechos reservados

Primera edición 2001

© 1994 Harvest House Publishers, Eugene, Oregon 97402
Originalmente publicado en inglés con el título: *Fast Facts On False Teachings*
por Ron Carlson y Ed Decker, Harvest House Publishers.

Ninguna parte de esta publicación podrá ser reproducida, procesada en algún sistema que la pueda reproducir, o transmitida en alguna forma o por algún medio electrónico, mecánico, fotocopia, cinta magnetofónica u otro excepto para breves citas en reseñas, sin el permiso previo de los editores.

Traducido al español por: Andrés Carrodeguas

Citas bíblicas tomadas de
la Santa Biblia, revisión 1960 © Sociedades Bíblicas Unidas.
Usada con permiso.

Producto 495150
ISBN 0-7899-0871-9

Impreso en Colombia
Printed in Colombia

*Al doctor Walter Martin,
nuestro viejo amigo y mentor,
quien nos animó e inspiró a ambos siempre
a "contender por la fe" (Judas 3)*

Contenido

¿Por qué defender la fe?

1. El ateísmo 17
2. El budismo 23
3. La personalidad de Dios 33
4. La evolución: La teoría increíble 57
5. La masonería y la logia masónica 79
6. El hinduismo, el yoga y la reencarnación 103
7. El islam 115
8. Los testigos de Jehová: La Sociedad de biblias
   y tratados de la Torre del Vigía 135
9. Jesús y las sectas 155
10. El mesías coreano: Sun Myung Moon y
    la Iglesia de la Unificación 171
11. El mormonismo: La Iglesia de Jesucristo de
    los santos de los últimos días 189
12. El movimiento de la Nueva Era 211
13. La teología de la prosperidad: La nueva idolatría ... 225
14. El catolicismo romano 245
15. El satanismo y la explosión del ocultismo 271
16. La meditación trascendental 293

¿Por qué defender la fe?

La presentación de la apologética no siempre goza de popularidad. A una persona sectaria no le va a gustar mucho que *usted* conozca cosas que él hubiera querido que no conociera nunca, e incluso habrá muchos cristianos que se van a sentir incómodos con su nuevo celo por la defensa de la fe. De hecho, es posible que se quede sorprendido por el número de cristianos bien intencionados que consideran que la defensa de la fe es algo demasiado embarazoso y negativo para intentarla siquiera. Dicen: "Es algo muy poco amoroso, Dios ve el corazón de esas personas. ¿Quiénes somos nosotros para juzgarlas?" Así que se echan a un lado y permiten que una mentira se convierta en norma, porque ellos no hablan para defender las doctrinas y la pureza de nuestra fe.

Comencemos por definir desde el principio el mundo de la apologética y la polémica cristianas.

Apologética: Discusión sistemática para defender algo, como una doctrina. Defensa de la fe.

Polémica: Un enérgico ataque o refutación de las opiniones o principios de otro, como cuando se denuncia una herejía.

La Biblia nos dice en Judas 3:

> Amados, por la gran solicitud que tenía de escribiros acerca de nuestra común salvación, me ha sido necesario escribiros exhortándoos que contendáis ardientemente por la fe que ha sido una vez dada a los santos.

Pablo nos dice en Filipenses 1:7:

> Como me es justo sentir esto de todos vosotros, por cuanto os tengo en el corazón; y en mis prisiones, y en

la defensa y confirmación del evangelio, todos vosotros sois participantes conmigo de la gracia.

En 2 Timoteo 2:15, Pablo dice:

> Procura con diligencia presentarte a Dios aprobado, como obrero que no tiene de qué avergonzarse, que usa bien la palabra de verdad.

Dice además en 2 Timoteo 4:2:

> Que prediques la palabra; que instes a tiempo y fuera de tiempo; redarguye, reprende, exhorta con toda paciencia y doctrina.

Pedro da también este mismo mensaje en 1 Pedro 3:15:

> Santificad a Dios el Señor en vuestros corazones, y estad siempre preparados para presentar defensa con mansedumbre y reverencia ante todo el que os demande razón de la esperanza que hay en vosotros.

Teniendo en cuenta estas exhortaciones bíblicas, vemos que *los cristianos tenemos el deber de cumplir la misión que el Señor nos ha encomendado.* Nos convertimos en defensores de la fe cuando les testificamos a los que están perdidos en las tinieblas, y en especial a los que llevan esas falsas enseñanzas al mundo que nosotros buscamos ganar para Cristo.

La defensa de la fe de Israel

En el relato bíblico del encuentro entre Elías y los profetas de Baal, hallamos que se había introducido la adoración de Baal en Israel. Por eso Elías se acercó al pueblo y clamó:

> ¿Hasta cuándo claudicaréis vosotros entre dos pensamientos? Si Jehová es Dios, seguidle; y si Baal, id en pos de él.

Después, retó a los profetas de Baal para que hicieran que Baal enviara fuego del cielo sobre el sacrificio que tenían preparado. Aunque ellos clamaron a Baal desde la mañana hasta el mediodía, saltando junto al altar y dándose cortes en la piel, no sucedió nada.

Elías se burlaba de ellos diciendo:

> Gritad en alta voz, porque dios es; quizá está meditando, o tiene algún trabajo, o va de camino; tal vez duerme, y hay que despertarle.

Entonces, él le rogó a Dios que descendiera fuego del cielo, y el fuego consumió no solo el sacrificio, sino también las piedras del altar y el agua que había en la zanja que lo rodeaba (1 Reyes 18).

¿Qué dijo Jesús?

En Mateo 12:34, 39, Jesús les dijo esto a los dirigentes religiosos de sus tiempos:

> ¡Generación de víboras! ¿Cómo podéis hablar lo bueno, siendo malos?... La generación mala y adúltera demanda señal.

Después siguió diciendo en Mateo 13:15:

> Porque el corazón de este pueblo se ha engrosado, y con los oídos oyen pesadamente, y han cerrado sus ojos; para que no vean con los ojos, y oigan con los oídos, y con el corazón entiendan, y se conviertan, y yo los sane.

En Mateo 15:7 les llamó "hipócritas" a los escribas y fariseos, y en el versículo 9 dijo:

> En vano me honran, enseñando como doctrinas, mandamientos de hombres.

En Mateo 21, relacionó la parábola de los labradores malvados con los dirigentes religiosos de Israel. En Mateo 23:23-25, 27, 28, 33, dijo:

> ¡Ay de vosotros, escribas y fariseos, hipócritas! porque diezmáis la menta y el eneldo y el comino, y dejáis lo más importante de la ley: la justicia, la misericordia y la fe. Esto era necesario hacer, sin dejar de hacer aquello. ¡Guías ciegos, que coláis el mosquito, y tragáis el camello! ¡Ay de vosotros, escribas y fariseos, hipócritas! porque limpiáis lo de fuera del vaso y del plato, pero por dentro estáis llenos de robo y de injusticia....
>
> ¡Ay de vosotros, escribas y fariseos, hipócritas! porque sois semejantes a sepulcros blanqueados, que por fuera, a la verdad, se muestran hermosos, mas por dentro están llenos de huesos de muertos y de toda inmundicia. Así también vosotros por fuera, a la verdad, os mostráis justos a los hombres, pero por dentro estáis llenos de hipocresía e iniquidad.
>
> ¡Serpientes, generación de víboras! ¿Cómo escaparéis de la condenación del infierno?

Son demasiados los que están dispuestos a escuchar las palabras de paz y de fe de Jesús, pero no lo están para oír al Jesús que reprendió a aquellos maestros que guiaban a sus seguidores hacia las tinieblas (Mateo 15:14).

Hablan los apóstoles

Los apóstoles y discípulos de Jesús también reprendieron con valentía a los falsos maestros de sus tiempos. Los primeros entre estos apologetas fueron Pedro en Hechos 2:14-41; 3:12-26; 4:8-12 y Esteban en Hechos 6:8-10; 7:1-60, los cuales hablaron fuertemente contra aquellos judíos incrédulos.

En Hechos 13:8-12, Pablo condenó la hechicería. Habló contra los dirigentes judíos en Hechos 13:16-46; 14:1-4; 17:1-4, además de razonar con ellos a partir de las Escrituras en sus sinagogas. En Hechos 17:16-34, sostuvo una contienda con los judíos, y después contra el paganismo de los griegos. Después defendió ante los gálatas su condición de apóstol y la doctrina de la gracia contra los judaizantes.

Los primeros padres de la Iglesia

Las correcciones fuertes no terminaron con Cristo y los apóstoles. Después de haber desaparecido ellos de la escena, hubo grandes hombres de Dios que se levantaron para defender a la Iglesia, incluso en momentos en los que hacerlo se consideraba ilegal.

Primeramente, aquellos hombres tuvieron que defender la fe contra los judíos, y después más tarde contra el paganismo y las herejías posteriores. Los primeros de ellos fueron Cuadrato, obispo de Atenas, y Arístides, filósofo también ateniense, quien escribió una defensa del cristianismo dirigida al emperador Adriano alrededor del año 117.

Entre los años 117 y 138, Hegesipo escribió acerca de las herejías de Simeón, Cleobo, Gorteo, Masboteo, Menandro, Marción, Carpócrates, Valentín, Basílides y Saturnilio, y también contra las herejías judías de los esenios, galileos, hemereobaptistas, samaritanos, saduceos y fariseos.

Más tarde, Justino Mártir escribió su primera apología dirigida al emperador Antonio Pío alrededor del año 138. Taciano escribió contra los griegos alrededor del 163. Justino escribió su segunda apología dirigida a los emperadores, su diálogo con Trifón (a los judíos) y su exhortación a los griegos. Por aquellos mismos años, Atenágoras y Ticiano escribieron sus apologías.

Melitón de Sardis escribió un discurso dirigido al emperador Antonio alrededor del año 166. En este mismo período de tiempo, Dionisio de Corinto y Filipo de Gortina escribieron contra Marción, y Teófilo de Antioquía escribió contra Marción y contra otros. Apolinar, obispo de Hierápolis, escribió cinco libros contra los griegos, dos contra los judíos y otra contra la herejía frigia y contra Montano. Musano Modesto (discípulo de Justino) escribió una elegante obra dirigida a algunos de los hermanos que se habían apartado de la verdad para caer en la herejía de los encratitas y de Ticiano.

Ireneo, Tertuliano y Orígenes

Entre los años 170 y 220, Ireneo, obispo de Lyón, escribió su obra "Del conocimiento" contra los griegos, y también la obra "Contra las herejías" o "Destrucción de la falsa doctrina", en la cual bosquejaba y rechazaba las doctrinas de los gnósticos, entre ellos Simón el Mago, Cerinto, Valentín, Marción y otros.

Alrededor del año 180, Roto, discípulo de Ticiano, escribió contra Marción y otros falsos maestros. El historiador Milcíades escribió contra Montano y la herejía parafrigia del montanismo. Apolonio de Roma escribió contra la herejía frigia y contra Montano. Serapión, obispo de Antioquía, escribió contra los frigios.

Sobre el año 194, Tertuliano escribió su apología, y en el 205, Clemente de Alejandría rechazó a los heresiarcas griegos. Entre los años 205 y 250, Orígenes dialogó con Berilo, recuperándolo de la herejía a la verdad. También escribió una contestación al epicúreo Celso llamada "La verdadera doctrina", y se le atribuye además el haber sostenido polémicas con los árabes y más tarde con los helcisaítas, logrando que muchos de ellos regresaran a la ortodoxia. Entre 250 y 256, Cipriano de Cartago escribió contra Novato, y Cornelio de Roma escribió contra Novato y contra las herejías de los cátaros.

La apologética en los concilios

Durante este mismo período, Dionisio, obispo de Alejandría, escribió contra los novacianos, los sabelianos y más tarde contra el cisma de Nepos. En el concilio de Antioquía, un antiguo sofista refutó a Pablo de Samosata. En el año 314 se celebró el concilio de Arlés contra los donatistas, y en el 325, el de Nicea para hacer frente a la herejía arriana.

Solo hemos mencionado algunos de los padres de la Iglesia que defendieron la fe hasta los tiempos de Nicea contra los judíos, el paganismo y las herejías. De no haber sido por sus obras de polémica y apologética, conoceríamos realmente muy poco sobre estos grandes hombres de los cuatro primeros siglos del cristianismo, puesto que este tipo de defensa de la fe compone la mayor parte de los escritos suyos que han llegado hasta nosotros.

Dios llama a los reformadores

Además de los anteriores, hay una multitud de grandes hombres de todos los tiempos (como Agustín y Martín Lutero) que se han pronunciado contra las herejías, los excesos y el mal uso del poder dentro y fuera de la Iglesia.

No fueron pocos los que murieron mártires por defender la fe que nosotros damos por sentada.

Entre los principios doctrinales que ellos defendieron de manera tan vigorosa, se hallan:

la divinidad de Cristo
la Trinidad
la soberanía de Dios
la infalibilidad de las Escrituras
la perversión del ser humano
la salvación como don gratuito por medio de la fe en Cristo
la certeza del juicio final

También escribieron contra el gnosticismo, una terrible herejía que se está infiltrando de nuevo en la doctrina cristiana.

Los apologetas de nuestros tiempos

En nuestra época, ha habido hombres como Charles Finney y Dwight L. Moody que se han pronunciado contra la masonería en la iglesia y la inmoralidad, adoptando así una firme posición a favor de la fe.

Hoy en día, la apologética se ha ampliado para abarcar muchos campos diferentes en defensa del cristianismo bíblico histórico. Entre los apologetas más destacados que han defendido la fe se hallan C. S. Lewis, quien fue un gran apologeta *literario;* Francis A. Schaeffer, quien fue apologeta *filosófico;* Walter Martin, quien fue pionero de los tiempos modernos en la apologética *religiosa y de cultos;* Henry Morris, quien se especializa en la apologética *científica* en defensa de la creación; Josh McDowell, quien presenta una apologética *histórica;* John Warwick Montgomery, quien usa principios *legales* para defender la verdad cristiana, y Charles Colson, quien articula una apologética *cultural* en defensa de los absolutos eternos que nos ha dado Dios.

Con estos y con muchos más, tenemos una deuda personal de gratitud. Hoy nos hallamos junto a los que han pasado antes de nosotros y decimos:

> No me avergüenzo del evangelio, porque es poder de Dios para salvación a todo aquel que cree; al judío primeramente, y también al griego (Romanos 1:16).

La sencillez del Evangelio

Cuando estudiamos las extrañas manipulaciones de los hombres en las cosas de Dios, solo podemos sacudir la cabeza, asombrados ante el desastre en que algunos de ellos han convertido el Evangelio. El apóstol Pablo comenta:

> ¡Ojalá me toleraseis un poco de locura! Sí, toleradme. Porque os celo con celo de Dios; pues os he desposado con un solo esposo, para presentaros como una virgen

pura a Cristo. Pero temo que como la serpiente con su astucia engañó a Eva, vuestros sentidos sean de alguna manera extraviados de la sincera fidelidad a Cristo. Porque si viene alguno predicando a otro Jesús que el que os hemos predicado, o si recibís otro espíritu que el que habéis recibido, u otro evangelio que el que habéis aceptado, bien lo toleráis (2 Corintios 11:1-4).

Aquí, la clave está en la *sencillez* del Evangelio. La Biblia no es un absurdo; nos presenta una descripción clara y sencilla de la verdad.

Los grupos religiosos aberrantes oscurecen la claridad de la Palabra y llevan el caos al alma. Veamos por unos instantes esta sencillez del Evangelio.

Lo que dice la Palabra de Dios

1. Solo hay un Dios verdadero (Deuteronomio 6:4; Isaías 43:10, 11; 1 Corintios 8:4).
2. Dios es un espíritu que llena los cielos y la tierra (Jeremías 23:24; Juan 4:24).
3. Dios no es hombre (Números 23:19; Job 9:32; Oseas 11:9).
4. Jesús es Dios todopoderoso, manifestado en la carne (Juan 1:1-3, 14, 18; Colosenses 1:15-17; 1 Timoteo 3:16).
5. Jesús preexistió en el cielo. Con el hombre no fue así (Juan 8:23; 1 Corintios 15:46-49; Génesis 2:7; Zacarías 12:1).
6. Nos convertimos en hijos de Dios por adopción (Romanos 8:14-16; Gálatas 4:5, 6; Efesios 1:5).
7. El Evangelio (las buenas nuevas) por el cual somos salvos, es que Jesús nos proporcionó el perdón de los pecados, la resurrección y la vida eterna por medio de la obra que realizó (1 Corintios 15:1-4; Hebreos 1:3; Juan 19:30; Colosenses 1:20-22).

8. Somos salvos por gracia por medio de la fe para realizar buenas obras, como hechura de Dios que somos (Efesios 2:8-10).
9. Dios nos hace nuevas criaturas, en su función de Autor y consumador de nuestra fe (2 Corintios 5:17-21; Hebreos 12:2).

Entonces, ¿qué es necesario hacer para ser salvo?

1. Confiésele sus pecados a Dios y apártese de ellos (Romanos 3:23; 1 Juan 1:8, 9).
2. Confiese con la boca al Señor Jesús y crea con el corazón que Dios lo levantó de entre los muertos (Romanos 10:9).
3. Pídale a Jesús que entre a su vida y lo convierta en aquel que Él quiere que usted sea (Filipenses 2:13; 3:9; Romanos 12:1, 2).

1
Realidades sobre...

El ateísmo

Filosóficamente, es imposible ser ateo, puesto que para ser ateo, sería necesario tener un conocimiento infinito, a fin de estar seguro por completo de que no hay un Dios. Ahora bien, para tener un conocimiento infinito, tendríamos que ser Dios. Es difícil ser Dios y ateo al mismo tiempo. La Biblia afirma en el Salmo 14:1: "Dice el necio en su corazón: No hay Dios".

El apóstol Pablo dice en Romanos 1:18-23, 25:

> Porque la ira de Dios se revela desde el cielo contra toda impiedad e injusticia de los hombres que detienen con injusticia la verdad; porque lo que de Dios se conoce les es manifiesto, pues Dios se lo manifestó. Porque las cosas invisibles de él, su eterno poder y deidad, se hacen claramente visibles desde la creación del mundo, siendo entendidas por medio de las cosas hechas, de modo que no tienen excusa.
>
> Pues habiendo conocido a Dios, no le glorificaron como a Dios, ni le dieron gracias, sino que se envanecieron en sus razonamientos, y su necio corazón fue entenebrecido. Profesando ser sabios, se hicieron necios, y cambiaron la gloria del Dios incorruptible en semejanza de imagen de hombre corruptible, de aves, de cuadrúpedos y de reptiles...

Cambiaron la verdad de Dios por la mentira, honrando y dando culto a las criaturas antes que al Creador, el cual es bendito por los siglos. Amén.

Dios se ha revelado con claridad en cuatro formas distintas sobre todo, de manera que el ser humano no tenga excusa cuando se trate de su conocimiento.

Revelado por medio de la creación

En primer lugar, Dios se nos reveló por medio de lo que ha creado. La Biblia comienza con estas palabras: "En el principio creó Dios los cielos y la tierra". El Salmo 19:1 dice: "Los cielos cuentan la gloria de Dios, y el firmamento anuncia la obra de sus manos".

En una ocasión en que Ron estaba hablando en una universidad sobre las evidencias científicas a favor de la creación, un estudiante de física le dijo: "¡No me importa lo que usted diga, porque yo voy a seguir creyendo en la evolución!" Ron se recogió la manga de la camisa y le mostró su reloj de pulsera. Entonces le dijo: "¿Ve este reloj? Yo me fui a un depósito de chatarra, busqué unas cuantas piezas de metal torcidas y herrumbrosas, las metí en una caja de zapatos y me puse a agitarlas. Las estuve agitando durante dos semanas, dos meses, seis meses, doce meses, y de repente, '¡bum!' Comenzó el tictac: sesenta segundos por minuto, sesenta minutos por hora, veinticuatro horas por día; además, me dice el día de la semana y la fecha, y todo ha sido por casualidad. ¡Asombroso!"

El estudiante se rió y le dijo: "¡Eso es imposible!" Ron le contestó: "¿O sea, que usted me dice que es imposible que se cree por casualidad un reloj como este, pero que mis ojos, que ven en tres dimensiones y a colores, o mi cerebro, que tiene ciento veinte mil millones de células y ciento treinta billones de conexiones electroquímicas, solo son producto de la casualidad?"

Le sugerimos que hace falta mucha más fe para creer en una evolución impersonal movida por la casualidad, que en un Diseñador divino, quien diseñó y creó este mundo tan increíble e intrincado en el que vivimos.

El anhelo por conocer a Dios

También sabemos que hay un Dios, porque Él ha puesto en el corazón de todas las personas el anhelo por conocerle. Romanos 1:18-25 afirma con claridad que todos los seres humanos tienen un conocimiento innato de Dios, pero muchos le han vuelto la espalda a este conocimiento, y han rechazado la revelación de Dios, para seguir a *otros dioses*.

La falacia del ateísmo se hace evidente en el hecho de que cuando alguien declara: "No hay Dios", en lugar de no adorar nada, siempre halla algo que adorar. El ser humano tiene un anhelo espiritual por Dios, que llena con el Dios verdadero, o con dioses falsos. Esto es algo observable en el ámbito universal, ya sea en los ídolos de madera de las sociedades primitivas, o en los dioses del éxito, el dinero y las posesiones materiales de las llamadas civilizaciones avanzadas.

Dios en la historia humana

Sabemos, además, que hay un Dios, porque Él ha irrumpido en la historia humana. Dios dividió la historia en dos partes: a.C. y d.C., y se nos reveló personalmente. En realidad, "la historia" es "su historia".

Ron ha tenido el privilegio de viajar y hablar como conferenciante en más de setenta y cinco países de seis continentes del mundo. Hay una ilustración que él usa, y que se comprende con facilidad en todo el mundo y en todas las culturas. Cuenta la historia de un padre y su hijo que iban un día por un camino de tierra. Así llegaron a un hormiguero que había pisado poco antes otra persona que iba delante de ellos.

El niño, que solo tenía cinco años, miró al padre y le dijo: "Papá, ¿verdad que sería maravilloso que pudiéramos bajar a decirles a esas hormigas que las amamos, que las queremos y ayudarlas con las que están enfermas y heridas?"

El padre rodeó a su hijo con el brazo y le dijo: "Hijo, la única forma en que les podríamos decir a esas hormigas que las amamos y que nos preocupamos por ellas, y que las queremos ayudar con las enfermas y heridas, sería volvernos hormigas nosotros. Tendríamos que vivir como hormigas y hablar como hormigas, y entonces, por medio de nuestra vida, ellas sabrían cómo somos."

Hace dos mil años, Dios bajó la mirada hacia un mundo que Él había creado, y que amaba. Entonces dijo: "Les quiero decir lo mucho que los amo". ¿Cómo lo iba a hacer? Esto fue lo que dijo: "Me volveré hombre. Viviré y hablaré como hombre, y por mi vida sabrán cómo soy yo." Hace dos mil años se produjo el suceso más grandioso de la historia humana: Dios se hizo hombre. Se llamó Jesucristo. Si usted quiere saber cómo es Dios, mire a Jesucristo. La Biblia dice en Colosenses 1:15 que Él es la imagen visible del Dios invisible.

Jesucristo es "el televisor de Dios". Ahora mismo, mientras usted lee estas palabras, lo rodean por completo las ondas de la televisión. Usted no las puede ver ni oír, pero allí están. Son invisibles, pero reales. Si se busca una caja llamada televisor, y la enciende junto a usted, esas ondas invisibles se van a volver visibles. Va a ver una imagen y a oír unos sonidos.

Hace dos mil años, Dios, quien es Espíritu invisible (Juan 4:24), se hizo visible en la persona de Jesucristo. Dios, el Creador del universo, tomó carne humana y se hizo hombre, para que nosotros pudiéramos saber cómo es Él, y lo pudiéramos conocer personalmente. La mayor verdad de la historia es que Dios se nos ha revelado en persona. No nos ha dejado solos en el universo, sino que se ha comunicado de manera personal con nosotros, que somos criaturas suyas.

Revelado en el Libro

Dios también se nos ha revelado por medio de la Biblia, que es su Palabra. En 2 Timoteo 3:16 dice: "Toda la Escritura es inspirada por Dios". En 2 Pedro 1:21 dice: "Los santos hombres de Dios hablaron siendo inspirados por el Espíritu Santo". La Biblia ha sido traducida a más de mil ochocientos idiomas y sigue estando en el primer lugar año tras año en las ventas de libros, por una razón muy poderosa: Es reconocida como un libro sobrenatural, divinamente inspirado por el Creador y Redentor del universo. La huella sobrenatural de Dios es evidente para todo aquel que esté dispuesto a examinar de verdad este notable Libro.

En primer lugar, hallamos la increíble unidad y armonía de un conjunto que no es un solo libro. En realidad, la Biblia es una colección de sesenta y seis libros diferentes, escritos por cuarenta escritores distintos a lo largo de un período de mil quinientos años. Sin embargo, nos encontramos con que desde el Génesis hasta el Apocalipsis, Dios nos ha dado una revelación sobre sí mismo y de sus deseos para la humanidad, que se halla en una unidad y una armonía perfectas. Retamos a cualquiera que no crea que la Biblia es un libro sobrenatural, para que reúna otros sesenta y seis libros cualesquiera que escoja, escritos por cuarenta autores distintos a lo largo de mil quinientos años, y encuentre en ellos la coherencia, y la unidad de tema y de propósito que tenemos en la Santa Biblia.

La integridad de la Biblia queda verificada también por su precisión histórica, geográfica y arqueológica. Una de las evidencias que verdaderamente inspiran un asombro reverente, haciéndonos ver que se trata del Libro de Dios, se halla en los centenares de profecías cumplidas que han sido presentadas por medio de los profetas inspirados.

La Biblia es la carta de amor de Dios para usted. Él ha tomado la iniciativa de decirle que lo ama, y que quiere tener una relación personal con usted. El mensaje de la Biblia y de la revelación de Dios a la humanidad se halla resumido en Juan 3:16, 17, los versículos más conocidos de la Biblia:

> Porque de tal manera amó Dios al mundo, que ha dado a su Hijo unigénito, para que todo aquel que en él cree, no se pierda, mas tenga vida eterna. Porque no envió Dios a su Hijo al mundo para condenar al mundo, sino para que el mundo sea salvo por él.

El ateísmo no es una filosofía válida. Constituye una bancarrota intelectual y manifiesta una negación voluntaria de todo cuanto Dios ha revelado. Es la negación misma del mundo que nos rodea y de todas las estrellas de los cielos.

2

Realidades sobre...

El budismo

Buda significa "el iluminado". Sidarta Gautama, quien, lo más probable, es que haya vivido del 563 al 483 a.C., nació en una familia hindú acaudalada. Vivió sus primeros años protegido en medio de las colinas que sirven hoy de frontera entre la India y el Nepal. Después de casarse y de tener un hijo, se atrevió a salir un día para ver el sufrimiento del mundo. La vista de los que sufrían, estaban enfermos y morían produjo una sacudida tan profunda en él, que dejó a su esposa y a su hijo, y se lanzó a una vida de asceta. La meta de Sidarta era encontrar una liberación de este mundo de sufrimiento y de dolor. Después de seis años, reducido ya a piel y huesos, estaba sentado un día bajo un árbol *bo* junto al río Gaya. Allí, mientras meditaba, alcanzó la "iluminación", convirtiéndose en el Buda, o "iluminado".

En 1988, Ron visitó personalmente Sarnath, diez kilómetros al norte de Varanasi (Benarés) y del río Ganges, en el norte de la India. Fue allí donde Buda predicó su primer sermón y ganó a sus primeros seguidores, que serían monjes budistas. Sus enseñanzas (o *dharma*) proclamaban las "Cuatro nobles verdades" que había descubierto por medio de la "iluminación".

Las verdades básicas del budismo

Las "Cuatro nobles verdades" que forman el fundamento básico del budismo son:

1) Toda existencia es sufrimiento.
2) Todo sufrimiento es causado por el apego.
3) Se puede vencer el sufrimiento haciendo cesar el apego.
4) Esta eliminación del apego se produce cuando se sigue "La vía media" entre los extremos de la sensualidad y el ascetismo.

Esta "Vía media" que enseñaba Buda se lograba a través del "Óctuple noble sendero", en el que se combinaba el conocimiento de las Cuatro nobles verdades con la moralidad y la meditación. El "Óctuple noble sendero" comprende las siguientes cosas "correctas":

1) Concepto correcto.
2) Decisión correcta.
3) Habla correcta.
4) Actuación correcta.
5) Vida correcta.
6) Esfuerzo correcto.
7) Concentración correcta.
8) Éxtasis correcto.

El Concepto correcto consiste en comprender las "Cuatro nobles verdades" mencionadas anteriormente. La Decisión correcta es la de seguirlas y observarlas. El habla, la actuación y la vida correctas son las acciones prácticas para evitar los apetitos de esta vida que producen el sufrimiento.

Los tres últimos pasos del "Óctuple noble sendero" son más espirituales en su asunto. El Esfuerzo correcto consiste en vaciar la mente, dirigiendo la atención hacia la liberación definitiva del mundo del sufrimiento. La "Concentración correcta" abarca los estados superiores de la mente y el control del cuerpo.

El "Éxtasis correcto" se alcanza cuando cesan todas las experiencias sensoriales y se obtiene el conocimiento universal. Esto es una liberación definitiva, por la cual ya no se vuelve a nacer por medio de reencarnaciones. Nos volvemos uno con lo Impersonal, el estado de Nirvana. Con frecuencia, se describe esta situación como apagar una vela. Uno pierde toda personalidad y conciencia para unirse a la "nada". En este punto, según Buda, la persona estará en paz. Pero siempre cuesta la pérdida del alma y la personalidad propias.

La meta de la existencia humana, según enseñaba Buda, era liberarse de la ley del "karma" (causas y efectos de las obras buenas y malas) para alcanzar el estado de "Nirvana", donde uno cesa de tener apetitos y de esta manera elimina el sufrimiento.

Las dos ramas principales

Hoy en día, el budismo está dividido en dos ramas principales. Una es el Theravada o "Pequeño vehículo", y la otra es el Mahayana, el "Gran vehículo". El término "vehículo" representa para los budistas la creencia de que la doctrina budista es un vehículo o barco que los lleva a través de esta vida de sufrimiento a un "más allá" o estado de bienaventuranza, conocido como Nirvana.

La forma más antigua del budismo era el Theravada, el concepto de que la salvación se limitaba solo a los monjes. Este se encuentra hoy en día principalmente en Tailandia, Burma, Sri Lanka, Laos y Camboya. En la actualidad, el budismo Mahayana es el que representa a la gran mayoría de los budistas, y se presenta sobre todo en Nepal, Tibet, China, Japón, Corea y Vietnam, además de que lo aceptan muchas personas del occidente que están fascinadas con el oriente y sus religiones. Enseña que la salvación o Nirvana está a la disposición de todos aquellos que busquen de verdad.

Con todo, Sidarta Gautama era en realidad hindú desde su nacimiento. *Nunca tuvo la intención de comenzar una religión, sino que estaba tratando de reformar el hinduismo.* Le parecía que el hinduismo había perdido su verdadera naturaleza con la incorporación de miles de dioses, representados todos ellos por ídolos. Buda era ateo. No creía en Dios, y le parecía que el concepto mismo de un Dios o unos dioses estaba manteniendo a la gente atada a este mundo físico de karma y sufrimiento. Lo interesante de todo esto es cómo la idolatría, que Buda condenaba, se ha convertido en parte tan importante del budismo, con sus numerosos santuarios y estatuas de Buda, de él mismo que aborrecía todas estas cosas.

Ron, quien ha dado conferencias por todo el sureste de Asia, ha visitado personalmente muchos de estos santuarios budistas, y ha visto los miles de ídolos de Buda a los cuales la gente les reza ahora. Ron y Ed visitaron uno de estos santuarios en las Filipinas, y solo les faltó llorar ante la inútil adoración de la gente por estas estatuas. Para toda esta gente, Buda se ha convertido en su dios.

En las colinas de Sri Lanka, donde están la mayoría de las minas de zafiro azul del mundo, Ron dio unas conferencias hace varios años en una ciudad llamada Kandy. Allí se halla el famoso Templo del diente, en el cual hay un diente de Buda. Sí, un diente de Buda. Allí observó a la gente que llevaba ofrendas de flores y arroz y se inclinaba a adorar y orar ante una caja de oro con joyas incrustadas. Una vez al año, en un gran festival, sacan la caja, la abren y revelan el diente sagrado del Buda para que todos lo adoren.

La pagoda budista mayor del mundo se encuentra en Rangún, Burma. La Shwé Dagón o Pagoda dorada contiene más de tres mil quinientos ídolos de Buda. Todos los días del año, la gente desfila por los serpenteantes escalones de este monumento de cien metros para poner delgados pedazos de oro en el santuario, encender velas y quemar incienso, y orar por sus antepasados muertos ante aquellas estatuas de madera, piedra y metal.

El triste final de la idolatría

La burda idolatría en que se ha convertido el budismo es el triste y lógico final de una religión que ha rechazado al Creador personal del universo.

Profesando ser sabios, se hicieron necios, y cambiaron la gloria del Dios incorruptible en semejanza de imagen de hombre corruptible, de aves, de cuadrúpedos y de reptiles (Romanos 1:22, 23).

Porque las costumbres de los pueblos son vanidad; porque leño del bosque cortaron, obra de manos de artífice con buril. Con plata y oro lo adornan; con clavos y martillo lo afirman para que no se mueva. Derechos están como palmera, y no hablan; son llevados, porque no pueden andar. No tengáis temor de ellos, porque ni pueden hacer mal, ni para hacer bien tienen poder. No hay semejante a ti, oh Jehová; grande eres tú, y grande tu nombre en poderío. ¿Quién no te temerá, oh Rey de las naciones? Porque a ti es debido el temor; porque entre todos los sabios de las naciones y en todos sus reinos, no hay semejante a ti. Todos se infatuarán y entontecerán. Enseñanza de vanidades es el leño.

Traerán plata batida de Tarsis y oro de Ufaz, obra del artífice, y de manos del fundidor; los vestirán de azul y de púrpura, obra de peritos es todo. Mas Jehová es el Dios verdadero; él es Dios vivo y Rey eterno; a su ira tiembla la tierra, y las naciones no pueden sufrir su indignación. Les diréis así: Los dioses que no hicieron los cielos ni la tierra, desaparezcan de la tierra y de debajo de los cielos.

El que hizo la tierra con su poder, el que puso en orden el mundo con su saber, y extendió los cielos con su sabiduría; a su voz se produce muchedumbre de aguas en el cielo, y hace subir las nubes de lo postrero de la tierra; hace los relámpagos con la lluvia, y saca el viento de sus depósitos. Todo hombre se embrutece, y le falta ciencia; se avergüenza de su ídolo todo fundidor, porque mentirosa es su obra de fundición, y no hay espíritu en ella. Vanidad son, obra vana; al tiempo de su castigo perecerán (Jeremías 10:3-15).

Alcanzarlos con la verdad

Los cristianos debemos alcanzar a los budistas con la verdad del Evangelio, presentada en amor. El apóstol Pablo tuvo una experiencia parecida con el pueblo de Atenas, que también se había vuelto a los ídolos en su búsqueda de la verdad. Su defensa de la fe ha quedado escrita para nosotros en el capítulo 17 del libro de los Hechos.

Mientras Pablo los esperaba en Atenas, su espíritu se enardecía viendo la ciudad entregada a la idolatría. Así que discutía en la sinagoga con los judíos y piadosos, y en la plaza cada día con los que concurrían (Hechos 17:16, 17).

Y tomándole, le trajeron al Areópago, diciendo: ¿Podremos saber qué es esta nueva enseñanza de que hablas? Pues traes a nuestros oídos cosas extrañas. Queremos, pues, saber qué quiere decir esto (Hechos 17:19, 20).

Entonces Pablo, puesto en pie en medio del Areópago, dijo: Varones atenienses, en todo observo que sois muy religiosos; porque pasando y mirando vuestros santuarios, hallé también un altar en el cual estaba esta inscripción: AL DIOS NO CONOCIDO. Al que vosotros adoráis, pues, sin conocerle, es a quien yo os anuncio. El Dios que hizo el mundo y todas las cosas que en él hay, siendo Señor del cielo y de la tierra, no habita en templos hechos por manos humanas, ni es honrado por manos de hombres, como si necesitase de algo; pues él es quien da a todos vida y aliento y todas las cosas (Hechos 17:22-25).

Siendo, pues, linaje de Dios, no debemos pensar que la Divinidad sea semejante a oro, o plata, o piedra, escultura de arte y de imaginación de hombres. Pero Dios, habiendo pasado por alto los tiempos de esta ignorancia, ahora manda a todos los hombres en todo lugar, que se arrepientan; por cuanto ha establecido un día en el cual juzgará al mundo con justicia, por aquel varón a quien designó, dando fe a todos con haberle levantado de los muertos (Hechos 17:29-31).

¿A quién le importaban en realidad?

Mientras Ron daba conferencias en Tailandia, lo invitaron a visitar algunos de los campamentos de refugiados, junto a la frontera con Camboya. Había más de trescientos mil refugiados, atrapados en tierra de nadie a lo largo de la frontera. Esto era consecuencia de las masacres en Camboya bajo el dominio de Pot Pol y del Khmer Rojo a mediados de los años setenta (que llegaron a ser conocidos como los "campos para matar") y más tarde, la invasión de los vietnamitas a fines de esa misma década.

Una de las cosas más fascinantes con respecto a aquellos campamentos de refugiados era darse cuenta de quién era el que estaba cuidando de los refugiados. Allí, en Tailandia, un país budista, con refugiados budistas procedentes de Camboya y de Laos, no había budistas cuidando de sus hermanos budistas. Tampoco había hindúes ni musulmanes cuidando de aquella gente. Los únicos que estaban allí, cuidando de aquellas trescientas mil personas, eran cristianos, de las organizaciones cristianas misioneras y de ayuda.

Uno de los hombres con los que estaba Ron, había vivido más de veinte años en Tailandia, y dirigía una buena parte de este esfuerzo de ayuda por parte de una de estas organizaciones. Ron le preguntó: "¿Por qué aquí, en un país budista, con unos refugiados budistas, no hay ningún budista que cuide de sus hermanos budistas?" Nunca olvidará su respuesta: "Ron, ¿se ha fijado alguna vez en lo que le hace el budismo a una nación o a un pueblo? Buda enseñó que cada ser humano es una isla solitaria. Esto fue lo que dijo: *'Si alguien está sufriendo, ese es su karma'*. No se debe interferir en el karma de otra persona, porque esa persona se está purificando por medio del sufrimiento y la reencarnación. Buda dijo: *'Debes convertirte en una isla solitaria'*".

Después de esto, dijo aquel dirigente del esfuerzo de ayuda: "Ron, las únicas personas que tienen una razón para estar aquí hoy, cuidando de estos trescientos mil refugiados, son los cristianos. Solo en el cristianismo, las personas tienen una base para el valor humano: que la gente es lo suficientemente importante como para educarla y cuidar de ella. Para los cristianos, estas personas tienen un valor máximo, fueron creadas a imagen de Dios, y tan valiosas, que Jesucristo murió por todas y cada una de ellas. *Ese* valor no se encuentra en ninguna otra religión, en ninguna otra filosofía, sino solo en Jesucristo".

La verdadera diferencia

En su primer año de universidad, Ron vivió en la residencia universitaria en un cuarto contiguo al de un estudiante tailandés. Había sido criado en el budismo, en una familia budista. A los dieciocho años, había oído lo que se afirmaba de Jesucristo, de labios de un misionero, y había respondido recibiendo a Jesucristo como Señor y Salvador. Ron le preguntó un día: "¿Por qué te hiciste cristiano? ¿Cuál es la diferencia entre el budismo y el cristianismo?"

Él le contestó: "Ron, cuando yo era budista, era como si me estuviera ahogando en un gran lago, y no supiera nadar. Me estaba hundiendo por tercera vez, cuando Buda se acercó a la orilla del lago y comenzó a enseñarme a nadar. Me dijo: 'Comienza a mover las manos y a dar patadas, pero tienes que llegar solo a la orilla'. Entonces fue Jesucristo el que se acercó a la orilla del lago, pero no se quedó allí. Se lanzó al agua, nadó hacia mí, me rescató y me llevó a la orilla. Después de llevarme a la orilla, me enseñó a nadar, para que yo pudiera volver al agua y rescatar a otros".

Esta es la diferencia entre el budismo y el cristianismo. Esta es la diferencia entre las religiones de hombres y el cristianismo. ¡El cristianismo no es una religión! Las religiones son intentos del hombre por alcanzar a Dios. Es el hombre tratando de llegar hasta Dios por medio de sus ritos, sacrificios, tradiciones o buenas obras. Sin embargo, la Biblia dice que "todas nuestras justicias son como trapo de inmundicia" ante un Dios santo (Isaías 64:6). Dios es santo, y el hombre está afectado por una enfermedad espiritual que se llama 'pecado": "Por cuanto todos pecaron, y están destituidos de la gloria de Dios" (Romanos 3:23). El hombre es incapaz de llegar a la presencia de un Dios santo, atravesando el umbral de la religión. Esta es la gran verdad del cristianismo. Romanos 5:8 dice: "Mas Dios muestra su amor para con nosotros, en que siendo aún pecadores, Cristo murió por nosotros".

La religión es un esfuerzo del hombre por llegar hasta Dios, mientras que el cristianismo es Dios, descendiendo hasta el hombre. Dios tomó la iniciativa y envió a Jesucristo al mundo para que cargara con nuestro pecado, que nos separaba de Él, y clavara ese pecado en una cruz. Después, lo cubrió con su sangre, como el pago necesario para restaurarnos a una relación plena con Él.

Por eso esto se llama "Evangelio", o "buenas nuevas". Ciertamente, es una noticia muy buena para la gente atrapada en religiones hechas por hombres, que los esclavizan a unos ritos y unas tradiciones que no pueden salvar a nadie. El budismo, con su negación de Dios, y su doctrina del karma, no puede responder a la realidad básica de que *el hombre es pecador y necesita un Salvador*. El ser humano no se puede salvar a sí mismo, por muchas "Nobles verdades" que se le ocurran, y por muy en paz que viva. Solo hay una verdad que va a liberar realmente a las personas. Jesús dijo: *Yo soy el camino, y la verdad, y la vida; nadie viene al Padre, sino por mí* (Juan 14:6).

3

Realidades sobre...

La personalidad de Dios

Todos hablamos mucho sobre Dios. Hay cosas que decimos que están bien, y otras que no. Algunas veces, la forma en que usamos su nombre no es solo falta de respeto, sino abiertamente blasfema. Los griegos proclamaban que la actividad más grandiosa del hombre era pensar. Desde la perspectiva cristiana, en lo más grandioso que puede pensar un ser humano, es Dios. Esa es la actividad más maravillosa del hombre.

Al comenzar este estudio sobre las cosas que la gente le dice a Dios y dice sobre Dios *incorrectamente,* necesitamos pensar en la naturaleza y la personalidad genuinas de Dios. Es muy importante que pasemos algún tiempo con este tema, porque aquí es donde las sectas se alejan de la doctrina sólida y se deslizan de la verdad por sus numerosas tangentes. La mayoría de ellas comienzan el distanciamiento en la doctrina sobre Dios.

A. W. Tozer dice en su clásica obra *El conocimiento del Santo:* "La adoración será pura o vil, según tengamos pensamientos elevados o bajos con respecto a Dios". Dice también que "por alguna ley secreta del alma, tendemos a movernos hacia la imagen mental que tengamos de Dios". Lo que usted piense acerca de Dios va a afectar de manera directa su estilo de vida y su forma de adorar. Lo triste es que son demasiados los que tienen un concepto muy pequeño de Dios; una manera inadecuada de concebirlo.

Tozer dice a continuación: "En realidad, los conceptos inadecuados de Dios son idolatría. Adorar a Dios o a otra cosa con una idea de la divinidad que sea inferior a lo que Dios ha revelado sobre sí mismo, es idolatría". Y esto concuerda con lo que hemos visto por todo el mundo: millones de personas que se inclinan ante las pequeñas imágenes de piedra de sus dioses. Si hiciéramos una estatua de Buda que tuviera un tamaño cien veces mayor que el Buda mayor que haya en el mundo, seguiría siendo un pequeño ídolo, comparada con el Dios que creó todo el universo.

Dios, desde el punto de vista del ser humano

Hoy en día hay muchos humanistas y filósofos que quieren estudiar a Dios desde el punto de vista del hombre. Tenemos el estudio de la *filosofía* de la religión, la *sociología* de la religión, la *antropología* de la religión y la *psicología* de la religión. El hombre, comenzando con su propia imagen como modelo, trata de definir cómo es Dios. Pero el hombre, si comienza por sí mismo, solo puede llegar a un concepto muy pequeño y torcido sobre Dios.

Aquí es donde terminamos en muchas de nuestras teologías llenas de aberraciones, como el panteísmo, el deísmo y una serie de conceptos más. J. B. Phillips escribió el libro *Your God Is Too Small* [Su dios es demasiado pequeño], porque le parecía que son demasiadas las personas que tienen un concepto totalmente inadecuado sobre Él. La pregunta razonable que cabe hacer es esta: "¿Qué nos ha revelado Dios sobre sí mismo?"

Si lo vemos solo desde el punto de vista del hombre, caeremos en el peligro del que hablaba C. S. Lewis, profesor

La personalidad de Dios

ya fallecido de las universidades de Oxford y Cambridge. Lewis contaba la historia de un sabio percebe que estaba sentado en el fondo del océano, pegado a su roca. Un día, en un momento de iluminación mística, vislumbró cómo era el hombre. Entonces, reunió a su alrededor a los demás percebes que eran discípulos suyos y comenzó a dar una conferencia sobre la naturaleza del hombre. Les decía: "El hombre no tiene concha, no está pegado a una roca y no está rodeado de agua".

A medida que pasaba el tiempo, unos cuantos de los percebes lograron captar una ligera idea sobre cómo era el hombre. Muy pronto comenzaron a razonar que, si el hombre no tenía concha, tenía que ser una masa gelatinosa sin forma. Puesto que el hombre no estaba pegado a una roca, era muy evidente que no vivía en ningún lugar. Y, como no estaba rodeado de agua como ellos, era razonable suponer que no comía, puesto que no tenía nada que le llevara flotando la comida hasta donde él estaba.

Por consiguiente, los percebes llegaron a la conclusión de que el hombre era mucho menos activo e importante que ellos. Desde su punto de vista, desde su ambiente y naturaleza, habían extrapolado un concepto extremadamente limitado y torcido acerca del hombre.

Nosotros corremos el mismo peligro que los percebes, si comenzamos con nosotros mismos, que estamos limitados a una cosmovisión finita, tridimensional y naturalista. Si partimos de esta base, lo más probable es que nosotros también, como muchas de las sectas actuales, terminemos con un concepto de Dios extremadamente limitado y torcido, muy inferior a como Él es en realidad.

Así como los percebes nunca podrían saber cómo era el hombre, a menos que el hombre mismo decidiera entrar en el ambiente de ellos y revelárseles en persona, también el ser humano no puede saber cómo es Dios, a menos que Él decida revelársenos personalmente. Esto es lo que hizo Dios, tanto en la Biblia, que es su Palabra inspirada, como a través de la Encarnación, cuando irrumpió en la historia humana para hacerse hombre.

Lo que necesitamos hacer al estudiar a Dios, es ver *lo que Dios nos ha revelado acerca de su naturaleza.* Dios nos ha dado las Escrituras con un propósito: revelarnos su naturaleza y su personalidad. A medida que recorremos las Escrituras, lo vemos revelándosenos. Si leemos el libro de Jonás, vemos el amor universal de Dios por la humanidad, y su anhelo por traer a la humanidad a una relación con Él. En el Génesis leemos acerca de la Creación, y también acerca del juicio. El libro de Oseas nos habla de la abrumadora compasión y el amor de Dios por la humanidad. En Miqueas leemos acerca de su justicia. En Isaías leemos acerca de su santidad y de su amor redentor. En el libro de Juan descubrimos que Dios nos amó tanto, que envió a su Hijo unigénito a morir por nosotros, a fin de redimirnos de la maldición del pecado. A medida que vamos recorriendo las Escrituras, *Dios nos revela quién es Él, y cómo lo podemos conocer.*

Veamos ahora brevemente la revelación personal de Dios a nosotros con respecto a su naturaleza, de manera que tengamos un concepto preciso sobre cómo es Él. En lugar de adorar a algo inferior a lo que Dios es en realidad, podemos levantar a Dios, tal como Él se ha revelado en las Escrituras.

Dios es Espíritu

Lo primero que descubrimos es que la Biblia declara que Dios es espíritu, con vida y personalidad. Jesús nos dice en Juan 4:24 que "Dios es espíritu". Ahora bien, la pregunta lógica es: "¿Qué es un espíritu?" En Lucas 24:37-39, después que Jesús fuera levantado de entre los muertos, sus atónitos discípulos pensaban que era un espíritu. Jesús les dijo: "Mirad mis manos y mis pies, que yo mismo soy; palpad, y ved;

La personalidad de Dios

porque un espíritu no tiene carne ni huesos, como veis que yo tengo". Cuando les preguntó a sus discípulos quién creían que Él era, abrió de nuevo una ventana para que pudieran ver la verdadera naturaleza de Dios.

> Él les dijo: Y vosotros, ¿quién decís que soy yo? Respondiendo Simón Pedro, dijo: Tú eres el Cristo, el Hijo del Dios viviente. Entonces le respondió Jesús: Bienaventurado eres, Simón, hijo de Jonás, porque no te lo reveló carne ni sangre, sino mi Padre que está en los cielos" (Mateo 16:15-17).

Esto no es algo sobre Dios por lo que el hombre tuvo que esperar hasta los tiempos del Nuevo Testamento para descubrirlo. En Deuteronomio 4:12 hallamos lo siguiente: "Y habló Jehová con vosotros de en medio del fuego; oísteis la voz de sus palabras, mas a excepción de oír la voz, ninguna figura visteis". Oyeron el sonido de unas palabras, pero no vieron forma alguna; solo escucharon una voz.

La declaración de Dios sobre sí mismo y sobre su propia naturaleza, sigue en el versículo 15:

> Guardad, pues, mucho vuestras almas; pues ninguna figura visteis el día que Jehová habló con vosotros de en medio del fuego.

A continuación, la Palabra presenta una advertencia divina con respecto a todo el que quiera corromper su naturaleza:

> Para que no os corrompáis y hagáis para vosotros escultura, imagen de figura alguna, efigie de varón o hembra, figura de animal alguno que está en la tierra, figura de ave alguna alada que vuele por el aire, figura de ningún animal que se arrastre sobre la tierra, figura de pez alguno que haya en el agua debajo de la tierra. No sea que alces tus ojos al cielo, y viendo el sol y la luna y las estrellas, y todo el ejército del cielo, seas

Realidades sobre doctrinas falsas

impulsado, y te inclines a ellos y les sirvas; porque Jehová tu Dios los ha concedido a todos los pueblos debajo de todos los cielos (Deuteronomio 4:16-19).

Dios le habló a Moisés desde el fuego; Moisés sólo oyó una voz. No había un hombre en medio de las llamas, pero Dios, quien dice que Él es espíritu, estaba allí.

Dios está vivo

Las Escrituras nos dicen que Dios no solo es espíritu, sino que es un espíritu con vida y personalidad. Es un Dios *vivo,* no una simple fuerza impersonal. Jeremías 10 es uno de los principales capítulos de la Biblia que se refieren a la naturaleza de Dios. Vemos aquí la distinción entre los ídolos hechos por las manos del hombre, y el Dios viviente.

No hay semejante a ti, oh Jehová; grande eres tú, y grande tu nombre en poderío. ¿Quién no te temerá, oh Rey de las naciones? Porque a ti es debido el temor; porque entre todos los sabios de las naciones y en todos sus reinos, no hay semejante a ti. Todos se infatuarán y entontecerán. Enseñanza de vanidades es el leño. Traerán plata batida de Tarsis y oro de Ufaz, obra del artífice, y de manos del fundidor; los vestirán de azul y de púrpura, obra de peritos es todo. Mas Jehová es el Dios verdadero; él es Dios vivo y Rey eterno; a su ira tiembla la tierra, y las naciones no pueden sufrir su indignación.

Les diréis así: Los dioses que no hicieron los cielos ni la tierra, desaparezcan de la tierra y de debajo de los cielos. El que hizo la tierra con su poder, el que puso en orden el mundo con su saber, y extendió los cielos con su sabiduría; a su voz se produce muchedumbre de aguas en el cielo, y hace subir las nubes de lo postrero de la tierra; hace los relámpagos con la lluvia, y saca el viento de sus depósitos. Todo hombre se embrutece, y le falta ciencia; se avergüenza de su ídolo todo fundidor, porque mentirosa es su obra de fundición, y no hay espíritu en ella. Vanidad son, obra vana; al tiempo de su castigo perecerán. No es así la porción de Jacob; porque él es el Hacedor de todo, e Israel es la vara de su heredad; Jehová de los ejércitos es su nombre (Jeremías 10:6-16).

No hay otro dios como nuestro Dios. El versículo 10 lo dice llanamente: "Jehová es el Dios verdadero; él es Dios vivo y Rey eterno".

Él no es como esos ídolos que no pueden hablar. No; es un Dios vivo. Dios es espíritu, con vida y personalidad. Habla, escucha, ve, proclama, crea, decide. Expresa ira, arrepentimiento, gozo. Ama, juzga. Es personal; es un Creador personal, y se interesa personalmente en cada uno de nosotros, que somos sus criaturas personales. *Dios está vivo; tiene vida y personalidad.*

Decir que Dios carece de estos atributos es hacerlo mucho menos de lo que es en realidad. Aquí es donde muchas de las sectas cometen su mayor error. Mary Baker Eddy enseñaba en la Ciencia Cristiana que Dios sólo es un principio divino. Lo mismo podemos decir con la Escuela Unitaria del Cristianismo, la cual dice que Dios es únicamente una fuerza impersonal. Pero un "principio divino" y una "fuerza impersonal" nunca han amado a nadie. Solo una *personalidad* puede amar. Dios, quien creó este mundo, puede amar *porque* está vivo y es personal. No es algo que haya aprendido a hacer. Siempre ha sido Dios, y siempre ha tenido esta naturaleza.

Dios tiene existencia en sí mismo

La Biblia proclama que Dios es el que tiene existencia en sí mismo. Él siempre ha existido, por toda la eternidad. No tuvo principio, ni tendrá fin. Solo Él era y es Dios. No hubo ni hay ningún otro. Como Isaías 44:6 dice: "Yo soy el primero, y yo soy el postrero, y fuera de mí no hay Dios".

Dios le dijo a Moisés en Éxodo 3:14: "Así dirás a los hijos de Israel: YO SOY me envió a vosotros". Estaba proclamando que Él es único, comparado con el hombre. No se le puede clasificar ni definir de la forma en que se haría esto con un ser humano. Él es el Eterno.

Ese es el error que han cometido muchos filósofos y teólogos humanistas que son partidarios de un sistema naturalista. Han preparado una definición tan pequeña, que Dios no cabe en ella. Por ejemplo, muchas personas andan diciendo hoy en día, que la única realidad es lo que hallamos en nuestro mundo tridimensional del naturalismo.

Sin embargo, Dios es mucho más que nuestras tres dimensiones, tan limitadas. Tal vez tenga más de ocho dimensiones. Quizá más de cien. De hecho, no tenemos idea alguna de lo complejo que Él sea en realidad. Pero ha irrumpido dentro de los estrechos confines de esa pequeña caja nuestra llamada Tierra, para comunicarnos quién es Él. Es el ser autoexistente; el único que tiene vida en sí mismo.

El primer versículo de la Biblia nos habla algo acerca de la amplitud y la extensión de su vida y de su poder: "En el principio creó Dios los cielos y la tierra". Hechos 17:25 no dice que Él es el que les ha dado vida a todas las cosas. En Colosenses 1:16, 17 leemos:

> Porque en él fueron creadas todas las cosas, las que hay en los cielos y las que hay en la tierra, visibles e invisibles; sean tronos, sean dominios, sean principados, sean potestades; todo fue creado por medio de él y para él. Y él es antes de todas las cosas, y todas las cosas en él subsisten.

Dios es inmutable

Descubrimos también que Dios, por su naturaleza misma, es inmutable. Esto quiere decir que Dios no cambia. Malaquías 3:6 nos dice: "Porque yo Jehová no cambio".

La personalidad de Dios

Eclesiastés 3:14 afirma que *todo* lo que Dios hace permanece para siempre, y que no se le puede añadir ni quitar nada. Hebreos 6:17, 18 nos dice que Dios es inmutable. No cambia ni miente.

Es grandioso llegar a comprender estas verdades, porque estamos viviendo en un mundo de cambios y agitaciones continuos. Pero en Dios tenemos un sólido fundamento, una roca sólida. Él es el mismo ayer, hoy y por siempre. Dios no cambia en cuanto a su naturaleza, ni a sus propósitos. Nunca lo ha hecho en toda la historia de la humanidad, y nunca lo hará hasta el final de los tiempos.

Muchos de los grupos de los que vamos a hablar en este libro tienen dioses que cambian y que titubean. Sus adoradores viven en una zozobra continua de dudas y temores, manipulados por los santos sacerdotes de su fe. No pueden concebir la paz que procede de hallarse ante el altar de un Dios amoroso, interesado en nosotros, y que nunca cambia.

Aunque Dios nunca cambia, sí es posible que utilice diferentes métodos con nosotros. A Moisés lo trató de una forma, a Noé de otra, y a Abraham de otra. Es posible que lo haya tratado a usted de una forma, y a nosotros de otra, pero sus intenciones son las mismas, y su naturaleza permanece igual. Dios es inmutable, y debido a esta inmutabilidad, es constante en la verdad.

Cuando Dios nos revela algo, nunca se contradice a sí mismo. Gracias a su inmutabilidad, podemos poner a prueba todas las revelaciones de los últimos días que proceden de todos los maestros falsos de todas las sectas actuales: Dios no cambia. Es casi cómico ver la rapidez con la que muchos de estos profetas de los últimos tiempos quedan tirados junto al camino cuando se les pone a prueba por medio de la Palabra de Dios.

Puesto que Dios nunca cambia, se mantiene constante en la verdad. Él nunca le comunica una verdad a una generación, y después otra verdad contradictoria a otra generación diferente. Siempre permanece constante en la verdad. Dicho de otra manera, la verdad es verdad. Cuando éramos niños, ¿cuántas veces tratamos de salirnos del yugo de la verdad en la casa o en la escuela? Pocas veces funcionaba con nuestra madre o con el maestro, y nunca va a funcionar con Dios.

Por consiguiente, si Dios decidiera teóricamente dar hoy una *nueva* revelación, esta debe estar de acuerdo con su revelación más antigua, la Palabra escrita de Dios. Si una revelación dada por alguien contradice a la revelación anterior, entonces sabremos de inmediato que no procede de Dios.

Para siempre, oh Jehová, permanece tu palabra en los cielos. De generación en generación es tu fidelidad; tú afirmaste la tierra, y subsiste... Lámpara es a mis pies tu palabra, y lumbrera a mi camino (Salmo 119:89, 90, 105).

El cielo y la tierra pasarán, pero mis palabras no pasarán (Mateo 24:35).

Toda la Escritura es inspirada por Dios, y útil para enseñar, para redargüir, para corregir, para instruir en justicia, a fin de que el hombre de Dios sea perfecto, enteramente preparado para toda buena obra (2 Timoteo 3:16, 17).

· Porque la palabra de Dios es viva y eficaz, y más cortante que toda espada de dos filos; y penetra hasta partir el alma y el espíritu, las coyunturas y los tuétanos, y discierne los pensamientos y las intenciones del corazón. Y no hay cosa creada que no sea manifiesta en su presencia; antes bien todas las cosas están desnudas y abiertas a los ojos de aquel a quien tenemos que dar cuenta (Hebreos 4:12, 13).

Yo testifico a todo aquel que oye las palabras de la profecía de este libro: Si alguno añadiere a estas cosas,

La personalidad de Dios

Dios traerá sobre él las plagas que están escritas en este libro. Y si alguno quitare de las palabras del libro de esta profecía, Dios quitará su parte del libro de la vida, y de la santa ciudad y de las cosas que están escritas en este libro (Apocalipsis 22:18, 19).

Debemos probar todas las cosas por medio de la Palabra de Dios, y quedarnos con lo que sea bueno, tal como se nos exhorta a hacer en 1 Tesalonicenses 5:21.

Dios es omnipotente

La Biblia dice también que Dios es omnipotente, o todopoderoso. Él le dijo a Abraham: "Yo soy el Dios Todopoderoso; anda delante de mí" (Génesis 17:1). Mateo 19:26 dice que "para Dios todo es posible". Apocalipsis 19:6 nos dice: "¡Aleluya, porque el Señor nuestro Dios Todopoderoso reina!" Este es su nombre que está escrito: "rey de reyes y señor de señores" (versículo 16). Isaías 40 es un emocionante capítulo que da el significado de la omnipotencia de nuestro Dios. Leemos a partir del versículo 12:

> ¿Quién midió las aguas con el hueco de su mano y los cielos con su palmo, con tres dedos juntó el polvo de la tierra, y pesó los montes con balanza y con pesas los collados? ¿Quién enseñó al Espíritu de Jehová, o le aconsejó enseñándole? ¿A quién pidió consejo para ser avisado? ¿Quién le enseñó el camino del juicio, o le enseñó ciencia, o le mostró la senda de la prudencia?
>
> He aquí que las naciones le son como la gota de agua que cae del cubo, y como menudo polvo en las balanzas le son estimadas; he aquí que hace desaparecer las islas como polvo. Ni el Líbano bastará para el fuego, ni todos sus animales para el sacrificio. Como nada son todas las naciones delante de él; y en su comparación serán estimadas en menos que nada, y que lo que no es. ¿A qué, pues, haréis semejante a Dios, o qué imagen le

compondréis? El artífice prepara la imagen de talla, el platero le extiende el oro y le funde cadenas de plata. El pobre escoge, para ofrecerle, madera que no se apolille; se busca un maestro sabio, que le haga una imagen de talla que no se mueva.

¿No sabéis? ¿No habéis oído? ¿Nunca os lo han dicho desde el principio? ¿No habéis sido enseñados desde que la tierra se fundó? Él está sentado sobre el círculo de la tierra, cuyos moradores son como langostas; él extiende los cielos como una cortina, los despliega como una tienda para morar. Él convierte en nada a los poderosos, y a los que gobiernan la tierra hace como cosa vana. Como si nunca hubieran sido plantados, como si nunca hubieran sido sembrados, como si nunca su tronco hubiera tenido raíz en la tierra; tan pronto como sopla en ellos se secan, y el torbellino los lleva como hojarasca. ¿A qué, pues, me haréis semejante o me compararéis? dice el Santo. Levantad en alto vuestros ojos, y mirad quién creó estas cosas; él saca y cuenta su ejército; a todas llama por sus nombres; ninguna faltará; tal es la grandeza de su fuerza, y el poder de su dominio.

¿Por qué dices, oh Jacob, y hablas tú, Israel: Mi camino está escondido de Jehová, y de mi Dios pasó mi juicio? ¿No has sabido, no has oído que el Dios eterno es Jehová, el cual creó los confines de la tierra? No desfallece, ni se fatiga con cansancio, y su entendimiento no hay quien lo alcance. El da esfuerzo al cansado, y multiplica las fuerzas al que no tiene ningunas. Los muchachos se fatigan y se cansan, los jóvenes flaquean y caen; pero los que esperan a Jehová tendrán nuevas fuerzas; levantarán alas como las águilas; correrán, y no se cansarán; caminarán, y no se fatigarán (Isaías 40:12-31).

¡Qué capítulo tan extraordinario! Si usted quiere recibir inspiración todas las mañanas al levantarse, lea Isaías 40 y capte un destello de lo que es Dios. Él mantiene unido a todo

La personalidad de Dios

el cosmos con el poder de su mano. Él conoce por su nombre a todas las estrellas del universo, y conoce todos los cabellos de su cabeza. Ese es el Dios que adoramos.

¿Ha pensado de verdad alguna vez en lo grande que es Dios? ¿Se ha imaginado cuáles son las verdaderas dimensiones del cosmos? La luz viaja a una velocidad de 300.000 kilómetros por segundo. En un segundo, le puede dar la vuelta a la tierra por el ecuador siete veces y media.

Si sale afuera en una noche clara, puede ver una banda que atraviesa el cielo, y que da la impresión de ser un conjunto de nubes espesas a través del centro del cielo. En realidad, es el borde de lo que los terrestres llamamos Vía Láctea. Lo que usted está viendo, no son nubes, sino estrellas; tantos miles de millones de estrellas, que nos dan la impresión de que son nubes. Si usted estuviera viajando a la velocidad de la luz, le tomaría cuatro años y medio llegar solo a la estrella más cercana, de las que puede ver por la noche.

El año luz es la distancia que viaja la luz en un año. En un año luz, viajaría 9,461 billones de kilómetros. La estrella más cercana es Alfa Centauro, que se encuentra a cuatro años luz y medio de distancia. Esto significa que de las estrellas que usted ve por la noche, la más cercana se halla a unos 42,5 billones de kilómetros de nosotros. Y solo se trata de la estrella de la galaxia *que está más cerca*. En la Vía Láctea hay más de cien mil millones de estrellas.

Por inmensa que nos parezca, nuestra galaxia es una de *las más pequeñas* del universo. De hecho, los astrónomos que manejan el telescopio de quinientos centímetros del monte Palomar, en California, calculan que cuando miran a través del centro de la constelación de la Osa Mayor, pueden ver más de un millón de galaxias que tienen el tamaño de nuestra Vía Láctea, o incluso son mayores.

A la velocidad de la luz, nos harían falta cien mil años luz para cruzar la Vía Láctea. Esto significa que nuestra pequeña

Realidades sobre doctrinas falsas

galaxia tiene novecientos sesenta mil billones de kilómetros de ancho. Y los astrónomos pueden ver más de un millón de galaxias del mismo tamaño o menores, *solo en el centro de la Osa Mayor.* *¡Piense en las dimensiones de lo que estamos diciendo!*

Fuera de la Vía Láctea, lo más lejano que pueden ver u oír los astrónomos con sus equipos más delicados, es un quásar que se halla a quince mil millones de años luz de nosotros, lo cual significa ciento cuarenta y cuatro mil millones de billones de kilómetros de distancia.

No tenemos idea de lo que hay más allá, pero los astrónomos calculan que este quásar situado a ciento cuarenta y cuatro mil millones de billones de kilómetros de nosotros emite en un segundo suficiente energía para abastecer todas las necesidades eléctricas de la tierra por un millón de años. Esto es solo *un* quásar, y hay *millones* de quásares en el universo. ¿Ya está comenzando a captar la imagen? La Biblia dice que el Dios que creó todo esto, lo mantiene unido *por el poder de su mano.* Y aun así, hay gente que se pregunta si Dios será lo suficientemente grande como para resolver sus problemas.

Dios es inmensamente mayor de lo que nuestra limitada mente puede llegar a comprender. Y, sin embargo, el Dios cuya energía trasciende de manera infinita toda la energía que hay en el universo, ama a cada uno de nosotros. Ese Dios se interesa personalmente en usted.

La Biblia dice que Dios lo considera a usted más importante que todas esas galaxias juntas. ¡Qué verdad tan grandiosa! Cuando uno comienza a captar por un instante cómo es Dios realmente, su manera de orar cambia. Cuando uno entra a la presencia del Creador todopoderoso, esto se convierte en algo inspirador. Se convierte en una cuestión de *estupefacción*.

Dios es omnipresente

Dios no solo es omnipotente, sino que también es omnipresente. Su omnipresencia significa que Él está en todas partes al mismo tiempo. Desde el rincón más lejano de la galaxia más distante, hasta lo más profundo de su corazón, allí está Dios. Escuche en el Salmo 139, a partir del versículo 5, cómo se regocija el salmista en la omnipresencia de Dios:

> Detrás y delante me rodeaste, y sobre mí pusiste tu mano. Tal conocimiento es demasiado maravilloso para mí; alto es, no lo puedo comprender.
> ¿A dónde me iré de tu Espíritu? ¿Y a dónde huiré de tu presencia? Si subiere a los cielos, allí estás tú; y si en el Seol hiciere mi estrado, he aquí, allí tú estás. Si tomare las alas del alba y habitar en el extremo del mar, aun allí me guiará tu mano, y me asirá tu diestra.
> Si dijere: Ciertamente las tinieblas me encubrirán; aun la noche resplandecerá alrededor de mí. Aun las tinieblas no encubren de ti, y la noche resplandece como el día; lo mismo te son las tinieblas que la luz. Porque tú formaste mis entrañas; tú me hiciste en el vientre de mi madre.
> Te alabaré; porque formidables, maravillosas son tus obras; estoy maravillado, y mi alma lo sabe muy bien. No fue encubierto de ti mi cuerpo, bien que en oculto fui formado, y entretejido en lo más profundo de la tierra. Mi embrión vieron tus ojos, y en tu libro estaban escritas todas aquellas cosas que fueron luego formadas, sin faltar una de ellas. ¡Cuán preciosos me son, oh Dios, tus pensamientos! ¡Cuán grande es la suma de ellos! Si los enumero, se multiplican más que la arena; despierto, y aún estoy contigo (Salmo 139:5-18).

¿Se ha ido alguna vez al océano y ha tratado de contar los granos de arena que hay en una sola playa? ¡Dios dice que piensa continuamente en usted, y que la suma de sus pensamientos supera al número de granos de arena que hay en la tierra!

Dios es omnisciente

Hablamos también de la omnisciencia de Dios; o sea, del hecho de que Dios lo sabe todo.

> Oh Jehová, tú me has examinado y conocido. Tú has conocido mi sentarme y mi levantarme; has entendido desde lejos mis pensamientos. Has escudriñado mi andar y mi reposo, y todos mis caminos te son conocidos. Pues aún no está la palabra en mi lengua, y he aquí, oh Jehová, tú la sabes toda (Salmo 139:1-4).

> Jehová escudriña los corazones de todos, y entiende todo intento de los pensamientos (1 Crónicas 28:9).

> Él cuenta el número de las estrellas; a todas ellas llama por sus nombres. Grande es el Señor nuestro, y de mucho poder; y su entendimiento es infinito (Salmo 147:4, 5).

> ¡Oh profundidad de las riquezas de la sabiduría y de la ciencia de Dios! ¡Cuán insondables son sus juicios, e inescrutables sus caminos! (Romanos 11:33).

Como Dios sabe todas las cosas de una manera perfecta, no sabe ninguna mejor que otra, sino que las sabe todas igualmente bien. Dios lo conoce, y se interesa personalmente en usted.

Dios es trascendente

Hay cuatro atributos de Dios que nos ayudan a evitar las falacias más corrientes: su trascendencia, su inmanencia, su inmensidad y su eternidad.

Trascendencia significa que Dios está separado de toda su creación como un ser independiente, con existencia propia (Isaías 40:12-17). Dios no es la creación, ni forma parte de ella. De hecho, es el *Creador,* el que lo creó todo, excepto a sí mismo. Por eso, el concepto oriental del panteísmo no es cierto. Por eso también, la enseñanza de la Nueva Era sobre la "Madre tierra" no es válida. Dios no es ni la tierra ni el cosmos. Él es el *Creador,* no la creación.

Inmanencia significa que la presencia y el poder de Dios lo inundan todo dentro de su creación. Isaías 57:15 lo presenta así: "Porque así dijo el Alto y Sublime, el que habita la eternidad, y cuyo nombre es el Santo: Yo habito en la altura y la santidad, y con el quebrantado y humilde de espíritu, para hacer vivir el espíritu de los humildes, y para vivificar el corazón de los quebrantados". Dios se interesa activamente en su creación y trabaja en ella. Este atributo rechaza el concepto del deísmo, según el cual, Dios le dio cuerda al mundo, como si fuera un reloj, y después lo dejó que funcionara por su cuenta.

Inmensidad significa que Dios no está limitado por el espacio. El hecho de que Dios sea *eterno* significa que no está limitado por el tiempo. El tiempo y el espacio son aspectos del mundo creado. Por definición, Dios se halla fuera de ellos; no está limitado por nuestro mundo naturalista de tres dimensiones, ni está limitado por la cuarta dimensión que es el tiempo. Dios es sobrenatural; se halla por encima de nuestra comprensión natural. Isaías 55:9 dice: "Como son más altos los cielos que la tierra, así son mis caminos más altos que vuestros caminos, y mis pensamientos más que vuestros pensamientos".

Dios es soberano

La Biblia habla también de la soberanía de Dios; el hecho de que Él solo es la autoridad suprema, el único Dios, Creador y Gobernante del universo.

> Tuya es, oh Jehová, la magnificencia y el poder, la gloria, la victoria y el honor; porque todas las cosas que están en los cielos y en la tierra son tuyas. Tuyo, oh Jehová, es el reino, y tú eres excelso sobre todos. Las riquezas y la gloria proceden de ti, y tú dominas sobre todo; en tu mano está la fuerza y el poder, y en tu mano el hacer grande y el dar poder a todos. Ahora pues, Dios nuestro, nosotros alabamos y loamos tu glorioso nombre (1 Crónicas 29:11-13).

Isaías 45:5, 6 nos dice:

> Yo soy Jehová, y ninguno más hay; no hay Dios fuera de mí. Yo te ceñiré, aunque tú no me conociste, para que se sepa desde el nacimiento del sol, y hasta donde se pone, que no hay más que yo; yo Jehová, y ninguno más que yo.

Solo Él es Dios. Antes de Él no había Dios y, por tanto, no lo habrá después de Él tampoco. Colosenses 1:16 nos dice que "todo fue creado por medio de él y para él". En 1 Timoteo 6:15 se afirma que Dios es "el bienaventurado y solo Soberano, Rey de reyes, y Señor de señores". Apocalipsis 4:11 dice:

> Señor, digno eres de recibir la gloria y la honra y el poder; porque tú creaste todas las cosas, y por tu voluntad existen y fueron creadas.

Él es el Creador soberano; Él solo es Dios, y solo Él es Señor.

Dios es santo

Entramos ahora en un tercer aspecto: los atributos morales de Dios. La base de esos atributos morales es su santidad. Nos estamos refiriendo a su pureza, perfección y majestad absolutas.

Se producen tres derivaciones de su santidad: su justicia, su verdad y su amor. Isaías 6:3 proclama: "Santo, santo, santo, Jehová de los ejércitos; toda la tierra está llena de su gloria". En Isaías 57:15 se nos dice que su nombre es santo; Él habita en el lugar alto y sublime. En Oseas 11:9, Él nos dice:

> No ejecutaré el ardor de mi ira, ni volveré para destruir a Efraín; porque Dios soy, y no hombre, el Santo en medio de ti; y no entraré en la ciudad.

Dios es santo, y debido a su santidad, exige justicia. Cuando hablamos de su justicia, estamos hablando de tres cosas: su justicia preceptiva, su justicia punitiva y su justicia redentora. Dios exige justicia, porque su santidad es nuestra norma para la vida. En Levítico 19:2, dice:

> Habla a toda la congregación de los hijos de Israel, y diles: Santos seréis, porque santo soy yo Jehová vuestro Dios.

Leemos en 1 Pedro 1:15, 16:

> Como aquel que os llamó es santo, sed también vosotros santos en toda vuestra manera de vivir; porque escrito está: Sed santos, porque yo soy santo.

¿Qué exige Dios? ¿Cómo nos podemos acercar a Él en su santidad y en nuestro pecado? En Miqueas 6:6-8 hay una respuesta a esto.

> ¿Con qué me presentaré ante Jehová, y adoraré al Dios Altísimo? ¿Me presentaré ante él con holocaustos, con becerros de un año? ¿Se agradará Jehová de millares de carneros, o de diez mil arroyos de aceite? ¿Daré mi primogénito por mi rebelión, el fruto de mis entrañas por el pecado de mi alma? Oh hombre, él te ha declarado lo

que es bueno, y qué pide Jehová de ti: solamente hacer justicia, y amar misericordia, y humillarte ante tu Dios.

Esto es lo que Dios exige. No le interesan nuestros sacrificios ni nuestros holocaustos. Lo que Dios quiere es justicia, bondad, amor y un caminar en humildad con Él. Dios está inmensamente interesado en nuestra actitud ante la vida, en que maduremos en Jesucristo para que nos hagamos cada vez más semejantes a Él. Ya nos ha dado la norma: debemos ser santos como Él es santo. Un día, nos va a perfeccionar en la santidad, pero a diario tenemos que crecer en madurez y crecer *hacia* la santidad de Dios para conformarnos a su naturaleza.

El Salmo 96:13 nos dice que un día, Dios va a juzgar al mundo con justicia. Hechos 17:30, 31 repite este concepto:

> Pero Dios, habiendo pasado por alto los tiempos de esta ignorancia, ahora manda a todos los hombres en todo lugar, que se arrepientan; por cuanto ha establecido un día en el cual juzgará al mundo con justicia, por aquel varón a quien designó, dando fe a todos con haberle levantado de los muertos.

Dios es amor

Al mismo tiempo que su justicia exige justicia, Dios no nos ha dejado para que comparezcamos ante el tribunal del juicio descubiertos y en nuestro pecado. Él no se limita a distribuir justicia, sino que también le ofrece *redención* al hombre caído. Esta es la justicia redentora de Dios, una justicia que anhela la redención de la humanidad. El Salmo 51 nos dice que Dios está listo para restaurar en nosotros la salvación cuando buscamos su perdón con un corazón contrito. Romanos 3:23-26 nos dice:

> Por cuanto todos pecaron, y están destituidos de la gloria de Dios, siendo justificados gratuitamente por su

La personalidad de Dios

gracia, mediante la redención que es en Cristo Jesús, a quien Dios puso como propiciación por medio de la fe en su sangre, para manifestar su justicia, a causa de haber pasado por alto, en su paciencia, los pecados pasados, con la mira de manifestar en este tiempo su justicia, a fin de que él sea el justo, y el que justifica al que es de la fe de Jesús.

En 2 Corintios 5:17-21 encontramos esta gloriosa promesa:

De modo que si alguno está en Cristo, nueva criatura es; las cosas viejas pasaron; he aquí todas son hechas nuevas. Y todo esto proviene de Dios, quien nos reconcilió consigo mismo por Cristo, y nos dio el ministerio de la reconciliación; que Dios estaba en Cristo reconciliando consigo al mundo, no tomándoles en cuenta a los hombres sus pecados, y nos encargó a nosotros la palabra de la reconciliación. Así que, somos embajadores en nombre de Cristo, como si Dios rogase por medio de nosotros; os rogamos en nombre de Cristo: Reconciliaos con Dios. Al que no conoció pecado, por nosotros lo hizo pecado, para que nosotros fuésemos hechos justicia de Dios en él.

Esto nos lleva a nuestros últimos puntos acerca del amor y la verdad de Dios. Juan 3:16 dice:

Porque de tal manera amó Dios al mundo, que ha dado a su Hijo unigénito, para que todo aquel que en él cree, no se pierda, mas tenga vida eterna.

Esta vida eterna no es algo que se encuentre esperando en algún lugar del futuro. La vida eterna de la que se habla aquí comienza *en el mismo momento en que creemos en Cristo*. No solo es para la eternidad, sino que es una calidad de vida para este mismo momento.

El Salmo 103:17 dice que la amorosa bondad de Dios es para siempre. Juan añade:

> En esto se mostró el amor de Dios para con nosotros, en que Dios envió a su Hijo unigénito al mundo, para que vivamos por él. En esto consiste el amor: no en que nosotros hayamos amado a Dios, sino en que él nos amó a nosotros, y envió a su Hijo en propiciación por nuestros pecados.

Jesús fue ese sacrificio infinito. Había necesidad de ese Cordero de Dios sin mancha que se pudiera llevar los pecados del mundo.

Cubiertos por Cristo

Hace poco, mientras Ron estaba dando unas conferencias en Nueva Zelanda y Australia, los criadores de ovejas le contaron lo que pasa con frecuencia en un rebaño grande de ovejas. Cuando las madres están pariendo corderos, es frecuente que una de ellas muera mientras pare un cordero vivo. En cambio, en algún otro lugar del rebaño hay alguna madre que pare un cordero muerto. Los criadores le llevan el cordero huérfano a la madre que perdió a su cría, para que lo cuide y lo alimente. Pero la madre puede oler que no se trata de su cría, y siempre lo patea para alejarlo, sin permitirle que mame. Así es como los criadores han descubierto que pueden tomar la sangre del cordero que nació muerto y cubrir con ella el vellón del cordero huérfano. Entonces, cuando le llevan ese cordero a la madre que ha perdido a su cría, ella huele la sangre, piensa que es su cordero, y le permite alimentarse.

Lo mismo sucede con Dios. Él es santo, y no quiere ver nuestro pecado. Pero cuando nos cubre la sangre de Jesucristo, y nos limpia y concede el perdón, el Dios santo desciende su mirada hacia nosotros, y no ve nuestra naturaleza pecaminosa. Lo que ve es la sangre de Jesucristo, que nos cubre. Por eso, nos acepta como suyos. La sangre de Jesucristo es la que nos cubre, nos purifica y nos reconcilia con Dios, restableciendo nuestra relación con Él.

> Sabiendo que fuisteis rescatados de vuestra vana manera de vivir, la cual recibisteis de vuestros padres, no con cosas corruptibles, como oro o plata, sino con la sangre preciosa de Cristo, como de un cordero sin mancha y sin contaminación (1 Pedro 1:18, 19).

> En quien tenemos redención por su sangre, el perdón de pecados según las riquezas de su gracia (Efesios 1:7).

> Mas Dios muestra su amor para con nosotros, en que siendo aún pecadores, Cristo murió por nosotros. Pues mucho más, estando ya justificados en su sangre, por él seremos salvos de la ira (Romanos 5:8, 9).

Dios es verdad

Por último, unas palabras acerca de la verdad de Dios. El Salmo 100:5 nos dice que la verdad de Dios permanece por todas las generaciones. Deuteronomio 32:4 dice que Dios es un Dios de verdad, y que su fidelidad permanece para siempre. En Juan 8:31, 32 leemos:

> Dijo entonces Jesús a los judíos que habían creído en él: Si vosotros permaneciereis en mi palabra, seréis verdaderamente mis discípulos; y conoceréis la verdad, y la verdad os hará libres.

Jesús dijo que Él quería hacernos libres, y que su verdad nos haría libres: "Si vosotros permaneciereis en mi palabra, seréis verdaderamente mis discípulos; y conoceréis la verdad, y la verdad os hará libres". Al orar por aquellos que se llamaban discípulos suyos, le pidió al Padre: *"Santifícalos en tu verdad; tu palabra es verdad"* (Juan 17:17).

Dios nos ha dado una revelación fiel y verdadera de su naturaleza. Al entrar en el estudio de las doctrinas falsas del hombre, necesitamos mirar en primer lugar con toda atención al Dios verdadero. Entonces, nunca nos inclinaremos a adorar algo inferior a lo que Dios ha revelado que es Él.

4

Realidades sobre...

La evolución: La teoría increíble

Una de las preguntas más importantes que se puede hacer alguien hoy, tiene que ver con la cuestión de los orígenes. En estos momentos, compiten entre sí dos filosofías sobre este tema. Una de ellas es la teoría de la evolución, según la cual los seres humanos solo son un accidente, evolucionado a partir de unas viscosas algas. El otro punto de vista aparece en Génesis 1:1, donde se dice: "En el principio creó Dios..."

La forma en que respondamos a la cuestión de los orígenes, si nos consideramos un accidente, o una creación exclusiva de Dios, va a determinar en última instancia todo lo demás que pase en nuestra vida. Va a determinar el valor que les demos a los seres humanos, la base de nuestra moralidad, nuestro significado y razón de ser en la vida, y nuestro destino final. Es una de las preguntas más fundamentales que se pueden hacer.

En este capítulo queremos explorar lo que es la evolución y por qué es una de las mayores falsedades que se están perpetrando en nuestros tiempos. También queremos ver las evidencias científicas y por qué todas ellas señalan hacia el hecho de que no somos un accidente, sino una creación exclusiva de un Creador amoroso y omnipotente.

¿Tenemos la suerte de estar aquí?

La revista *Newsweek,* del 20 de noviembre de 1989, tenía un artículo donde se exponía la teoría moderna de la evolución. El título era "Todos tenemos la suerte de estar aquí". He aquí un pasaje:

> Es una imagen que todos llevamos en la mente; el ídolo más poderoso en la era del humanismo secular: la línea de antepasados del hombre. Comienza con las bacterias, apenas al otro lado del umbral de la vida, una tenue espuma de los mares primitivos. Después, ascendiendo por la escala de la complejidad... los protozoos, los invertebrados, los peces y los primeros reptiles. Estos fueron seguidos por los primeros mamíferos, que destruyeron a los dinosaurios, los primates primitivos y sus descendientes homínidos amontonados alrededor de una fogata en una cueva. Tres mil millones de años de progreso dirigidos hacia la producción del hombre...
>
> Este punto de vista sostiene que no hay nada inherente a las leyes de la naturaleza que dirigiera la evolución hacia la producción de los seres humanos. Nuestra preeminencia actual entre la gran fauna terrestre no tiene nada de predestinación; somos el producto de toda una serie de sucesos contingentes en la historia de nuestro planeta, cualquiera de los cuales se habría podido invertir para dar lugar a un resultado diferente.
>
> En resumen, que somos, como cualquier otra criatura que haya caminado o se haya arrastrado por la tierra, un accidente.

La revista *Time* traía el 7 de noviembre de 1977 un artículo de portada titulado "Cómo el hombre se volvió hombre", en el cual se presentaba este tema como la única razón científica plausible para que el hombre sea hombre.

En ese número apareció un anuncio de la serie de libros TIME/LIFE titulada *The Emergence of Man* ["La aparición del hombre"], que se puede encontrar actualmente en las escuelas y bibliotecas públicas de todos los Estados Unidos. En el anuncio, la descripción de lo que se aprendería con ellos incluía lo siguiente:

Usted comparte, con todas las demás criaturas que han existido, los mismos orígenes; el mismo accidente que llevó a la creación espontánea de la primera alga monocelular, hace tres mil quinientos millones de años.

¿Verdad que es emocionante saberlo? Todos compartimos el mismo accidente y hemos evolucionado a partir de las mismas algas de hace miles de millones de años. Detengámonos a pensar en esto por un instante. Dese cuenta de que este principio se ha convertido en la base de la educación en todos los Estados Unidos y en la mayoría del mundo actual. Estamos educando una generación de jóvenes en la creencia de que no hay Dios y de que ellos solo son accidentes evolucionados a partir de las algas.

Una premisa vacilante

Si usted piensa, aunque sea un poco, tiene que hacerse unas cuantas preguntas básicas. ¿Qué les hace esta creencia al valor de la vida humana y a la base de la moralidad? Si se les enseña a las personas que solo son animales evolucionados, entonces ¿por qué no van a vivir como animales? ¿Acaso el aumento de la violencia no es solo "la supervivencia del mejor adaptado"? ¿No son los embarazos de adolescentes fuera del matrimonio y las enfermedades transmitidas por vía sexual, entre ellas el SIDA, la consecuencia lógica de que el hombre viva como un animal, sin base alguna para una conducta moral? Y los treinta millones de niños abortados en

Realidades sobre doctrinas falsas

los Estados Unidos desde el caso Roe contra Wade, ¿acaso no son más que el producto final de una filosofía que no ofrece valor alguno para la vida humana? Tal vez no sea políticamente correcto decir estas cosas, pero son ciertas.

Lo trágico es que la evolución es una filosofía del siglo XIX que ha sido destruida por la ciencia del siglo XX. Sin embargo, la mentira se sigue infiltrando, no con bases científicas, sino porque es lo que justifica moralmente a nuestra sociedad inmoral de hoy. Como le dijo a Ron un maestro de la evolución hace algunos años: "Yo sé que la evolución es científicamente imposible, pero la voy a seguir enseñando, porque es moralmente cómoda". Cuando le preguntó qué quería decir con eso, le respondió: "Mientras yo crea que solo soy un animal, puedo vivir como quiera. Pero tan pronto como admita que hay un Creador, entonces me vuelvo moralmente responsable ante ese Creador y, la verdad sea dicha, no quiero ser moralmente responsable ante nadie".

La evolución comienza y termina con una premisa desesperadamente ilógica: Nada, más el azar, es igual a todo. ¿Qué creó la materia y la energía necesarias para crear el universo? El evolucionista no dispone de evidencias científicas, así dice: "Hay que suponer por fe que esto sucedió de alguna forma".

La generación espontánea, o idea de que la vida surgió de la materia inerte, es presentada como la forma en que surgió la vida. La teoría de la evolución dice que hace unos tres mil quinientos millones de años, burbujeaba un gran caldo inorgánico de nitrógeno, amoníaco, sales y bióxido de carbono. De este nocivo caldo surgió la primera alga monocelular. De ella surgieron el resto de los pasos espontáneos hacia la era de las computadoras.

Por supuesto, el problema es que los evolucionistas no tienen respuesta cuando se les pregunta la procedencia de este burbujeante caldo inorgánico. Siempre dicen: "Hay que suponer por fe que de alguna forma, estaba allí".

El mayor problema aquí es la falacia científica de la generación espontánea. El Dr. George Wald, Profesor Emérito de Biología en la universidad de Harvard y ganador del premio Nobel, escribió en la revista *Scientific American* que la generación espontánea, la idea de que la vida surge de la materia inerte, fue científicamente rechazada por Luis Pasteur en 1860. En *Life: Origin and Evolution* [La vida: su origen y evolución], Wald añade: "Solo hay que tener en cuenta la magnitud de esta empresa para conceder que la generación espontánea de un organismo vivo es algo imposible".

La *biogénesis* es el axioma básico de la biología. Biogénesis significa que la vida solo surge de la vida. No procede de la materia inerte. La respuesta del evolucionista a esto es: "Bueno, hay que suponer por fe que, aun en contra de las leyes probadas de la biología, algo ha sucedido".

El problema de la reproducción

Otro de los grandes problemas a los que se enfrentan los evolucionistas es la reproducción bioquímica. Todas las células que hay en las plantas, los animales y los seres humanos, por simples que sean, tienen lo que se llama un "motor metabólico complejo". Este motor es la capacidad que tiene la célula para extraer energía de su ambiente a fin de almacenarla para su propia reproducción y para otras necesidades. Para que exista la vida, es necesario tener este motor metabólico. Pero solo la vida puede producir este motor metabólico.

Entonces, este es el acertijo ahora: "Cuando no existía la vida, ¿cómo se produjeron aquellas sustancias que son absolutamente esenciales para la vida, pero que solo la vida puede producir?"

El mismo problema tenemos, con el ADN, el ácido deoxirribonucléico. El ADN es el código genético, organizado en un doble hilo helicoideo, que determina las características hereditarias de un ser humano.

El ADN es absolutamente esencial para que exista la vida. Pero solo la vida puede producir el ADN. Entonces, cuando no existía la vida, ¿cómo comenzó a existir el ADN? La revista *Time* publicó hace algunos años un interesante artículo secundario sobre un muestreo del ADN en una serie de mujeres de todo el mundo. La prueba abarcaba mujeres de todas las principales clasificaciones étnicas. El artículo, llamado "Madre Eva", señalaba que las características del ADN en todas las mujeres del amplio grupo sometido a la prueba se remontaban a una sola mujer.

Las leyes de la probabilidad

Otro problema que tienen los evolucionistas está en las leyes de la probabilidad, que demuestran clara y llanamente que es imposible que surja vida de una materia inerte. Esto fue lo que dijo hace poco Sir Fred Hoyle, uno de los principales astrónomos y matemáticos del mundo, ante la Academia Británica de Ciencias: "La probabilidad de que la vida haya surgido al azar es la misma que habría de que saliera siempre el seis al tirar un dado cinco millones de veces consecutivas".

¡Inténtelo alguna vez! Después, siguió diciendo: "Seamos científicamente honrados. Todos sabemos que la proba-bili-dad de que la vida se haya ido elevando a una complejidad y organización mayores por azar a través de la evolución, es la misma probabilidad que habría de que un tornado se abriera paso por un campo de chatarra, y al otro lado de él dejara hecho un avión de propulsión a chorro como el Boeing 747."

El azar impersonal no produce complejidad y organización, sino solo un caos mayor. Una vez más, la respuesta del evolucionista a esto es: "Bueno, debemos dar por sentado en fe que, en contra de lo que dicen las leyes matemáticas de la probabilidad, eso se produjo de alguna forma".

La oposición a la segunda ley

Otro gran problema es que la evolución supone una progresión gradual hacia arriba; que presuntamente, las cosas han evolucionado desde el caos y la sencillez a una complejidad y una organización cada vez mayores, y todo por azar. El problema es que, en este universo en que vivimos, lo que sucede realmente en todos y cada uno de los casos, es lo opuesto, según las leyes de la física. Toda la energía y la materia se hallan gobernadas por las leyes de la termodinámica.

La segunda ley de la termodinámica establece que todo en el universo parte de un estado de organización y complejidad, y va descendiendo, o degenerando, hacia el caos y la desorganización. Esto es conocido como el problema de la entropía. Solo hace falta recorrer un cementerio de automóviles para ver esta ley en acción. Por la puerta posterior no sale ningún Rolls Royce. Los automóviles se van poniendo herrumbrosos y cayéndose a pedazos, y pronto se mezclan con el polvo del suelo.

El hecho de que nadie puede construir una máquina con movimiento perpetuo demuestra la entropía. *Todo* pierde energía y termina perdiéndola por completo. Las cosas no se mueven hacia arriba, hacia la complejidad; en lugar de esto, tienden a caer. Un ejemplo más: tome un Rolls Royce de fábrica, como el que buscamos en el cementerio de automóviles, y déjelo en un bosque o en medio de la montaña, durante cinco o diez años. ¿Qué le va a suceder? Si no se lo roban, al cabo del tiempo va a tener el mismo aspecto que cualquiera de los autos que están en el cementerio. Como todas las demás cosas físicas que hay en la tierra, se va a ir desintegrando y terminará por caerse a pedazos. Lo mismo le pasa a un árbol que a un rascacielos. Nunca ascenderá a una complejidad mayor.

Si usted tiene un hijo adolescente, puede probar la segunda ley de la termodinámica en su propio hogar. Todo lo que tiene que hacer es limpiarle bien el cuarto y dejarlo sin tocar durante una semana. Así verá la entropía en acción.

La realidad de la entropía presenta un terrible problema para los evolucionistas. Algunos de ellos han tratado de ofrecer soluciones como esta: "Tenemos una energía renovable que procede del sol". Sin embargo, la energía al azar nunca produce organización. De hecho, las leyes de la física señalan que acelera el proceso de entropía. La energía creada en las grandes represas hidroeléctricas del mundo termina destruyendo los sistemas que crean el poder que utilizamos. El ser humano debe reparar constantemente las dependencias y los sistemas eléctricos.

Como ejemplo, digamos que usted tiene un automóvil junto a una montaña. Quiere subir con él hasta la cima. ¿Qué necesita? Usted dirá: "Energía". Así que llena el tanque de gasolina, "energía". ¿Sube el auto la montaña? No. ¿Qué anda mal? Que hace falta un complejo mecanismo, conocido como motor, para transformar la energía *desordenada* en la energía *cinética* que es útil para realizar un trabajo. Ahora bien, ¿dónde consigue usted este complejo mecanismo? Aunque usted dé por sentado que tiene motor, cuando el auto vaya subiendo la montaña, se va a ir por un precipicio. ¿Por qué? Porque necesita un complejo sistema de controles para guiar el auto. ¿De dónde viene este complejo sistema?

Obviamente, no basta con tener energía para resolver el problema. Esto se parece a la forma en que crecen las plantas. Hace falta la energía de la luz solar para que crezcan las plantas, pero la energía desordenada del sol no basta. Las plantas necesitan un complejo mecanismo llamado fotosíntesis para producir la clorofila, sustancia necesaria para su vida.

Suposiciones de una fe extraviada

La última pregunta que debemos hacer es esta: Cuando no existía la vida, ¿cómo comenzaron a existir estos complejos mecanismos (como la fotosíntesis), que son absolutamente esenciales para la vida, si solo los puede producir la vida? El evolucionista no tiene una respuesta lógica, así que tiene

La evolución: La teoría increíble

que decir una vez más: "Hay que suponer por fe que, en contra de las leyes conocidas de la física, esto se produjo de alguna forma".

Algunos evolucionistas, como el astrónomo Carl Sagan, presentan unos vastos períodos de tiempo como respuesta al dilema de la complejidad que hay en la naturaleza. Creen que el azar, unido al tiempo, puede generar una complejidad creciente. Por eso, le añaden continuamente más millones o miles de millones de años a sus hipótesis evolucionistas. Sin embargo, las leyes de la física señalan: "Mientras mayor sea el tiempo transcurrido, mayores serán el caos y la desorganización". Sencillamente, las cosas no evolucionan hacia arriba, tal como lo exigiría la evolución.

Como ejemplo de lo anterior, pensemos en un avión que se halle a tres mil metros de altura y lleve dentro cien mil tarjetas de archivo cuidadosamente apiladas. La teoría de la evolución supondría que, si se les dan las oportunidades necesarias, esas tarjetas se podrían arrojar por la ventana, y organizarse y seleccionarse ellas mismas hasta que se lea en ellas "Los Estados Unidos de Norteamérica" sobre el suelo. Usted dirá: "Es ridículo; todo lo que va a pasar es que van a volar por todas partes y se van a regar por el suelo".

Por supuesto que es ridículo; es la entropía en rápida acción. Las cosas retroceden de la organización al caos. Por eso, el evolucionista dice: "Lo que hace falta es un espacio de tiempo mayor para permitir que se produzcan la organización y la complejidad". Sin embargo, esto equivale a decir que, en lugar de volar a tres mil metros de altura, vamos a hacer que el avión vuele a quince mil. Ahora, cuando dejemos caer las tarjetas, van a tener más tiempo para ordenarse y seleccionarse entre ellas, a fin de que se lea "Los Estados Unidos de Norteamérica" en el suelo.

¿Qué va a suceder? Recuerde: una de las leyes básicas de la física afirma que mientras mayor sea el tiempo, mayores serán el caos y la desorganización. Las tarjetas quedarían esparcidas por un espacio diez veces mayor. Cada vez que el evolucionista añade unos cuantos millones de años a sus hipótesis, todo lo que está haciendo es añadiéndole otro clavo a su propio ataúd.

La verdad acerca del historial fósil

Otro gran problema de los evolucionistas es el historial de los fósiles. Carlos Darwin creía que si la evolución era cierta, encontraríamos las evidencias en el historial de los fósiles. Así predijo que los estratos geológicos revelarían una evolución gradual ascendente de las especies hacia una complejidad cada vez mayor. En su número del 29 de marzo de 1982, la revista *Newsweek* tenía una historia de portada llamada "Misterios de la evolución". En ella aparecía la siguiente admisión:

> Una vergüenza profesional para los paleontólogos: su incapacidad de hallar los fósiles de las formas de transición entre especies, los llamados "eslabones perdidos".
>
> Darwin, y la mayoría de los que lo siguieron, creían que la obra de la evolución era lenta, gradual y continua, y que en teoría, se podría reconstruir para todos los animales vivos una línea completa de antepasados, que irían pasando de manera imperceptible de una forma a la siguiente. En la práctica, admitió Darwin, el historial fósil disponible era demasiado escaso para demostrar que se habían producido estos cambios graduales, aunque tenía la seguridad de que *terminarían* por aparecer. Sin embargo, un siglo de excavaciones desde aquellos tiempos solo ha servido para que su ausencia sea más notoria. Los paleontólogos han dedicado vidas enteras a buscar ejemplos de transiciones graduales a lo largo del tiempo y, con muy raras excepciones, no lo han logrado.

La evolución: La teoría increíble

Lo que hallamos en el historial de los fósiles es que todas las especies están plenamente formadas, sin intermediarios de transición ni eslabones perdidos. Si la evolución fuera cierta, deberíamos estar encontrando, literalmente, *millones* de formas de transición o "eslabones perdidos" entre una especie y la siguiente. En lugar de esto, no hemos encontrado nada. Al contrario; todo es "según su género". Como lo señalaba el Dr. Duane Gish, quien recibió su doctorado en Bioquímica en la Universidad de California en Berkeley, en su obra *Acts and Facts* [Hechos y realidades], publicada por el Instituto de Investigación sobre la Creación, El Cajón, CA:

> El historial de los fósiles muestra la aparición súbita y plenamente formada de todos los invertebrados complejos (caracoles, ostras, aguamalas, esponjas, gusanos, erizos de mar, braquiópodos y trilobites) sin que haya rastro alguno de antepasados.

Añade después:

> El historial de los fósiles muestra también la aparición súbita, plenamente formada, de todas las clases principales de peces (de los que se supone que fueron los primeros vertebrados) sin rastro alguno de antepasados. Esto demuestra, más allá de toda duda razonable, que no se ha producido una evolución. Si se hubiera producido una evolución, nuestros museos deberían contener miles de fósiles de formas intermedias. Sin embargo, nunca se ha hallado rastro alguno de un antepasado, o de una forma de transición en el caso de ninguna de estas criaturas.

En resumen: nunca hemos observado la evolución en el historial fósil, y nunca la hemos observado en el mundo natural tampoco. La evolución es una teoría que solo existe en la imaginación de los evolucionistas.

¿Dónde está la lógica?

Esta es la pregunta que nos debemos hacer: ¿Es más lógico, racional y científico creer en la evolución, o es más lógico, racional y científico creer que "en el principio creó Dios"? Veamos las evidencias.

¿Surge la vida de manera espontánea y fortuita, como lo enseña el evolucionismo? ¡No! El axioma básico de toda la biología es la *biogénesis:* La vida solo surge de la vida; no procede de la materia inerte. ¿Encaja esto de manera más lógica con la evolución, o con la creación?

¿Y la enseñanza evolucionista de que todo está evolucionando continuamente hacia una complejidad cada vez mayor, y todo por casualidad? La evidencia es la segunda ley de la termodinámica. Las leyes de la física indican que todo desciende de la organización al caos. Esto recibe el nombre de *entropía.* ¿Encaja esto de manera más lógica en la evolución, o en el relato bíblico de la creación y la caída?

¿Y el historial fósil? Darwin decía que si la evolución era cierta, hallaríamos las evidencias en el historial de los fósiles, en la forma de millones de formas de transición o "eslabones perdidos". En realidad, lo que hallamos es que todo aparece plenamente formado según su especie en el historial fósil, sin evidencia alguna de transiciones. ¿Encaja esto más lógicamente en la evolución, o en la creación bíblica? ¿Acaso no dice Dios en el capítulo primero del Génesis que Él lo creó todo "según su género"?

Nunca cesa de asombrarnos que cuando estábamos en el jardín de infantes nos enseñaran que eso de que una rana se volviera príncipe era un cuento de hadas para niños, pero cuando llegamos a la universidad, nos enseñaron que eso de que una rana se volviera príncipe era algo científico. La Biblia dice que solo el necio dice en su corazón: "No hay Dios" (Salmo 14:1). Al seguir al evolucionismo, nos hemos convertido literalmente en una nación de necios que sigue una idea falsa y nada científica.

¿Por qué lo enseñan?

Algunas personas nos han preguntado: "Si no hay evidencias a favor de la evolución, ¿por qué los maestros la siguen propagando en nuestras universidades y escuelas?" El Dr. Phillip E. Johnson, profesor de derecho en la Universidad de California en Berkeley, escribió un libro donde ponía al descubierto la falsedad de la evolución, que se llama *Darwin on Trial* [Darwin ante el tribunal]. Estaba dando una conferencia cuando le hicieron una pregunta al respecto. Su respuesta es muy interesante, puesto que procede de alguien que se encuentra dentro de la comunidad académica:

> La mayoría de los profesores siguen enseñando la evolución en las universidades porque tienen miedo de que les quiten su cátedra, o que no les den fondos para sus investigaciones, o que no les publiquen sus obras, y sus colegas no los acepten. Así que, para que los acepten, para que publiquen sus obras, para que les den dinero para sus investigaciones, para que su universidad los mantenga en su cátedra, tienen que seguir los lineamientos del partido, que son los principios evolucionistas. ¡Así es como se juega el juego académico!

Creemos que otra de las razones por las que se sigue enseñando la evolución a pesar de las evidencias en su contra, es la manera de pensar de los educadores, que tiene atrapadas hoy a nuestras escuelas. Esencialmente, las escuelas han "desechado la respuesta antes de hacer la pregunta". Han dicho: "No hay Dios. Ahora, hagamos la pregunta: ¿Cuál es el origen de la vida?" La razón por la que nunca encuentran la respuesta es que la han desechado antes de hacer la pregunta. Desechar respuestas antes de hacer la pregunta no tiene nada de científico y es altamente antiintelectual.

Es lo mismo que si fuéramos a unas clases de matemáticas y el profesor nos dijera el primer día: "No hay número cuatro.

El número cuatro no existe. Solo es una ficción inventada por alguna imaginación fundamentalista". Entonces, cuando usted regresa a la clase el segundo día, el profesor le hace una pregunta: "¿Cuánto es dos más dos?" Usted le responderá "tres", o "cinco", pero no puede ser cuatro, porque el cuatro no existe.

El problema está en que cuando uno hace algo así, ya no se está dedicando a instruir, sino a adoctrinar. Hemos estado adoctrinando a toda una generación en la falsa creencia de que no hay un Dios, y de que solo somos animales que hemos evolucionado a partir de unas viscosas algas.

El resultado final lógico de esta tragedia es una generación de personas que no saben quiénes son, de dónde vienen ni adónde van. Nos hemos convertido en una generación perdida que busca en todas partes y lo prueba todo en un intento por darse valor y autoestima, y encontrarle un valor a la vida.

Las dos fuentes

Randy Alcorn, fundador de Eternal Perspective Ministries, en Oregón, lo resume todo de manera concisa en un artículo reciente llamado "Las dos fuentes de la autoestima".

> He estado oyendo y leyendo por todos los medios seculares acerca del crítico problema de la baja autoestima que tienen nuestros jóvenes. Se menciona un concepto bajo de sí mismo como la causa del suicido, el abuso de drogas, los crímenes, los delitos y la violencia en los adolescentes. Los educadores y los líderes comunitarios están tratando de hallar formas de ayudar a los jovencitos a mejorar su autoestima.
>
> ¿De dónde procede esta plaga de baja autoestima? Irónicamente, procede en línea directa del concepto ateo evolucionista del hombre con el cual la sociedad ha adoctrinado a nuestros jóvenes. ¿Dónde pueden adquirir una autoestima saludable y correcta? En la misma ética judeocristiana que la sociedad está rechazando, y tratando por todos los medios de

mantener fuera de las aulas y de la vida pública.

Voy a resumir los fundamentos seculares de la autoestima, y también los cristianos. Después, usted dirá si es de asombrarse que los jovencitos de los Estados Unidos se sientan como si ellos mismos, su vida y sus valores tuvieran tan poco valor.

La base secular de la autoestima

Usted desciende de una diminuta célula de protoplasma primordial que fue a parar con las olas a la playa de un océano hace tres mil millones y medio de años. Es el producto ciego y arbitrario del tiempo, el azar y las fuerzas naturales. Sus parientes vivos más cercanos se andan meciendo en los árboles y comiendo galletas en los zoológicos.

Usted es una simple bolsa de partículas atómicas de toda clase; un conglomerado de sustancia genética. Existe en un pequeño planeta, dentro de un diminuto sistema solar, en una oscura galaxia situada en un rincón remoto y vacío de un universo inmenso, frío y sin sentido. Va volando a través de un espacio sin vida, sin un propósito, sin dirección, sin control y sin otro destino más que la destrucción final.

Usted es una entidad puramente biológica, diferente solo en grado, pero no en clase, a un microbio, un virus o una ameba. Usted no tiene otra esencia más allá de la de su cuerpo, y al morir va a cesar de existir por completo. La poca vida que tiene, está confinada a un frágil cuerpo que se mueve sin rumbo por un mundo plagado por las guerras, el hambre y las enfermedades. El único interrogante es si el mundo se las arreglará para estallar antes que termine por su cuenta, su vida breve y carente de sentido.

En resumen, usted vino de la nada, no va a ninguna parte y terminará su breve viaje cósmico bajo dos metros de tierra, donde todo lo que es usted se convertirá en comida para las bacterias, y se pudrirá, llenándose de gusanos.

Ahora bien... ¿por qué no se siente bien
con respecto a sí mismo?

La base cristiana de la autoestima

Usted es una creación especial de un Dios bueno y todopoderoso. Es el punto culminante de su creación, la obra maestra del gran artista del universo. Usted ha sido creado a su imagen, con capacidad para pensar, sentir y adorar, que lo colocan por encima de todas las demás formas de vida. Es diferente a los animales, no solo en grado, sino también en clase.

Usted no solo es único, sino que también es único entre los de su propia clase. Dios ha programado la combinación exacta de ADN y de cromosomas que constituye su código genético, haciéndolo tan diferente de los demás como cada copo de nieve se diferencia de los otros.

Su Creador lo amó tanto, y anhela con tanta intensidad su compañía y su afecto que, a pesar de su rebelión, dio la vida de su único Hijo para que usted se pudiera pasar la eternidad con Él. Si está dispuesto a aceptar el don de la salvación, se puede convertir en hijo de Dios, del Rey del universo.

Por ser cristiano, usted está revestido con la justicia de Cristo. Él le ha dado dones y capacidades especiales para que lo sirva de una manera particular y exclusiva.

Su Padre celestial es soberano, y no permitirá que se le cruce nada en el camino si Él no lo ha filtrado primero. Se preocupa tanto por usted, que está a su completa disposición todo el tiempo, y escucha todas las palabras que usted dice. Le interesan profundamente sus dolores, y tiene un plan perfecto para su vida. Le ha dado su Palabra inspirada como mapa de carreteras para su vida. Le da la verdad que lo hace libre, una vida abundante y eterna, y una familia espiritual que lo ama y lo necesita.

Su destino consiste en vivir para siempre en un reino maravilloso, para reinar con Cristo sobre el universo. Disfrutará para siempre de las maravillas de su presencia y de las grandezas de su creación. Se pasará la eternidad en una comunión íntima y gozosa con su amado Señor y con su preciada familia espiritual.

La evolución: La teoría increíble

Y ahora... ¿cómo lo hace sentirse todo esto acerca de sí mismo?

La evolución teísta

Un último punto del que necesitamos hablar aquí es la doctrina de la "evolución teísta", o creencia de que Dios usó la evolución para crear al mundo. Es triste que esta idea haya sido aceptada por muchos en numerosas universidades cristianas e iglesias hoy, en la mal aconsejada creencia de que se pueden hacer concesiones en las Escrituras para aceptar la evolución.

Hay académicos cristianos que, para esconder su creencia en la evolución y hacerla sonar más aceptable para sus seguidores, le han dado a esta enseñanza el nuevo nombre de "creacionismo progresivo". No solo están actuando con falta de honradez científica, sino también con falta de sinceridad bíblica.

En primer lugar, la "evolución teísta" o "creacionismo progresivo" es una hermosa idea... si es que hubiera evidencia alguna favorable a la evolución. El problema está en que no hay evidencias a favor de ella, ni en el sentido teístico, ni en el natural.

En segundo lugar, ¿por qué un Dios perfecto habría de utilizar un medio imperfecto para crear un mundo perfecto? La evolución exige dos cosas: 1) *el azar* y 2) *una muerte y una destrucción masivas* a través de la supervivencia de los mejor adaptados.

La teoría de la evolución teísta enseña que millones de especies se extinguieron a fin de crear a Adán y Eva. Cuando la evolución llegó a ese punto al cabo de miles de millones de años, entonces se supone Dios comenzó la especie humana y le dio un alma al hombre. Pero Romanos 5:12 nos dice que no había muerte antes del pecado, y que el pecado vino por un hombre, Adán. ¿Cómo es posible que se hayan producido una muerte y una destrucción masivas a lo largo de millones de años hasta llegar a Adán, si antes del pecado no había muerte?

El principal problema de los evolucionistas teístas parece estar en la naturaleza de Dios, la geología de la tierra, el tamaño del cosmos y la distancia a las estrellas.

En primer lugar, tratan de ayudar a Dios a salir del apuro, haciendo que los días de la creación en Génesis 1 sean largos períodos de tiempo que comprenden miles de millones de años. Esto se debe a que tienen un concepto muy limitado sobre quién es Dios. Si uno comprende la naturaleza de Dios, se da cuenta de que no necesitaba ni siquiera seis días de veinticuatro horas para la creación. Si comprende la omnipotencia de Dios, se da cuenta de que habría podido hacerlo en seis segundos.

En segundo lugar, los evolucionistas teístas sostienen un concepto uniformista de la geología, lo cual es base fundamental de la evolución. Este concepto, creado por el ateísta Charles Lyell en el siglo XIX, sostiene que la tierra ha cambiado de manera lenta y gradual a lo largo de las eras por medio de procesos que siguen en marcha hoy en día. Los que sostienen este punto de vista, entre ellos los evolucionistas teístas, niegan que se produjera un diluvio universal en tiempos de Noé, tal como aparece en el capítulo 7 del Génesis.

Tienen que rechazar el diluvio universal, porque un cataclismo de esta magnitud habría destruido todo su concepto uniformista de la geología. Esta es la razón de que los evolucionistas teístas enseñen en muchos colegios universitarios cristianos y seminarios la idea de un diluvio local, limitado solo a la zona del Oriente Medio. Pero esto no es lo que la Biblia enseña.

Los evolucionistas teístas han aceptado la falsa idea de la columna geológica y la fijación de fechas para la tierra por medio de ella. La columna geológica fue inventada en el siglo XIX por Charles Lyell. Este dividió la historia geológica de la tierra en doce épocas que llamó eras. Estas eras de la tierra se basaban en la suposición filosófica de la evolución de que hicieron falta muchos millones de años en cada una de las etapas para que las cosas evolucionaran. Por eso siempre vemos la supuesta evolución de la vida presentada junto a estas supuestas doce eras de la tierra.

La fijación de fechas para los estratos de la tierra se basa entonces en lo que se llama "fósiles-índice". Estos son fósiles que Lyell dijo que se deberían hallar en cada una de sus doce eras de la tierra. Los fósiles que habría en cada era eran determinados a partir de la teoría de la evolución de Darwin. En geología se les fijan fechas a las rocas según la edad de los fósiles. En la paleontología se fechan los fósiles por la edad de las rocas. Permítame mostrarle el juego secreto del engaño de la evolución y la forma en que funciona. Lo triste es que muchos cristianos han caído ingenuamente en él.

Si usted busca en la enciclopedia llamada *Word Book Encyclopedia,* que es fácil de encontrar en cualquier escuela o biblioteca, bajo el título "Fósiles" (vol. 7, página 422 en la edición de 1988), se va a encontrar con esto:

> Los científicos determinan cuándo se formaron los fósiles a base de averiguar la edad de las rocas en las cuales se encuentran.

En cambio, si pasa al título "Paleontología" (vol. 15, página 102 en la edición de 1988), encuentra esto:

> La paleontología (el estudio de los fósiles) es importante para el estudio de la geología. La edad de las rocas se puede determinar a partir de los fósiles que hay en ellas.

¡Esto es razonar en círculos!. Con esto, lo que se quiere decir es que a cualquier cosa le podemos dar la edad que queramos.

Lo extraño es que esta "columna geológica" usada como la base para fijarle fechas a la tierra dentro de la teoría de la evolución *no se ha encontrado nunca en ningún lugar del mundo*. Es una creación de la imaginación de Charles Lyell. De hecho, él la creó porque la veía como una forma de destruir la fe en Dios, en su creación y en el diluvio universal tal como Dios nos lo dejó escrito en el Génesis.

Ahora bien, aunque halláramos evidencias de la "columna geológica", esto no constituiría una prueba a favor de la evolución. Más bien indicaría que todo fue sepultado por un diluvio universal en su ubicación ecológica lógica.

El último punto que parece confundir a los evolucionistas teístas es la edad del cosmos, a la que ellos le ponen fecha basándose en la distancia de las estrellas y el tiempo que le toma a la luz viajar desde las estrellas más distantes. Basados en sus suposiciones naturalistas tomadas de la teoría del "Big Bang" o gran explosión, por lo general le dan al universo una antigüedad de unos quince mil millones de años. Sostienen que la cosa más lejana que podemos ver es un quásar que se halla a quince mil millones de años luz de nosotros. Por tanto, dicen, la luz debe haber estado viajando por el espacio quince mil millones de años para que nosotros la veamos ahora.

En primer lugar, es importante que comprendamos que no tenemos manera científica alguna de medir quince mil millones de años luz. Esta fecha se basa principalmente en la suposición de la evolución y en el tiempo que habrían necesitado las galaxias, las estrellas y los planetas para formarse a partir del Big Bang para que la tierra comenzara a evolucionar hace tres mil quinientos millones de años.

Aunque pudiéramos tomar una cinta de medir, y medir realmente quince mil millones de años luz (un año luz tiene 9,461 billones de kilómetros, o sea, la distancia que viaja la luz en un año a razón de 300.000 kilómetros por segundo), no nos molestaría, porque Dios nos dice en el Salmo 19:1 cuál es la razón de ser de las estrellas:

> Los cielos cuentan la gloria de Dios, y el firmamento anuncia la obra de sus manos.

Isaías 40:12, 22, 26 dice:

> ¿Quién midió las aguas con el hueco de su mano y los cielos con su palmo, con tres dedos juntó el polvo de la tierra, y pesó los montes con balanza y con pesas los collados?... Él está sentado sobre el círculo de la tierra, cuyos moradores son como langostas; él extiende los cielos como una cortina, los despliega como una tienda para morar... Levantad en alto vuestros ojos, y mirad quién creó estas cosas; él saca y cuenta su ejército; a todas llama por sus nombres; ninguna faltará; tal es la grandeza de su fuerza, y el poder de su dominio.

No se trata solo de que Génesis 1:1 nos diga que Dios creó los cielos, sino que los pasajes anteriores nos muestran que el propósito de esos cielos es proclamar la gloria de Dios. Si la razón de ser de las estrellas es darnos a conocer lo grande y poderoso que es Dios, entonces es evidente que el Dios que creó las estrellas también habría creado de manera simultánea la luz que procede de ellas, de manera que nosotros las pudiéramos ver para glorificarlo.

Un astrónomo cristiano le dijo a Ron, después de una de sus conferencias sobre la creación y una edad más joven para la tierra: "Tengo un problema con la edad que usted le da a la tierra. Como astrónomo, creo que el universo tiene quince mil millones de años, basado en la velocidad de la luz y la distancia de las estrellas". Ron le hizo una sencilla pregunta: "¿Quién le dijo a usted que distancia es igual a tiempo?" Lo que muchos evolucionistas teístas no comprenden es que la distancia es igual al tiempo *solo desde un punto de vista naturalista*. Dios es eterno. Dios no está limitado por el tiempo ni por el espacio. El tiempo y el espacio solo son funciones del orden natural creado. Dios se encuentra fuera del tiempo y del espacio. De hecho, Él es el *Creador* de ambos. Así que no necesitó de un Big Bang, ni de miles de millones de años de evolución cósmica. Al contrario; creó las estrellas y su luz al instante en el momento de la creación.

Como lo proclama el Salmo 19: "Los cielos cuentan la gloria de Dios, y el firmamento anuncia la obra de sus manos".

5

Realidades sobre...

La masonería y la logia masónica

Al hablar de la masonería y de la logia masónica, estamos conscientes de que este es un tema que va a tocar de cerca a muchos. Son muchos los que tienen seres amados en las logias masónicas. Hay un gran número de hombres que se involucran en la masonería, y que no comprenden completamente en qué se están enredando.

Durante una serie de años, ambos hemos realizado intensos estudios sobre el tema de la masonería. Ed pasó veinte años en la Iglesia mormona, en cuyo templo se celebran unos ritos tomados directamente de los grados de la Logia Azul masónica. Otras partes del rito escocés, como la ordenación del sacerdocio del Santo Melquisedec, son mantenidas también en común.

En el libro *The God Makers* [Los fabricantes de dioses], Dave Hunt y Ed expusieron en detalle los paralelos entre ambos grupos, y sus orígenes en el ocultismo. Lo que Ed no dijo fue que antes de su conversión al mormonismo, había sido miembro de un grupo de juventud masónica llamado DeMolay, y que tiene una historia familiar de masonería que se remonta a más de ciento setenta y cinco años.

Mientras más estudiábamos la masonería, más nos dábamos cuenta de lo profundo que es su control satánico sobre los que se hallan "fuertemente atrapados" por ella. En las páginas de los centenares de libros y manuales de ritos secretos masónicos que hemos reunido y leído para nuestra investigación, se halla la trágica historia de hombres santos que han sucumbido ante la trampa del enemigo. Han llevado lo más tenebroso del culto a Baal a sus hogares y congregaciones.

Los que huyen de la logia

Desde que hemos estado hablando sobre este tema, hemos visto a miles de masones que han huido literalmente de la logia, una vez que se les ha quitado esa máscara de engaño. De hecho, hemos visto arrepentirse a iglesias enteras.

En una iglesia del sur de California, el pastor era masón del grado treinta y dos, metido en estos ritos durante cuarenta años, y todos en su junta de ancianos eran masones. Cuando alguien les dio una de las cintas grabadas del ministerio de Ron, formaron un comité, como suelen hacer las iglesias, para estudiar si lo que él estaba diciendo era cierto. Después de un año, presentaron su informe, y el pastor con todos los ancianos renunciaron a la logia masónica. Hicieron un pronunciamiento que su iglesia adoptaría más tarde, y en el que se indica que ningún masón puede ocupar una posición de liderazgo en su iglesia.

Hace poco, Ron estaba hablando en una de las iglesias más grandes del sur de Texas. El domingo por la mañana, antes de que se levantara a hablar, algunos de los ancianos de la iglesia habían visto su cinta grabada sobre la masonería y se fueron a la oficina del pastor. Le dijeron: "¿Por qué le estamos permitiendo que hable a esta persona?" Así descubrió Ron que el superintendente de la escuela dominical era el Gran Maestro de la logia local. El presidente de la junta de la iglesia era el Potentado Supremo del Santuario, y muchos de los ancianos eran masones.

Cuando ellos se le enfrentaron, Ron les respondió: "Todo lo que yo digo en esta cinta está apoyado por documentos tomados de sus propias autoridades masónicas, como oirán esta noche. Si tienen problema con lo que yo digo, el problema no es conmigo, sino con sus propios líderes masónicos."

Estos líderes se llevaron la cinta a su logia masónica el domingo por la noche. Se pasaron hasta las cuatro de la mañana revisando la documentación que tenían en su propia biblioteca masónica. El lunes por la mañana, regresaron y le dijeron: "Ron, queremos que sepa que todos renunciamos a la logia anoche. No nos dábamos cuenta de dónde estábamos metidos."

Ed ha tenido experiencias parecidas. En una iglesia de la Florida, los masones de la iglesia amenazaron al pastor con hacerle daño si le permitía a Ed que hablara. (La iglesia estaba repleta de masones.) Le hicieron saber al pastor que Ed estaba en un serio peligro físico, y la oficina de la iglesia comenzó a recibir llamadas amenazantes. En el culto del domingo por la mañana, Ed habló sobre el tema del mormonismo, y prometió hablar sobre la masonería aquella noche. Tanto a Ed como al pastor les dieron empujones en el corredor después del culto. Las cosas estaban muy tensas, pero el pastor, un hombre de Dios, estaba decidido a enfrentarse con la masonería aquella noche.

Hacia el final del culto de la noche, Ed hizo un llamado al altar para aquellos que quisieran renunciar a la masonería y arreglar las cosas con el Señor en ese asunto. Muchos masones pasaron al frente, y muchos no lo hicieron. Pero Ed nunca olvidará las palabras que le diría el pastor a su congregación más tarde, al terminar aquel culto.

Hablándoles directamente a los masones que había en la congregación, les dijo: "Amados hermanos, les tengo que decir que les doy una semana para que se arrepientan y dejen la masonería, o para que se marchen de esta iglesia. Si se niegan a hacer una de estas dos cosas, el domingo próximo quitaremos sus nombres de la lista de miembros. Si creen que me pueden quitar a mí, entonces hagan una reunión de negocios y voten para hacerlo si pueden, porque no estoy dispuesto a pastorear una iglesia que haya permitido que la masonería eche raíces en ella."

De hecho, fueron muchos los que se marcharon de su congregación, pero allí sucedió algo especial: La iglesia adquirió un nuevo espíritu de mayor libertad. La adoración era más profunda y las ofrendas aumentaron, sobrepasando los ingresos que la iglesia había estado recibiendo de los masones. Además, llegó gente nueva y llenó al máximo las bancas, llegando a un número mayor que nunca antes.

La mayoría de los masones se meten en la logia por presiones humanas: Sus amigos están en ella, o su abuelo había sido miembro. Algunos entran por razones de negocios: La ven como una forma de progresar en su negocio y en su vida social. A otros los atraen los ritos místicos secretos y el simbolismo de la masonería. Otros ven a gente como los Shriners desfilando con su fez rojo en la cabeza, conduciendo sus curiosos autos en los desfiles cuando llega al pueblo el circo del Santuario.

¿Qué decir de los "Shriners"?

La gente se pregunta: "Bueno, ¿y qué decir de los Shriners? Oímos hablar del Hospital que tienen, de los hogares masónicos para los masones, y de todas las buenas obras que hacen. Todo el mundo conoce el Circo del Santuario, y las muchas personas a las que ha ayudado. ¿Por qué los están criticando? ¿Quieren decir que ellos están escondiendo algo del resto del mundo?"

Sí, eso es exactamente lo que estamos diciendo. Está claro que así son las cosas con los Shriners. Su imagen pública es la de un grupo de gente divertida que emplea millones de dólares en obras de caridad, al mismo tiempo que se disfraza con espíritu festivo, y usa el fez rojo con gran aplomo.

El propio fez es ejemplo del doble significado que hay detrás de la mayor parte de la fachada que presenta la masonería. La historia del fez, usado por todos los Shriners e incluso llevado a la tumba con pomposa gravedad, es a la vez una historia anticristiana y de barbarismo. A principios del siglo VIII, las hordas musulmanas irrumpieron en la ciudad marroquí de Fez, gritando: *"No hay más dios que Alá, y Mahoma es su profeta"*. Allí asesinaron a la comunidad cristiana. Aquellos hombres, mujeres y niños fueron asesinados a causa de su fe en Cristo, y en el nombre de Alá, el mismo demonio-dios ante el cual todo Shriner se debe inclinar en adoración, con las manos atadas a la espalda, proclamándolo como el dios de sus padres, en la iniciación del Santuario, ante el Altar de la Obligación.

Siguiendo un estilo usual en el ocultismo, el iniciado jura que va a quedar inseparablemente obligado a este "juramento sumamente poderoso y forzoso" *por adelantado,* y que *nunca* se podrá retractar o apartarse de él.

El juramento de sangre de los Shriners, y su confesión de Alá como dios se hallan documentados en el documento secreto de la logia llamado *The Mystic Shrine: An Illustrated Ritual of the Ancient Arabic Order Nobles of the Shrine* [El Santuario místico: Un rito ilustrado de los nobles de la Antigua orden arábica del Santuario], edición de 1975 (páginas 20-22). Recuerde que Alá *no es* otro de los nombres de Dios. Alá es el nombre de otro dios.

Durante la masacre de Fez, las calles se enrojecieron literalmente con la sangre de los cristianos martirizados. Los asesinos musulmanes mojaron sus gorras en la sangre de sus víctimas como testimonio para Alá. Aquellas gorras manchadas en sangre terminaron recibiendo el nombre de *fez,* y se convirtieron en timbre de honor para aquellos que mataban a un cristiano. Los Shriners usan ese mismo fez rojo hoy, con la espada islámica y la luna creciente incrustadas en joyas al frente. La tragedia mayor de todas es que muchas veces los hombres que usan el fez profesan ser cristianos. Debe ser motivo de llanto para Dios el que un cristiano, *sea quien sea*, use un objeto tan blasfemo, aunque lo haga por ignorancia. Vamos a descubrir que todas esas buenas obras solo son una caparazón exterior para ocultar una oscuridad interna.

Vamos a poner al descubierto con gran claridad lo que es la masonería, y por qué ningún cristiano tiene nada que hacer en una logia masónica.

En el mundo entero hay más de seis millones de masones hoy en día. Hay unas 33.700 logias, los lugares de reunión de los masones. En los Estados Unidos hay cuatro millones de miembros y 15.300 logias. Repetimos que la mayoría de los masones entran en la masonería por razones de negocios o sociales, mientras que otros la consideran como una organización filantrópica dedicada a hacer buenas obras, o como una organización fraternal, una fraternidad. Muchos entran en ella por orgullo, en la creencia de que por medio de sus buenas obras se van a poder salvar.

El itinerario de los ritos

El viaje por la masonería comienza en lo que se conoce como "Logia azul". La Logia azul es el fundamento de toda la masonería. La forman los numerosos grupos locales de logias diseminadas por todo el país en casi todas las poblaciones y ciudades. Cuando un hombre entra en ella, es iniciado en la Logia azul por medio de tres grados: el primero es el "grado de aprendiz", el segundo es el "grado de compañero" y el tercero el "grado de maestro masón".

Después de pasar por los tres grados de la Logia azul, el masón puede escoger entre quedarse en ella, o buscar los grados avanzados, por medio del Rito escocés, o el Rito de York. Muchos masones terminan yendo por ambos.

Dentro del Rito escocés se pasa del cuarto grado al grado treinta y dos, además del grado treinta y tres, que es honorario.

El Rito de York tiene trece grados. Una vez que el masón ha alcanzado el grado treinta y dos, por medio de cualquiera de las dos ramas más elevadas de la masonería, tiene la opción de pedir unirse a los Shriners.

Mucha gente cree que los masones y los Shriners son la misma cosa, pero en realidad los Shriners forman un cuerpo separado dentro del grupo general. Los Shriners son masones que han llegado a los grados más altos de la Logia azul, y de los ritos masónicos escocés y de York, y que han entrado en lo que se conoce como "La Antigua orden arábica de los nobles del santuario místico".

Todos los pasos dentro de la masonería tienen sus iniciaciones rituales, las más suaves de las cuales son las que se producen al nivel de la Logia azul. Aun estas son extrañas, por decirlo con delicadeza. A fin de unirse a la logia, cada masón debe ser iniciado por medio de una ceremonia de iniciación que es similar en todo el mundo.

La ceremonia típica comienza cuando se le quitan al iniciando el saco, la corbata y todo el dinero o los artículos de metal que tenga. Entonces le arremangan la pierna izquierda del pantalón hasta encima de la rodilla, le abren la camisa para que quede al descubierto la parte izquierda del pecho, y le quitan el zapato derecho, que es reemplazado con una zapatilla. Entonces se venda al iniciando y se le pone un lazo alrededor del cuello. Este lazo se llama "cable de arrastre". Entonces llevan al iniciando vendado *(a esto le llaman ser "engañado")*, con el lazo alrededor del cuello, hasta la puerta exterior de la logia.

Del candidato así ataviado se dice que está en tinieblas, una alegoría usada por la masonería, y que significa que todo el que se halla fuera de ella está en las tinieblas, y que solo los masones tienen el verdadero conocimiento que va a traer luz al mundo.

Llevan al nuevo masón a la puerta exterior, buscando la luz de la logia, y allí el portero le pone una espada o algo de punta afilada contra el pecho, y lo conduce al salón de la logia, en cuyo centro hay un altar. Los miembros de la logia esperan al candidato en la oscuridad que rodea al altar, que solo está iluminado con una luz que viene de encima. Detrás del altar se halla de pie un hombre llamado "Gran maestro". Es el jefe de la logia y preside la iniciación.

Cuando llevan ante él al iniciando, este se inclina ante el Gran maestro y le dice algo como lo siguiente: "Estoy perdido en las tinieblas, y buscando la luz de la masonería". Entonces se le dice que está entrando en una organización secreta, y que debe guardar los secretos que se le van a enseñar.

En este momento se le exige que haga un juramento de sangre como iniciación. Todo masón que se une a la logia se lleva el pulgar o la mano al cuello mientras repite un juramento que ha repetido todo masón que se ha unido a la logia en todos los tiempo. Para el Aprendiz, o primer nivel de la Logia azul, incluye las palabras siguientes:

Atándome bajo un castigo no inferior a que me corten el cuello, me arranquen de raíz la lengua y me entierren en las agitadas arenas del mar....

Cuando el nuevo masón pasa al segundo grado, o grado de Compañero de la masonería, el juramento incluye las palabras siguientes:

> Atándome bajo un castigo no inferior a que me abran la parte izquierda del pecho, me saquen el corazón y se lo den como presa a las bestias salvajes de los campos y a las aves de los aires...

Entonces, en el tercer grado, o grado de Maestro masón, todo masón debe hacer un juramento que incluye las palabras siguientes:

> Atándome bajo un castigo no inferior a que me corten en dos el cuerpo, saquen de él mis entrañas y las quemen en las cenizas...

Los masones le dirán que no tiene nada de malo ser cristiano y masón al mismo tiempo. Cuando se les hacen ver algunos de los secretos anticristianos de la masonería, contestan: "Bueno, eso pasa en los grados más altos. Nosotros no conocemos esas cosas. Yo solo estoy en la Logia azul." Sin embargo, eso no es cierto.

El mensaje de la Biblia

El masón de la Logia azul que afirma también ser seguidor de Jesucristo, se tiene que hacer algunas preguntas básicas. En primer lugar: "¿Cómo es posible que me ponga una venda, comparezca ante un hombre al que llamo Gran maestro, y diga que estoy perdido en las tinieblas y necesitado de la luz de la masonería?"

La Biblia nos da un mensaje muy diferente acerca de la luz y las tinieblas. Es un mensaje que trae consigo la esperanza del gozo:

> Estas cosas os escribimos, para que vuestro gozo sea cumplido. Este es el mensaje que hemos oído de él, y os anunciamos: Dios es luz, y no hay ningunas tinieblas en él. Si decimos que tenemos comunión con él, y andamos en tinieblas, mentimos, y no practicamos la verdad; pero si andamos en luz, como él está en luz, tenemos comunión unos con otros, y la sangre de Jesucristo su Hijo nos limpia de todo pecado (1 Juan 4:1-7).

¿Cómo puede decir un masón cristiano que está perdido en las tinieblas, y que quiere unirse a la logia porque necesita la luz de la masonería? La Biblia dice que si uno es cristiano y dice que está en tinieblas, está viviendo una mentira, y la verdad no está en él. Si Cristo vive en su vida, usted ya tiene *la Luz*.

Lo segundo que se debe preguntar el masón cristiano es esto: "Si me voy a unir a la logia, ¿cómo puedo ir ante un hombre llamado 'Gran maestro', inclinarme ante él en una ceremonia religiosa y decirle que estoy perdido en las tinieblas?"

Jesús dijo: "Ninguno puede servir a dos señores; porque o aborrecerá al uno y amará al otro, o estimará al uno y menospreciará al otro. No podéis servir a Dios y a las riquezas" (Mateo 6:24).

Jesús proclamó que no podemos servir a dos señores. No podemos afirmar que somos seguidores de Cristo, y después irnos a inclinar ante un hombre al que aceptamos como nuestro Gran maestro, como tampoco nos podríamos inclinar ante un Buda. Las riquezas contra las cuales advierte Jesús encajan a la perfección con la logia. ¿De qué se trata sino del prestigio, las riquezas, el poder y la posición entre los hombres que promete el ser miembro de la logia?

La tercera cosa que debemos preguntar es cómo puede hacer un cristiano un juramento de sangre pagano. ¿Cómo puede jurar un hombre que se proclama seguidor de Jesucristo que dejará que le corten el cuello de oreja a oreja, y que le saquen las entrañas para dárselas a las bestias del campo como castigo por quebrantar un juramento tan impío?

La mayoría de los masones responden diciendo que estos juramentos solo son una especie de cosa misteriosa al estilo de las fraternidades de universitarios, que tiene poco significado, o ninguno. Pero en el quinto capítulo del libro de Santiago se nos advierte:

> Pero sobre todo, hermanos míos, no juréis, ni por el cielo, ni por la tierra, ni por ningún otro juramento; sino que vuestro sí sea sí, y vuestro no sea no, para que no caigáis en condenación (Santiago 5:12).

La Palabra de Dios dice que el castigo por hacer los juramentos masónicos es la *condenación*. A Dios no le divierten estas cosas. Por eso prohíbe absolutamente que se hagan estos juramentos de sangre paganos de la masonería.

Ahora bien, ¿qué cosas son las que se deben mantener en un secreto tan total? ¿Por qué se les exige a los masones que hagan estos juramentos de sangre paganos de no revelar los secretos de la masonería, aun antes de que se les digan las cosas que deben mantener en secreto? ¿Por qué se tienen que inclinar esos hombres, ignorantes aún de los secretos a los que van a quedar atados? ¿Por qué un hombre que nunca compraría un auto o una casa, o entraría en un acuerdo de negocios sin antes estudiar todos los términos del contrato, se arrodilla vendado en el salón de una logia con un lazo al cuello, y jura obediencia a unas cosas sobre las cuales no tiene entendimiento?

Roland Blackmore, erudito masón, declara: "Es una realidad lamentable que la gran masa de nuestros miembros ignoran todo lo relacionado con la masonería". Steinmetz, otro erudito masón, escribe:

> La mayoría de los verdaderamente grandes entre los escritores masónicos han deplorado la falta de conocimiento esotérico masónico entre los miembros en general. El masón promedio está lamentablemente ignorante del verdadero significado de los símbolos masónicos, y conoce igualmente poco de sus enseñanzas esotéricas.

A medida que van pasando por los pasos de la logia, los masones experimentan una serie de rituales con un simbolismo y unas alegorías que representan una cosmovisión religiosa y una filosofía muy concretas. Muchos masones están en la ignorancia sobre esto. Se sienten perplejos cuando se le pide que definan la meta de la masonería. La mayoría dicen algo acerca de *la paternidad de Dios y la fraternidad de los hombres,* o acerca de *hacer mejores a los hombres buenos.*

Los constructores

Tal vez el libro más leído y más influyente entre los masones de hoy es el escrito por Joseph Ford Newton, llamado *The Builders* [Los constructores]. En él afirma que la meta de la masonería es "producir una liga universal de la humanidad y convertir a la humanidad en una gran fraternidad redentora". Newton proclama que, a medida que se extienda la masonería, todos los dogmas religiosos van a cesar de existir, todos los credos y las doctrinas individuales serán quitados del medio y lo que quede será *"La única religión eterna"*, que los masones van a traer al mundo.

Newton dice después:

> ¿Por qué trata de cambiar el mundo la masonería? Porque la masonería enseña que todos los que no son masones están viviendo en las tinieblas espirituales. El ritual de la masonería para el primer grado, el de aprendiz, le enseña al candidato que ha estado viviendo durante largo tiempo en las tinieblas, y ahora quiere que lo lleven a la luz de la masonería. La logia enseña que solo los verdaderos masones están iluminados y viven en la verdad.

La meta de la masonería, según sus principales autoridades, es hacer desaparecer las religiones con sus credos y doctrinas, y establecer una religión universal, mundial, libre de limitadores dogmas de miras tan estrechas como los que se encuentran en el cristianismo. Necesitamos recordar que la masonería solo les exige a sus miembros que crean en *algún dios*. La identidad de ese dios no es importante.

Este elemento es clave dentro del rompecabezas de la masonería. El masón va a ser celoso en buscar primero el nombre perdido de ese dios o divinidad, y después en aceptar al dios masónico como el dios único y verdadero por encima de todo. Cuando revelemos su nombre, usted verá por qué es escondido de los iniciados.

Moral y dogma

Muchos masones no comprenden esto, porque sus propias autoridades masónicas los han estado engañando deliberadamente. La autoridad más universalmente aceptada en la masonería es el Dr. Albert Pike, gran erudito masónico que escribió el libro al que muchos califican como la "Biblia de la masonería". Su título es *Morals and Dogma of the Ancient and Accepted Rite* [Moral y dogma del antiguo y aceptado rito].

Albert Pike era el Soberano Gran Maestro del Concilio Supremo del Sur, A. A., Rito escocés, durante treinta y dos años. Escribió *Moral y dogma* como la autoridad suprema de la doctrina masónica. De hecho, C. Fred Kleinknecht, el actual Soberano Gran Maestro, dice: *"Moral y dogma,* el gran libro de Pike, es la exposición más completa de la filosofía masónica que existe".

Vamos a citar algunas de las enseñanzas de Albert Pike en *Moral y dogma,* para que usted comprenda mejor lo que se trama realmente detrás de las puertas de la logia. Los números de las páginas se referirán a este libro, a menos que se diga lo contrario.

> Los grados azules no son más que el atrio exterior o pórtico del templo. Allí se le presentan parte de los símbolos al iniciado, pero intencionalmente se le desvía a base de interpretaciones falsas. No se tiene el propósito de que los comprenda, sino que se imagine que los comprende. Su verdadera explicación queda reservada a los Adeptos, los príncipes de la masonería... Para la masa de los llamados masones basta y sobra que se imaginen que todo se halla contenido en los grados azules (página 819).

> La masonería, como todas las religiones, todos los misterios, el hermetismo y la alquimia, *esconde* sus secretos de todos, con excepción de los adeptos y los

sabios, o los elegidos, y usa falsas explicaciones e interpretaciones incorrectas de sus símbolos para desviar a los que solo merecen ser desviados; para esconder de ellos la verdad, que ella llama luz, y para alejarlos de ella. La verdad no es para aquellos que son indignos o incapaces de recibirla, o que la pervertirían (páginas 104 y 105).

Muchos masones que entran a la Logia azul lo hacen por ignorancia, considerándola como una organización filantrópica, sin comprender nunca en qué se están involucrando en realidad. El primer secreto de la logia es el hecho de que la masonería es una religión. La mayoría de los masones afirman que no lo es, sino solo una fraternidad; una organización fraternal. Sin embargo, tal como ellos describen las funciones de la logia, están hablando de religión.

El problema está en que la masonería cuadra con todas las categorías de lo que constituye una religión, según todas las definiciones de religión. De hecho, Albert Pike afirma: "Toda logia masónica es un templo de la religión, y sus enseñanzas son instrucciones en la religión (página 213).

> La masonería es la sucesora legítima, desde los tiempos más antiguos la custodia y depositaria de las grandes verdades filosóficas y religiosas, desconocidas del mundo en general, y pasadas de edad en edad, en una corriente ininterrumpida de tradición, representada en símbolos, emblemas y alegorías (página 210).

Pike dice que la masonería es:

> la religión universal, eterna, inmutable, tal como Dios la sembró en el corazón de la humanidad universal. Ninguno de credos que han vivido poco tiempo ha sido edificado sobre este fundamento... Los ministros de esta religión son todos los masones... Sus sacrificios a Dios son las buenas obras... y los esfuerzos perpetuos

por alcanzar toda la perfección moral de la que es capaz el hombre (página 219).

La masonería es una religión natural que no tiene necesidad de una revelación; *todo* lo que hay en la naturaleza forma parte de Dios y parte del infinito pensamiento de Dios. La creación se convierte en Dios mismo. Es muy interesante que notemos lo que Pablo dice acerca de esto en la epístola a los Romanos.

> Pues habiendo conocido a Dios, no le glorificaron como a Dios, ni le dieron gracias, sino que se envanecieron en sus razonamientos, y su necio corazón fue entenebrecido.
>
> Profesando ser sabios, se hicieron necios, y cambiaron la gloria del Dios incorruptible en semejanza de imagen de hombre corruptible, de aves, de cuadrúpedos y de reptiles. Por lo cual también Dios los entregó a la inmundicia, en las concupiscencias de sus corazones, de modo que deshonraron entre sí sus propios cuerpos, ya que cambiaron la verdad de Dios por la mentira, honrando y dando culto a las criaturas antes que al Creador, el cual es bendito por los siglos. Amén.
> (Romanos 1:21-25)

Albert Pike no dijo nada que no quisiera decir. Sus escritos están repletos de evidencias acerca de la verdadera naturaleza de la masonería.

> No pertenecemos a ningún credo ni escuela. En todas las religiones hay una base de verdad; en todas hay moralidad pura... Admiramos y respetamos a todos los maestros y reformadores de la humanidad. La masonería tiene una misión que realizar... Invita a todos los hombres de todas las religiones a alistarse bajo su bandera (página 311).

> [La masonería] reverencia a todos los grandes reformadores. Ve en Moisés, el legislador de los judíos, en

Confucio y Zoroastro, en Jesús de Nazaret y en el iconoclasta árabe, grandes maestros de moralidad y eminentes reformadores, o más aún, y permite a cada hermano de la Orden a asignar a cada uno de estos personajes elevados e incluso divinos, lo que su credo y verdad exija... La masonería es una adoración, pero una adoración en la cual todos los hombres civilizados se pueden unir... (páginas 525, 526).

El primer maestro masón fue Buda (página 277).

La masonería se proclama como el centro de la religión universal única. Como dice Newton en su libro *The Builders,* los masones están tratando de fomentar una religión universal en la cual desaparezcan todos los credos y doctrinas, cese la fe individual y los humanos se unan en una religión universal formada por una fraternidad omnipresente de buenas obras. Los masones dicen que la religión es la experiencia de relacionarse con Dios, y que la masonería es la experiencia de relacionarse con la humanidad. Aunque separadas, pueden coexistir naturalmente, y de hecho lo hacen.

Veamos ahora unos cuantos de los principios básicos de la Logia a la luz de las verdades bíblicas.

Ningún otro Dios

Y habló Dios todas estas palabras, diciendo: Yo soy Jehová tu Dios, que te saqué de la tierra de Egipto, de casa de servidumbre. No tendrás dioses ajenos delante de mí. No te harás imagen, ni ninguna semejanza de lo que esté arriba en el cielo, ni abajo en la tierra, ni en las aguas debajo de la tierra. No te inclinarás a ellas, ni las honrarás; porque yo soy Jehová tu Dios, fuerte, celoso, que visito la maldad de los padres sobre los hijos hasta la tercera y cuarta generación de los que me aborrecen (Éxodo 20:1-5).

Este es el primero y el primordial entre los mandamientos. Todos los demás mandamientos hallan en él su razón de ser. Dios lo puso en el primer lugar de la lista por una razón: si alguien tiene un concepto defectuoso de Él, toda su perspectiva espiritual queda desviada por el error. Escuche lo que dice Dios:

> Así dice Jehová Rey de Israel, y su Redentor, Jehová de los ejércitos: Yo soy el primero, y yo soy el postrero, y fuera de mí no hay Dios.

Si su concepto de Dios es distinto a lo que Dios mismo ha declarado en el texto anterior, entonces su concepto no es el de la ortodoxia cristiana. Si su concepto de Cristo no es el basado en la Biblia, entonces está repleto de peligros.

Veamos lo que dice la fraternidad masónica acerca de la naturaleza de Dios.

Inclinarse ante todos los altares

> El verdadero masón no está atado a credo alguno. Se da cuenta, con la iluminación divina de su Logia que en su condición de masón, su religión debe ser universal: Cristo, Buda o Mahoma; el nombre importa poco, porque solo reconoce la luz, y no su portador. Adora en todo santuario, se inclina ante todos los altares, sea en un templo, una mezquita o una catedral, entendiendo con su comprensión más verdadera la unidad de toda verdad espiritual *(The Lost Keys of Freemasonry* [Las llaves perdidas de la masonería], por Manly P. Hall, 33°, página 65; Macoy Publishing and Masonic Supply Co., Richmond, VA, 1976).

La Biblia dice

> Jesús le dijo: Yo soy el camino, y la verdad, y la vida; nadie viene al Padre, sino por mí (Juan 14:6).

> Porque hay un solo Dios, y un solo mediador entre Dios y los hombres, Jesucristo hombre (1 Timoteo 2:5).
>
> Y en ningún otro hay salvación; porque no hay otro nombre bajo el cielo, dado a los hombres, en que podamos ser salvos (Hechos 4:12).

Esto es bastante directo. Aquí, la pregunta que hay que hacerle al masón es muy sencilla: "¿Es usted cristiano y confiesa que Jesucristo es el Señor?" ¿Es su respuesta un "sí", como sucede con muchos masones?

Entonces nuestra respuesta al masón *cristiano* es esta: "¿Por qué no hace lo que Jesús le dijo con toda claridad que hiciera?"

La Biblia dice

> Además habéis oído que fue dicho a los antiguos: No perjurarás, sino cumplirás al Señor tus juramentos. Pero yo os digo: No juréis en ninguna manera; ni por el cielo, porque es el trono de Dios; ni por la tierra, porque es el estrado de sus pies; ni por Jerusalén, porque es la ciudad del gran Rey. Ni por tu cabeza jurarás, porque no puedes hacer blanco o negro un solo cabello. Pero sea vuestro hablar: Sí, sí; no, no; porque lo que es más de esto, de mal procede (Mateo 5:33- 37).

Observe que Jesús describe claramente los juramentos masónicos y proclama también con toda claridad que *de mal [del maligno] proceden;* no de las ganas de divertirse, ni de ningún tipo de vínculo machista entre hombres, o de alguna iniciación al estilo de las fraternidades, *sino del diablo.* Jesús mismo fue quien les dijo esto a los que creyeran en Él. Estamos seguros de que sería muy necio el que se atreviera a desafiar al Señor en un asunto tan serio.

Obligados por juramentos de sangre

Como hemos visto en los ritos de iniciación de las Logias azules que hemos descrito anteriormente, y a lo largo de los treinta y tres grados de la masonería, *todos los masones del mundo están obligados por juramentos de sangre* a guardar los secretos de la Logia. Estos juramentos que los obligan son cumplidos con un espíritu de temor, porque los castigos por traicionar a los hermanos de la logia suponen serios daños físicos para el masón.

La Biblia dice

Jesús, hablándoles de nuevo a sus discípulos, se enfrenta claramente a esta misma situación.

> Porque nada hay encubierto, que no haya de descubrirse; ni oculto, que no haya de saberse. Por tanto, todo lo que habéis dicho en tinieblas, a la luz se oirá; y lo que habéis hablado al oído en los aposentos, se proclamará en las azoteas. Mas os digo, amigos míos: No temáis a los que matan el cuerpo, y después nada más pueden hacer. Pero os enseñaré a quién debéis temer: Temed a aquel que después de haber quitado la vida, tiene poder de echar en el infierno; sí, os digo, a éste temed (Lucas 12:2-5).

Confiar en la Biblia

Nos es de gran provecho conocer la Palabra de Dios. Cuado Jesús oraba ante el Padre por sus discípulos, decía en su oración: "Santifícalos en tu verdad; tu palabra es verdad" (Juan 17:17). La Biblia enseña con toda claridad que el cristiano maduro debe estar enraizado en la Palabra de Dios. Es probable que la ignorancia de la Palabra sea la deficiencia más seria de los que están atrapados en las redes de la masonería. ¿Qué cristiano auténtico se atrevería a pasar por los ritos de la masonería, sabiendo que un día tendrá que comparecer ante un Dios santo y rendirle cuentas por estos actos de las tinieblas?

El juicio de los condenados

El final sin Cristo que espera a los miembros de la orden masónica queda demostrado por la Conferencia del Mandil, que se le da a todo masón en la Ceremonia de la Logia azul. La cita que aparece a continuación se puede hallar casi al pie de la letra en la mayoría de los Monitores masónicos, los manuales de ritos de la orden.

A cada candidato, al terminar la iniciación, se le da un mandil blanco de piel de cordero, cuya superficie pura y sin manchas, según se le dice, debe ser...

> un memorial siempre presente de la pureza de vida y la rectitud de conducta y cuando al fin, después de una vida de fiel servicio, sus agotados pies hayan llegado al final del agotador viaje de la vida, y su mano cansada deje caer para siempre las herramientas de trabajo de la vida, que el registro de esa vida sea tan pura y sin mancha como este hermoso emblema que yo pongo en sus manos esta noche, y cuando su alma temblorosa comparezca, desnuda y sola, ante el Gran Trono Blanco, para recibir allí juicio por las obras hechas mientras estaba aquí en el cuerpo, que su suerte sea escuchar de Aquel que se sienta como Juez Supremo, las palabras de bienvenida: Bien hecho, siervo bueno y fiel. Has sido fiel en unas pocas cosas, y yo te haré dominar sobre muchas. Entra en el gozo de tu Señor.

Aunque las palabras parezcan nobles, en realidad se ha asignado al candidato al abismo de los infiernos en estas sutiles palabras del mensaje. La promesa es que el mandil representa las obras de la carne cuando el masón comparezca ante Dios en el juico del Gran Trono Blanco.

Pero solo hay un juicio del Gran Trono Blanco en la Biblia, y se halla en Apocalipsis 20:11-15. Es el juicio de *los perdidos,* que no serán juzgados por el don de Dios en Cristo, sino por sus propias obras, y terminarán en el lago de fuego. Es una verdadera tragedia.

El rey de los abismos infernales

En el grado diecisiete del Rito escocés, o los Caballeros del Grado del Este y del Oeste, después de que los candidatos han pasado la iniciación, se les da un santo y seña secreto, "Jubulum", y una palabra secreta, "Abadón". He aquí una pista sobre la verdadera identidad de la divinidad masónica. Se revela en la "palabra sagrada" de este ritual: "Abadón". En Apocalipsis 9:11 vemos lo siguiente:

> Y tienen [los demonios y los que obran desde el infierno] por rey sobre ellos al ángel del abismo, cuyo nombre en hebreo es Abadón, y en griego, Apolión.

Una vez más tenemos que preguntar: "¿Cómo es posible que un cristiano auténtico tome sobre sí ese nombre malvado, como palabra sagrada?"

Se ha regado la voz

Supuestamente, los masones de la Logia azul andan en búsqueda de "la Palabra perdida". La mayoría de los ritos masónicos tratan sobre la recuperación de esta palabra perdida, de la que se cree que es el nombre de Dios, del que se dice que se perdió al ser asesinado el arquitecto Hiram Abiff durante la construcción del templo de Salomón. Esta búsqueda termina durante el rito del Grado del Arco Real.

Es en ese momento cuando se revela el nombre secreto de la divinidad de la masonería. Ese nombre es "Jahbulón".

"Jah" es la forma corta de "*Yahvé*" o "Jehová". "Bul" es una forma del nombre "Baal". "On" es el término usado en los misterios babilónicos para invocar al dios Osiris. El libro de ritos secretos de la hermandad lo imprime con las letras J. B. O. Afirma:

> Nosotros tres concordamos y acordamos —en paz, amor y unidad— guardar la Palabra Sagrada, y nunca divulgarla, hasta que nosotros tres, o tres como nosotros, concordemos y acordemos.

Ningún masón del Arco Real puede pronunciar él solo el nombre sagrado. Lo que es representado como el dios de la masonería es un monstruo de tres cabezas, tan alejado de la Trinidad cristiana y tan blasfemo, como para condenar el alma de todo el que se atreva a pronunciar su nombre en un rito de adoración.

Salid de entre ellos

No os unáis en yugo desigual con los incrédulos; porque ¿qué compañerismo tiene la justicia con la injusticia? ¿Y qué comunión la luz con las tinieblas? ¿Y qué concordia Cristo con Belial? ¿O qué parte el creyente con el incrédulo? ¿Y qué acuerdo hay entre el templo de Dios y los ídolos? Porque vosotros sois el templo del Dios viviente, como Dios dijo: Habitaré y andaré entre ellos, y seré su Dios, y ellos serán mi pueblo. Por lo cual, salid de en medio de ellos, y apartaos, dice el Señor, y no toquéis lo inmundo; y yo os recibiré (2 Corintios 6:14-17).

O uno u otro

Así como Elías clamó en el monte Carmelo: "Yo no he turbado a Israel, sino tú y la casa de tu padre, dejando los mandamientos de Jehová, y siguiendo a los baales", nosotros también clamamos: "¿Hasta cuándo claudicaréis vosotros entre dos pensamientos? Si Jehová es Dios, seguidle; y si Baal, id en pos de él" (1 Reyes 18:18, 21).

La masonería y la logia masónica

Al masón que haya leído este capítulo, le preguntamos si se atreve a correr el riesgo de presentar ante el Señor sus obras masónicas en aquel día final, cubierto con un mandil formado por sus propias obras, solo para que se le diga: "Nunca te conocí; apártate de mí, hacedor de maldad" (Mateo 7:23).

Le pedimos al Señor que usted escoja a Jesús y quede libre de este malvado poder al que ha sometido su propia alma, además del liderazgo espiritual de su casa (e iglesia, si es líder en la congregación). Recuerde esta promesa:

> Si confesamos nuestros pecados, él es fiel y justo para perdonar nuestros pecados, y limpiarnos de toda maldad (1 Juan 1:9).

Si usted es masón y está listo para enderezar su vida con Jesús, haga esta oración ahora mismo:

Padre celestial, en el nombre del Señor Jesús confieso que he pecado. Confieso que me he dejado someter al poder y la autoridad de Lucifer, el dios de la masonería. Lo confieso como pecado, y te pido que me perdones. Lo rechazo y lo saco de mí, e inmediatamente voy a quitar mi nombre de sus listas. Jesús, te llamo Señor y Salvador y te pido que entres en mi corazón y me llenes con tu amor y con tu Santo Espíritu. ¡Que no quede nada inmundo! ¡Yo soy tuyo, y solo tuyo! He sido liberado, en el nombre de Jesús. Amén.

6

Realidades sobre...

El hinduismo, el yoga y la reencarnación

Hacia fines de los años setenta, la filosofía oriental, basada en la religión hindú, se estaba convirtiendo en la filosofía predominante en Europa y en los Estados Unidos. Puesto que la filosofía humanista occidental no les ofrecía respuestas satisfactorias a los que andaban en busca de respuestas a los interrogantes de la vida, la esperanza era que la filosofía oriental tuviera las claves que pudieran satisfacer el ansia del hombre por saber cuál es su sentido y su razón de ser en la vida.

Les fue fácil adoptar el hinduismo como cosmovisión porque presentaba muchas similaridades con el humanismo evolucionista occidental que habían probado anteriormente.

En primer lugar, ofrecía una experiencia intuitiva subjetiva de una supuesta "realidad". Solo que en lugar de usar sustancias químicas como el LSD, el hombre podía alterar su conciencia por medio del yoga y de las formas de meditación hindúes, como la Meditación trascendental del Maharishi Mahesh Yogui.

En segundo lugar, el hinduismo y el budismo ofrecían un paralelo del humanismo evolucionista al ofrecer una línea continua de evolución. El hombre no solo se suponía que había evolucionado desde las algas de los pantanos, sino que ahora podría continuar su evolución por medio de transmigraciones o ciclos de nacimientos, conocidos en Estados Unidos y en Europa como reencarnaciones.

En tercer lugar, la filosofía oriental del hinduismo y el budismo pareció darles una base lógica a muchas personas para el movimiento ecológico. La premisa básica de la filosofía oriental es el monismo. El monismo es la filosofía Vedanta hindú de que "todo es Uno". Nosotros somos Uno con la naturaleza, Uno con el universo, Uno con todas las cosas vivas. El cosmos es una unidad entrelazada en la que no existen partes independientes. Todos compartimos la misma esencia o Unidad cósmica.

De esta forma, salvar el ambiente era más que ser buenos administradores; era un acto destinado a salvarnos a nosotros mismos. El anhelo humanista del hombre por ser Dios era compatible a primera vista con la filosofía oriental en su enseñanza básica del panteísmo. El panteísmo considera que "todo es Dios", y es el gemelo siamés del monismo en las enseñanzas hindúes. No solo se supone que seamos Uno con el universo (monismo), sino que también el universo *es* Dios (panteísmo). Por consiguiente, somos Uno con Dios, y de hecho, somos Dios. Sin embargo, en el hinduismo, "Dios" o "el universo" es por definición la "iluminación impersonal".

La meta final

La meta final del hinduismo y el budismo es que nos liberemos de esta "existencia personal física" y nos hagamos Uno con el "Todo impersonal". En el hinduismo se habla con frecuencia de este "Todo impersonal" como el Brahmán-Atmán, o la verdadera Realidad.

El hinduismo y el budismo enseñan que todos los humanos sufren en la vida porque no se han liberado de su mundo

El hinduismo, el yoga y la reencarnación

personal. Según ellos dicen, es el mundo personal y físico el que causa el sufrimiento. Esto se debe a que el mundo físico es en realidad solo una ilusión, llamada "maya". Para librarnos del sufrimiento, tenemos que librarnos de esta ilusión de una existencia personal y física, que no es la verdadera Realidad.

Según ellos suponen, la "verdadera Realidad" es el Brahmán-Atmán impersonal. Por consiguiente, tenemos que ir más allá de esta existencia física para ser absorbidos en esta "verdadera realidad". Esto se logra a base de salir de este mundo de ilusión por medio del yoga, o la meditación trascendental. Entonces nos convertimos en parte del Impersonal, el Brahmán- Atmán. Este es el momento en el que alcanzamos la "Iluminación" o liberación final. Este es el aspecto que tiene:

Monismo hindú (Panteísmo)

Realidad

— Brahmán-Atmán
— Cosmos espiritual e impersonal
— Absorción en el UNO
— Pérdida de la identidad personal
— Paz, realización, bienaventuranza

Trascender

Irrealidad

— El mundo material y físico es una ilusión: "Maya"
— La personalidad: el pensamiento y el sentimiento, las causas del sufrimiento
— El karma nos mantiene atados

Este estado de "Iluminación recibe muchos nombres. En el hinduismo se llama "Moksa", "Samadhi" o "Kaivalya"; en el budismo se llama "Nirvana"; en el Zen se llama "Satori". En los países occidentales se suelen usar expresiones como "Conciencia cósmica", "Campo unificado de inteligencia creativa", "Bienaventuranza absoluta" o "Uno con el Yo", para referirse a este estado final.

El yoga: una técnica espiritual

En el hinduismo, el yoga se convirtió en el principal vehículo para trascender este mundo de ilusión. En sánscrito, el idioma original de la India, "yoga" significa "yugo, o unión con Dios" (el concepto hindú de Dios como el Todo impersonal). El yoga, como enseñanza y técnica religiosa hindú, fue sistematizado en la India por Patanjali alrededor del año 200 a.C. En los países occidentales se suele pensar en el yoga como un conjunto de "asanas" o ejercicios y posturas isométricas. Sin embargo, considerarlo solo como un sistema de mecánica corporal es interpretar erróneamente lo que representa el yoga y el propósito que tiene esta práctica.

El yoga es un proceso en ocho pasos llamados "Astanga yoga" (Astanga significa "ocho pasos" en sánscrito). Su propósito es ayudar a la persona a alcanzar la trascendencia o liberación de esta existencia personal y física hacia el estado de Iluminación. Al hacer las disciplinas de los ocho pasos, la persona puede "detener al mundo y salirse de él".

Esta meta queda descrita en la frase sánscrita "cittavrittamrodha", que significa "la detención de los procesos mentales y físicos". Radakrishnan, famoso erudito hindú, dice: "El rasgo especial del sistema yoga es su disciplina práctica, por medio de la cual se produce la supresión de los estados mentales a través de la práctica de ejercicios espirituales".

Los cinco primeros pasos del yoga se llaman "Hatha yoga". Son disciplinas físicas externas destinadas a preparar para la trascendencia al estado hindú de Samadhi o Iluminación. Por la disciplina del cuerpo y el alma a través de posiciones isométricas y ejercicios respiratorios, se trata de despegar la mente de los órganos de los sentidos, hasta perder conciencia de este mundo físico, del que se dice que es una ilusión.

En este punto, la persona comienza los tres últimos pasos del yoga, llamados "Raja yoga". Estos están formados por las técnicas internas de meditación para lograr la trascendencia final. El primer paso del Raja yoga es el "dharma" o concentración. Patanjali lo describe como mantener la mente dentro de un centro de conciencia espiritual en el cuerpo, o fijarla en alguna forma divina (dentro del cuerpo o fuera de él). Con frecuencia, es un mantra, una palabra que representa a un dios hindú.

Entonces se pasa a la segunda fase del Raja yoga, que es el "dhyana" o meditación. Es un pensamiento continuo e ininterrumpido, dirigido hacia el mantra u objeto de la concentración. En esta etapa se logra la unidad con el universo, aunque queda aún un cierto sentido de existencia personal.

El principio final del Raja yoga es el "Samadhi" o absorción. En esta etapa, el que lo practica alcanza la unidad con el universo sin que le quede sentido de su existencia personal.

El hinduismo afirma que esta es la etapa en la cual se trasciende el nivel físico, personal, intelectual y táctil de vida, para difundirse en el Universo impersonal. Esta ósmosis es descrita con frecuencia en la filosofía oriental como "una gota de agua que se une con el océano". El ser individual erradica todo aspecto de su personalidad para convertirse en uno con el monismo impersonal, el "Brahmán-Atmán".

Los problemas del hinduismo se ven en sus conclusiones lógicas. Como señala A. W. Tozer en su obra clásica *El conocimiento del Santo*:

Es probable que la historia de la humanidad señale que ningún pueblo se ha levantado jamás por encima de su religión, y la historia espiritual del hombre va a demostrar de manera concluyente que ninguna religión ha sido mayor nunca, que su idea sobre Dios.

La pérdida de la personalidad

Si la premisa básica de alguien en la vida está formada por el monismo y el panteísmo hindúes, según los cuales "todo es Uno", "todo es Dios" y "todo es impersonal", ¿qué les hace esto a los valores humanos y a la importancia del ser humano? Si las estrellas son el Dios impersonal, y las nubes son el Dios impersonal, y lo son los árboles y la tierra, y lo es *usted,* piense por un momento: La tierra es Dios, y usted es Dios. Entonces, ¿a qué queda usted igualado?

Este ha sido el problema de la India durante toda su historia. El hinduismo nunca ha sido capaz de levantar el nivel de la naturaleza al nivel de la humanidad. Siempre termina en la devaluación de los seres humanos al nivel más bajo de la naturaleza. No solo nos volvemos iguales a la naturaleza, sino que nos volvemos totalmente impersonales también. En el hinduismo, no solo somos uno con el universo, sino que este universo llamado Dios es en realidad un vacío totalmente impersonal.

Puesto que el universo es impersonal, y nosotros formamos parte de este universo, nosotros también somos impersonales. De esta forma se destruye la personalidad individual. En el hinduismo se trata de "una gota de agua que cae en el océano". La identidad individual se pierde en el todo impersonal.

La pérdida de las características personales

El problema que presenta un universo impersonal es que destruye la personalidad y todas las características especiales que nos hacen humanos. En primer lugar, el amor y la compasión

El hinduismo, el yoga y la reencarnación

son la expresión más alta de las emociones y de la personalidad humana. Un universo impersonal nunca ha amado a nadie, ni se ha preocupado por nadie. Se pierde el significado del amor como el compromiso personal de la voluntad de un ser individual. No hay base para el amor ni para la compasión humana en un universo impersonal.

Esta es la razón de que en el Asia las culturas hindúes y budistas no edifiquen hospitales ni escuelas; no hay base alguna para los valores humanos. Al swami hindú o al monje budista de la India o del sureste asiático se los conoce como "parásitos". No hacen nada por el pueblo. Existen a base de pedir limosna y vivir de los demás al mismo tiempo que renuncian al mundo material.

En segundo lugar, no hay base alguna para la moralidad. Como dijo Charles Manson, el sectario culpable de asesinatos en masa: "Si todo es Uno, ¿qué es malo?" Si "todo es Uno" y "todo es impersonal", entonces no hay diferencia entre el bien y el mal. El "Uno que lo abarca todo" contiene tanto el bien como el mal, y no hay manera de distinguir entre ambos, sobre todo si la personalidad y este mundo físico solo son una ilusión. Por consiguiente, en la filosofía oriental no puede haber diferencia entre amar a alguien y asesinarlo.

En tercer lugar, un universo impersonal elimina la voluntad humana y el libre albedrío. La posición de una persona en la vida es consecuencia de su karma en una vida pasada. El karma es la enseñanza hindú de que las acciones de la vida de la persona van a determinar su suerte en el siguiente ciclo de vida. Por eso domina el fatalismo en países como la India y los del sureste asiático. El fatalismo es la creencia de que los sucesos están fijados de antemano para todos los tiempos de tal forma que los seres humanos no tienen poder alguno para cambiarlos. El fatalismo destruye todo deseo de lograr algo en la vida, puesto que todo ya ha sido predeterminado por la suerte.

La pérdida de la ciencia y la tecnología

En el hinduismo se considera que el mundo material físico es una ilusión. El término con el que se describe esta ilusión en la filosofía hindú es "maya". Tal como mencionamos anteriormente en este mismo libro, la ciencia es un cuerpo de conocimientos y un método de investigación con base en la observación y la experimentación.

Históricamente, la ciencia moderna fue desarrollada por gente que aceptaba la evidencia empírica de que el mundo material y físico era real. No solo era real el mundo, sino que había sido creado por un Creador inteligente. Esta creencia básica era sostenida por todos los fundadores de la ciencia moderna. Esta premisa los llevó a la conclusión de que podían confiar en sus observaciones y sus experimentaciones, y llegar así a respuestas lógicas e inteligentes.

Ahora bien, si se comienza por la premisa hindú de que el mundo es una ilusión, ¿cómo se puede observar una ilusión o experimentar con ella? Es imposible. Por esto la ciencia nunca se desarrolló en la India; no había bases filosóficas para que lo hiciera. Puesto que no había base para la ciencia, la tecnología nunca se desarrolló para mejorar el nivel de vida en la India. Esto fue así hasta que se introdujeron en el siglo XVIII a través de los ingleses la filosofía y la educación occidentales, con una base para la ciencia dentro de un marco judeocristiano. Fue entonces cuando la India comenzó a desarrollar alguna forma de ciencia y de tecnología.

Hoy en día, la India está dando muchos grandes científicos e ingenieros. Pero si usted les pregunta: "¿Dónde obtuvo su educación?", descubrirá que no la obtuvo en el hinduismo, sino en escuelas y universidades de la India fundadas por misioneros cristianos.

La reencarnación

En la filosofía oriental, se considera que la historia (o tiempo) es cíclica. El hombre, según el hinduismo y el budismo, se halla

El hinduismo, el yoga y la reencarnación

atrapado en un interminable ciclo de nacimientos una y otra vez, tratando de purificarse del karma y trascender este mundo físico de ilusión.

En la India a esto se le da el nombre de transmigración. El hinduismo enseña que, con base en la ley del karma, sus buenas y malas obras van a determinar la forma en que usted va a regresar en la próxima vida. Si lleva una mala vida y no hacen las cosas que exigen el hinduismo y el budismo para renunciar a este mundo de ilusión, puede que regrese en una forma inferior. La posibilidad de regresar en forma de vaca o de rata ha hecho que ambos animales sean sagrados en la India.

En la India no se mata una vaca, puesto que podría ser la reencarnación del tío o la tía de alguien. También por esta razón no se mata a las ratas. Las Naciones Unidas calculan actualmente que en la India la población de ratas es más del triple de la población humana. Estas ratas se comen casi la cuarta parte de la cosecha total de cereales.

La idea de la transmigración fue introducida en 1891 en la Feria Mundial sobre Religiones en Chicago por un hombre llamado Swami Vivikananda. Cuando Vivikananda presentó esta idea de la transmigración, descubrió que los estadounidenses no se emocionaban demasiado ante la idea de regresar en forma de rata, rana o caracol. Así fue como se cambió el concepto al de la reencarnación, el cual afirma que solo se puede regresar como otro ser humano. Esto era mucho más digerible para el consumo occidental.

El problema de la transmigración o la reencarnación es que esta cosmovisión cíclica reduce a la persona a una vida determinada por el hado impersonal. El fatalismo se convierte en la base de la vida para los que quedan atrapados en este sistema; van a regresar una y otra vez, miles de veces, hasta que logren quedar liberados de este mundo de ilusión.

Su esperanza máxima consiste en trascender al estado de anulación impersonal. El significado y la razón de ser para la vida dejan de existir, con excepción de la búsqueda de una negación de la realidad de este mundo material presente y de una inmersión en el Todo cósmico. Para el occidental que se apega a esta fe, siempre hay un camino de salida; nos podemos salvar por medio de estos nacimientos cíclicos de la reencarnación: "Mejor suerte la próxima vez".

La verdad acerca de la reencarnación

La primera cosa que invalida la reencarnación es el hecho de la personalidad de Dios. Todo el que crea en la reencarnación, ya sea de la Nueva Era, o partidario de la teosofía, la unidad, el hinduismo o el budismo, niega la existencia de un Creador personal. Cree que formamos parte de un universo personal.

El hecho de que Dios sea personal, de que Él nos haya creado a nosotros como seres personales, que se nos haya revelado personalmente y que nosotros podamos tener una relación personal con Él, elimina por completo la idea de que haga falta algo como la reencarnación.

La segunda cosa que elimina la reencarnación es el hecho del sacrificio expiatorio de Jesucristo. El sacrificio sangriento de Cristo en la cruz fue el momento en que Él tomó nuestros pecados y los clavó a la cruz para cubrirlos con su propia sangre como pago definitivo.

Hebreos 10:10 dice que esto fue hecho una vez y para siempre. Cristo hizo por usted lo que usted nunca habría podido hacer por sí mismo. Hebreos dice que Él fue el cordero eterno de Dios que derramó la sangre por los pecados de usted y los míos. Usted no puede expiar sus propios pecados; solo la sangre de Jesucristo lo puede hacer.

La tercera cosa que elimina la reencarnación es el hecho de la resurrección de Jesucristo. Él derrotó a la muerte y es el Salvador vivo.

A causa de esto, la cuarta razón es el hecho de la resurrección del creyente. Jesús dijo:

> Yo soy la resurrección y la vida; el que cree en mí, aunque esté muerto, vivirá. Y todo aquel que vive y cree en mí, no morirá eternamente (Juan 11:25, 26).

Estos dos versículos se hallan entre los más emocionantes de todas las Escrituras. Si usted es cristiano, si ha puesto su fe y su seguridad en Jesucristo como Señor y Salvador personal suyo, Jesús dice que usted nunca morirá. Cuando una persona acepta a Jesucristo como Señor y Salvador suyo, Él le da su poder de resurrección. Cristo ha derrotado a la muerte y es el Salvador viviente. Él nos da la vida eterna.

En 2 Corintios 5:8 se dice que estar ausente del cuerpo es estar en el hogar con el Señor. ¿Por qué? Porque Jesucristo dijo que *Él* es la resurrección y la vida. Si usted cree en Él, nunca morirá.

Pablo dice en Filipenses 1:21: "Para mí el vivir es Cristo, y el morir es ganancia". ¿Por qué es ganancia? Porque estar ausente del cuerpo es estar en el hogar con el Señor. Por eso los cristianos somos los únicos que nos podemos dar el lujo de reírnos ante la muerte. Sabemos dónde vamos. La muerte no nos inspira terror alguno.

La última cosa que invalida la reencarnación está en Hebreos 9:27, donde se dice que está dispuesto para todos nosotros que muramos una sola vez y que después de esto viene el juicio; no la reencarnación, ni un ciclo de nacimientos. La proporción mundial de muertes sigue siendo de una por persona. Viene el día en el que todos compareceremos ante Dios. Él nos va a hacer una pregunta: "¿Qué hiciste con el don de Dios ofrecido por medio de Jesucristo?"

7

Realidades sobre...

El islam

En este capítulo examinaremos el islam —lo que enseñan y creen los musulmanes— y la forma en que difiere del cristianismo. Queremos prepararlo para que pueda compartir lo que Jesucristo dice de sí mismo de manera amorosa y compasiva con los musulmanes. Sabemos que también habrá musulmanes que van a leer estas líneas, además de los cristianos, y queremos dirigirnos a estos lectores por unos instantes.

Si usted es musulmán, queremos que sepa que le agradecemos que se tome este tiempo para ver por qué su fe se halla incluida en un libro sobre falsas enseñanzas. Es posible que se halle en fuerte desacuerdo con algunas de las cosas que va a leer, pero eso no lo podemos evitar.

Le rogamos que comprenda que en un país occidental, donde la libertad de religión y la libertad de expresión se hallan garantizadas por la Constitución, somos libres para comentar, meditar y pensar acerca de cuestiones religiosas. Tenemos libertad para decir lo que queramos y escribir lo que queramos. Esa libertad para pensar y actuar por iniciativa propia es vitalmente importante, y es una de las grandes diferencias entre nuestra cultura y nuestra fe, y las del islam.

Ron Carlson sabe de lo que está hablando en este asunto. No solo habla a partir de sus estudios académicos (simplemente a partir de los libros o las teorías), sino también a partir de unas experiencias vitales muy prácticas. Ron estudió y vivió en el Oriente Medio. Estudió historia y arqueología del Oriente Medio, y creencias árabes. Vivió y trabajó en Beirut, Líbano, y en Palestina, y viajó por muchos países musulmanes más, como Marruecos, Argelia, Siria, Jordania, Túnez, Libia y Egipto.

Como cristiano, Ron ha hablado tal vez en todas las escuelas secundarias de Beirut, Líbano (además de la Universidad Americana). Ha dado conferencias en países musulmanes como Malasia, Indonesia, Paquistán y Bangladesh.

Ambos hemos viajado y dado conferencias por todas las Filipinas, donde la fe musulmana es visible por todas partes. Ambos hemos dialogado sobre los puntos de este tema con líderes religiosos musulmanes. No estamos compartiendo a partir del conocimiento teórico que se adquiere en los libros, sino a partir de un conocimiento práctico muy vivo de lo que es el islam en su sentido práctico y real.

Dónde están los musulmanes

El islam es una religión que crece con rapidez, tanto en el sentido espiritual como en el geográfico. Hoy en día hay unos ochocientos cincuenta millones de musulmanes en todo el mundo. Forman alrededor de la sexta parte de la población mundial. Para el año 2000 es posible que haya mil millones de musulmanes en el mundo. El islam domina actualmente a cincuenta y dos países del mundo.

Cuando la mayoría de la gente piensa en los musulmanes, le vienen a la mente de inmediato el Oriente Medio o el norte de África, aunque de hecho solo son el veinte por ciento de los musulmanes del mundo los que viven en esas dos zonas geográficas; la mayoría de ellos viven en otros países. El mayor país musulmán es Indonesia, donde hay ciento cincuenta y cuatro millones de musulmanes. Todo el mundo árabe, en el que se incluyen el Oriente Medio y el norte de África, tiene unos ciento cuarenta y cuatro millones de musulmanes. Bangladesh tiene noventa millones y Paquistán otros noventa. En la India hay unos setenta millones de musulmanes, o sea, alrededor del once por ciento de su población.

Para sorpresa de muchos, también hay una gran población musulmana en China. De hecho, viven cerca de sesenta y tres millones de musulmanes en China. En toda la franja más al sur de la antigua Unión Soviética, a lo largo de las fronteras con Afganistán, Irán, Siria e Irak (y llegando al otro lado hasta Turquía), viven más de cuarenta y un millones de musulmanes. En Turquía hay alrededor de cuarenta y seis millones y en Irán unos cuarenta.

El islam es en estos momentos la segunda religión de Europa. En Gran Bretaña hay más de millón y medio de musulmanes, con unas mil quinientas mezquitas. Hace treinta años el islam prácticamente no existía en los Estados Unidos. Sin embargo, debido a una fuerte inmigración procedente de los países musulmanes, en la que muchos musulmanes huían de la opresión de los estados islámicos en busca de la libertad que hay en los Estados Unidos, hay actualmente una población de alrededor de cinco millones en este país.

Dios nos dio una Gran Comisión: ir a todo el mundo para proclamar las buenas nuevas de Jesucristo. Sin embargo, y es triste decirlo, en el mundo musulmán no hemos cumplido esa Gran Comisión como lo habríamos debido hacer. Solo el dos por ciento de los misioneros estadounidenses se han involucrado en algún ministerio con los musulmanes. Tenemos un misionero cristiano por cada millón de musulmanes. En el siglo XXI, el islam va a representar el mayor de los retos al cristianismo. Por pacíficos que sean muchos musulmanes, sus doctrinas básicas no permiten que ninguna otra fe coexista pacíficamente junto a ellos.

Comprender el islam

Para comprender el islam, tal vez el factor clave sea darnos cuenta de que se debe estudiar en el contexto religioso y cultural de la Arabia del siglo VII.

En su excelente obra *islamic Invasion* ["Invasión islámica", Harvest House Publishers], el Dr. Robert Morey dice que lo que hizo Mahoma fue elevar la cultura del siglo VII en la cual él había nacido a la categoría de ley divina. De hecho, el islam es la divinización de la cultura árabe del siglo VII. Si usted no comprende el contexto histórico sobre cuándo y dónde nació Mahoma, nunca comprenderá el islam.

El Dr. Arthur Arberry, quien encabeza los Estudios del Oriente Medio en la Universidad de Cambridge (y es uno de los grandes eruditos sobre el mundo árabe) dice esto:

> El islam es una religión peculiarmente árabe, porque es una religión *y* una cultura, y como religión y cultura, son una misma cosa. Se debe comprender en función de su identificación esencial con la cultura del siglo VII.

El islam impone su cultura árabe del siglo VII en su expresión política, en sus cuestiones familiares, en sus leyes dietéticas, en su manera de vestir, en sus ritos religiosos y en su lenguaje. A los musulmanes se les obliga desde su religión a imponer la cultura árabe del siglo VII sobre el resto de las culturas del mundo.

Mahoma tomó las leyes políticas que gobernaban a las tribus árabes del siglo VII y literalmente, las convirtió en las leyes de Alá, su Dios. En estas tribus, el jeque o jefe de la tribu nómada tenía autoridad absoluta. No había concepto alguno de derechos civiles o personales en la Arabia del siglo VII.

Por eso los países islámicos son gobernados de manera inevitable por dictadores o por hombres fuertes que dominan de manera despótica. Actualmente hay veintiuna naciones árabes, y ninguna de ellas es una democracia. La democracia no puede florecer en el islam. Mientras más preponderancia gane el fundamentalismo islámico, más se hunde la nación en la tenebrosa época de la Arabia del siglo VII. Irán es un buen ejemplo de esto. Los déspotas actuales de Libia, Irán, Irak, Siria, el Sudán y el Yemen sólo son ejemplos de este tipo de tiranía árabe injertada en los tiempos modernos.

Puesto que no existía concepto alguno de libertades personales o de derechos civiles en la vida tribal de la Arabia del siglo VII, la ley islámica de hoy no reconoce la libertad de expresión, la libertad de religión, la libertad de reunión ni la libertad de prensa. Por esta razón, a los que no son musulmanes (como los cristianos) se les niegan constantemente los derechos humanos básicos, y con frecuencia se les ataca físicamente o encarcela.

El islam en acción

Según una historia publicada en el *Washington Post* el 3 de enero de 1993, unas muchedumbres de musulmanes, reaccionando ante lo que consideraban proselitismo por parte de los cristianos, atacaron o quemaron varias iglesias cristianas y hogares en las islas de Java y Sumatra. En el mayor incidente del que se tiene noticia, más de diez mil musulmanes, al parecer bien organizados, echaron abajo y quemaron el hogar de un predicador cristiano en las afueras de Perusia, un poblado del este de Java, a fin de protestar porque estaba distribuyendo tratados.

Después, la multitud destrozó dos iglesias protestantes cercanas que no tenían relación alguna con el predicador. El jefe de la mayor organización islámica de Indonesia dice que se había informado por lo menos de treinta ataques a iglesias o a otras propiedades de cristianos en los tres meses anteriores.

La Prensa Asociada informaba lo siguiente el 8 de febrero de 1993:

> Hay grupos occidentales de derechos humanos que afirman que una rápida movilización por parte de sus redes internacionales les habría podido salvar la vida a dos líderes cristianos filipinos encarcelados en Arabia Saudita.
>
> Fuentes de confianza dentro de la comunidad de derechos humanos informaron que dos pastores laicos que debían ser ejecutados en el día de Navidad por el gobierno de Arabia Saudita, fueron arrestados en octubre y acusados de violar las leyes del reino al predicar el cristianismo. Al parecer, ambos habían estado escondidos desde enero, cuando un culto cristiano que dirigían en un hogar privado fue objeto de una redada por parte de la policía religiosa saudita. Los informes sobre las ejecuciones fijadas despertaron un frenesí de averiguaciones y protestas internacionales, entre ellas una áspera apelación de Fidel Ramos, el presidente de Filipinas, al rey Faud.

Estos esfuerzos resultaron inútiles. Los dos pastores fueron decapitados en Arabia Saudita porque se habían atrevido a dirigir un estudio bíblico cristiano. Y este es el mismo país donde los cristianos acababan de luchar por decenas de miles en defensa de su suelo contra los ataques de Irak.

En Arabia Saudita no hay libertad religiosa. De hecho, una de las mayores tragedias de la Guerra del Golfo fue que cuando nosotros enviamos a nuestros hombres allí para salvar el país, a nuestros capellanes cristianos no se les permitió siquiera que llevaran sus pequeñas cruces en la solapa. El gobierno de Arabia Saudita dijo que no les permitía tener cultos cristianos para nuestros soldados, que estaban protegiendo su país. A los miembros del personal militar se les aconsejó que dejaran sus Biblias en casa. Esto se debió a que la ley islámica prohíbe toda presencia o mención del cristianismo.

Esta historia apareció en el *Washington Post* el 13 de enero de 1993:

> El régimen islámico radical de Sudán no se limita a librar una guerra genocida en el sur contra los cristianos, sino que es parte de un empuje islámico de mayor alcance. Se convirtió por voluntad propia en terreno de entrenamiento para los terroristas islámicos que querían derrocar el régimen pro-occidental de Egipto. Durante meses, los terroristas islámicos han estado saliendo por todas partes y disparándoles al azar a los turistas extranjeros en un intento por matar la fuente principal de divisas extranjeras en un país desesperadamente pobre, con el fin de que tengan que regresar a las leyes islámicas.

La práctica del islam

Entre otras cosas culturales que Mahoma tomó de la cultura que lo rodeaba se halla la costumbre de orar cinco veces al día de cara a La Meca, ciudad de Arabia Saudita. Esto le recuerda al musulmán cinco veces al día que se debe inclinar en obediencia a Arabia.

Al musulmán también se le exige, lo cual significa con frecuencia pasar por grandes privaciones y pagar un alto precio, que vaya en peregrinación a Arabia por lo menos una vez en su vida, para adorar en la Caaba, en La Meca. Las evidencias históricas muestran con claridad que Mahoma adoptó el rito religioso pagano de peregrinar a La Meca, que ya era ampliamente practicado mucho antes de que él naciera.

Mahoma, para apaciguar a los mercaderes de La Meca (que ganaban inmensas cantidades de dinero con las personas que acudían allí en peregrinaje), puso esta exigencia en el islam como parte de su religión. Por razones económicas y culturales, el islam adoptó esta práctica pagana, con la que debe cumplir aun el más pobre de los musulmanes, como una de las cinco columnas de su fe.

Una de las prácticas más humillantes del islam es la forma inhumana en que se trata a las mujeres. Estas son consideradas como propiedades en las sectas fundamentalistas del islam. No se les permite que tengan ningún tipo de propiedad. Alrededor del setenta y cinco por ciento de las mujeres musulmanas sufren la circuncisión femenina en un rito sumamente cruel y doloroso, destinado a hacerlas obedientes y dóciles. Se las hace vestir de pies a cabeza con unas ropas que lo cubren todo, menos los ojos, e incluso estos van cubiertos con frecuencia por un velo.

Es interesante que lo que una mujer analfabeta de las tribus del desierto usaba en la Arabia del siglo VII sea aún la forma obligatoria de vestir para las mujeres musulmanas de hoy. Es una clara negación de los derechos civiles de la mujer, y refleja la cultura árabe islámica y su bajo concepto de la mujer.

Tal vez usted recuerde lo que sucedió durante la Guerra del Golfo. El 10 de marzo de 1991, la revista *New York Times* informaba sobre el siguiente incidente con respecto a los derechos de las mujeres en Arabia Saudita.

La crisis del Golfo desató una manifestación muy divulgada que llevaron a cabo unas mujeres, las cuales desecharon a sus conductores y condujeron ellas mismas en caravana, desafiando la prohibición que hay en Arabia Saudita de que las mujeres conduzcan. Este incidente provocó una cruel campaña contra ellas, movida por los fanáticos religiosos con la aprobación del gobierno. La policía religiosa patrullaba las calles y los centros comerciales, diciéndoles a las mujeres que se cubrieran el rostro y a los hombres jóvenes que oraran.

El gobierno castigó a las mujeres de la manifestación tan fuertemente como habría castigado a cualquiera que hubiera protestado en público. Tanto a estas mujeres, como a sus esposos, se les prohibió salir del reino. Se les prohibió también hablar con periodistas extranjeros, o comentar su situación con alguien de fuera. Se les advirtió que se tomarían más represalias con ellas, si trataban de conducir de nuevo y montaban otra manifestación.

Con todo, la forma en que el gobierno trató a esas mujeres fue delicada, comparada con la forma en que las trataron las autoridades religiosas islámicas. Los jeques fundamentalistas las acusaron desde una de las plataformas políticas más poderosas del reino, el Opus de la Mezquita.

En los cultos del viernes posterior a la manifestación, se calificó a aquellas mujeres de "comunistas rojas, cochinas secularistas norteamericanas, mujeres públicas y prostitutas, mujeres caídas y fomentadoras de los vicios". Se distribuyeron hojas con sus nombres, ocupaciones, direcciones y números de teléfono en las mezquitas y en otros lugares públicos. Una hoja que se distribuyó las acusaba de haber renunciado al islam, delito castigable con la muerte en Arabia Saudita. Y estas mujeres todas eran gente con educación, doctoras en filosofía, la mayoría de ellas profesoras de la universidad. Algunas de ellas ejercían la medicina. Sin embargo, fueron amenazadas de muerte porque se habían subido a un auto y lo habían conducido. Varias de aquellas mujeres no estuvieron dispuestas a arrepentirse, convencidas de que algún día se trataría el problema de su posición social.

El fondo cultural del islam

La cultura del mundo de Mahoma era muy animista. Todas las tribus árabes tenían sus piedras mágicas sagradas, que según ellos creían, protegían a la tribu. La tribu del propio Mahoma había adoptado una piedra negra y la había colocado en la Caaba. La gente besaba esta piedra negra mágica cuando acudía en su peregrinación a la Caaba para adorar. Es probable que se tratara de un asteroide o meteorito que ellos consideraban divino. Todas las tribus nómadas tenían una de sus divinidades tribales en la Caaba.

La religión dominante en los tiempos inmediatamente anteriores a Mahoma era el sabianismo, una religión en la cual se adoraba a los cuerpos celestiales. Se consideraba que la luna era una divinidad masculina, y se usaba un calendario lunar. El rito pagano del ayuno comenzaba con la aparición de la luna creciente. Más tarde se adoptó el ayuno como una de las cinco columnas de la fe del islam. El ayuno de Ramadán, el noveno mes, ya existía en la cultura árabe antes de que naciera Mahoma.

¿Y el nombre de "Alá"? Los musulmanes alegan que Alá es el mismo Dios que adoramos los cristianos, aunque con otro nombre. Sin embargo, si buscamos su historia, es muy diferente. El término "alá" es una palabra puramente árabe, usada para referirse a una divinidad árabe. De hecho, los árabes anteriores al islam conocían a Alá. Era una de las muchas divinidades que ya existían el La Meca. La tribu en la que nació Mahoma estaba particularmente dedicada a Alá, que era el dios luna. Este era representado por una piedra negra, de la cual se creía que había descendido del cielo.

En Arabia se consideraba al dios sol como femenino, mientras que el dios luna era considerado como el dios masculino. En los tiempos preislámicos, Alá, el dios luna, estaba casado con la diosa sol, y juntos habían producido tres diosas llamadas "las Hijas de Alá". Se las consideraba como las más importantes dentro del panteón de las divinidades árabes, formado por los trescientos sesenta ídolos de la Caaba, en La Meca. Cuando Mahoma tomó el control de La Meca, destruyó todos los ídolos de la Caaba, con excepción de la divinidad de la piedra, Alá. Nunca acepte que Alá es solo un nombre más del Dios vivo y verdadero.

El islam

El símbolo de la adoración a Alá, el dios luna, en la cultura árabe preislámica de todo el Oriente Medio era la luna creciente. Hoy en día, la luna creciente se halla en las banderas de todas las naciones islámicas. Vaya a una mezquita; ¿qué tiene encima? Una luna creciente, el símbolo de Alá. Sin embargo, muchos musulmanes ni siquiera saben por qué está allí.

El fondo cultural de Mahoma

Mahoma, el profeta del islam, nació en el año 570 d.C. y vivió sesenta y dos años, muriendo en el 632. Cuando él nació, La Meca era el centro del comercio y de la actividad religiosa. Fue camellero hasta los veinticinco años, que fue cuando conoció a una mujer que le llevaba quince años, y se casó con ella. La mujer tenía cuarenta años y era rica.

Durante los quince años siguientes, Mahoma dirigió el negocio familiar de frutos en La Meca. Hasta los cuarenta años no proclamó haber tenido revelaciones. Iba, como todos los que buscaban la verdad, hasta una cueva que se hallaba a cinco kilómetros al norte de La Meca, para orar y meditar.

Según la tradición musulmana, el ángel Gabriel se le apareció. En realidad, en el Corán hay cuatro relatos diferentes de lo sucedido que se contradicen entre sí. Los musulmanes han decidido decir ahora que fue Gabriel, y toman esto como señal de que Mahoma fue un profeta enviado a los árabes.

Después de meditar allí de vez en cuando por dos años, dicen los musulmanes, Mahoma recibió unas revelaciones durante las cuales entraba en ataques de epilepsia. (Eso es lo que creen los musulmanes que eran.) Temblaba, sudaba y echaba espuma por la boca. Fueran ataques epilépticos, o fueran demoníacos, él afirmaba que en esos momentos había recibido revelaciones que le había hecho un ángel de luz.

¿En qué consistían las revelaciones? Quedaron escritas en los que hoy se conoce como el Corán, el libro santo del islam.

Sin embargo, no fueron escritas sino años más tarde, porque el propio Mahoma no tenía estudios y es probable que no supiera escribir.

El mensaje principal que estaba comunicando Mahoma, era que no había otro dios más que Alá, y que éste era el único dios verdadero que lo había creado todo. La segunda cosa que enseñó fue que el hombre es esclavo de Dios, y su primer deber consiste en someterse a Dios y obedecerle. De aquí es de donde se deriva el término "islam". Esta palabra significa *sumisión* en árabe, y un musulmán es alguien que se somete a la voluntad de Alá. Mahoma dijo que el principal deber del hombre es someterse a la voluntad de Alá.

Mahoma dijo también que viene un día grande y terrible de juicio en el cual Dios va a resucitar a los muertos para juzgarlos y recompensarlos según sus obras. Los que sean hallados dignos recibirán una sensual vida en el cielo, y los que no lo logren, van a ser condenados al infierno.

La gente de La Meca no tenía una opinión demasiado buena sobre este nuevo profeta y sus revelaciones. De hecho, comenzaron a criticarlo y atacarlo. En el año 622 d.C. huyó a Medina, situada a unos cuatrocientos cincuenta kilómetros de La Meca en dirección norte. Este fue el comienzo del islam.

En el Oriente Medio todo se basa en el momento en que Mahoma huyó a Medina, en el año 622. Este es el comienzo del calendario islámico.

En Medina fue donde Mahoma trató por primera vez de que los cristianos y los judíos que vivían allí lo siguieran como "el profeta". Se llamó a sí mismo profeta y apóstol, aunque este término no era usado en su cultura. El término "profeta" lo usó para atraer a los judíos, y el de "apóstol" para atraer a los cristianos.

Es interesante que les haya dicho que oraran mirando a Jerusalén. Cuando ellos no lo aceptaron como profeta ni como apóstol, los rechazó y les dijo a los demás que oraran hacia La Meca, a Alá, su divinidad tribal. Entonces comenzó a recibir más revelaciones. Es muy interesante observar qué revelaciones fueron estas. (Se hallan en el Corán.) Recibió revelaciones según las cuales debía saquear y robar a las caravanas que pasaban por el lugar. Hubo muchos casos en los cuales Mahoma y sus seguidores saquearon y robaron caravanas, para después matar a los hombres, por satisfacer su codicia. De hecho, el Corán y la historia informan que peleó más de sesenta y seis batallas, matando a decenas de miles de personas.

En una de sus revelaciones, se le dijo a Mahoma que matara y sacara de allí a todos los judíos. En una ocasión hizo que reunieran mil judíos y los mandó decapitar a todos. El islam comenzó a ser conocido como la religión de la espada. En el año 628, Mahoma recibió la revelación de que el islam debía ser exaltado por encima de todas las demás religiones, incluyendo el judaísmo y el cristianismo.

En el año 629, Mahoma reunió un ejército de diez mil hombres. Regresó a La Meca, donde había crecido, y la conquistó. Por la fuerza, les impuso el islam al resto de las tribus árabes. Mahoma murió en el año 632, después de haber conquistado gran parte de la península Arábica. Entonces, el islam se extendió por la espada por todo el norte de África, y hoy domina sobre la sexta parte de la población mundial.

El islam en movimiento

En una ocasión, mientras Ed estaba dando una conferencia en la Universidad estatal de Utah, hizo la afirmación de que el mormonismo es "el islam de los Estados Unidos". Entonces presentó una comparación entre las pretensiones de Mahoma y las de Joseph Smith, y entre el Corán y el libro de Mormón.

Durante el momento destinado a preguntas y respuestas, se tuvo que enfrentar a unos cuantos musulmanes muy agitados.

De hecho, la interacción con los musulmanes estuvo a punto de sofocar el diálogo sobre el mormonismo. Al día siguiente, se reunió con dos líderes musulmanes y comenzó una serie de contactos que lo obligaron a mirar con mayor profundidad la historia del islam, sus doctrinas fundamentales y su comparación al cristianismo ortodoxo.

Hoy en día, los cinco millones de musulmanes de los Estados Unidos hacen un número mayor que todos los mormones, los testigos de Jehová y los miembros de la Ciencia Cristiana juntos. En muchas de las grandes ciudades, y en todas las universidades estatales que hemos visitado, se está realizando un programa de proselitismo sumamente militante. Los musulmanes van a hacer que el esfuerzo misionero de los musulmanes parezca insignificante, comparado con el de ellos. Los cristianos de fe ortodoxa vamos a tener que estar listos para enfrentarnos con un ataque que podría ser el más agresivo de los ataques recibidos por el cristianismo en su historia.

El Corán nos dice que Mahoma quitó los demás ídolos; su dios era ahora el dios único, y él era su mensajero. Pero mantuvo la Caaba como lugar santo y sagrado. Les impuso a todos los creyentes la obligación de ir en peregrinaje a visitar la piedra por lo menos una vez en su vida (Sura 22:26-37).

Muchas personas creen que el islam, el judaísmo y el cristianismo solo son primos cercanos. De hecho, muchos cristianos enseñan que Alá sólo es otro nombre del Dios bíblico al que nosotros adoramos. Revisemos las doctrinas básicas del islam y juzguemos por nosotros mismos.

Las seis creencias básicas del islam

1. **Dios:** Hay un solo Dios verdadero, llamado Alá.
2. **Los ángeles:** Son los servidores de Dios, a través de los cuales Él revela su voluntad. El mayor de los ángeles es Gabriel, quien se le apareció a Mahoma.

Todos los seres humanos tienen dos "ángeles escritores": uno que escribe sus buenas obras, y el otro que escribe las malas.
3. **Los profetas:** Alá ha hablado a través de muchos profetas, pero el definitivo y mayor de ellos es Mahoma. Entre los otros profetas se hallan Noé, Abraham, Moisés y Jesús.
4. **Los libros santos:** El Corán o Alcorán es el libro más santo del islam, y se cree que es la revelación definitiva de Alá al hombre. Reemplaza a todas las revelaciones anteriores, entre ellas la Biblia. Contiene la palabra de Alá, tal como le fue entregada oralmente a Mahoma por Gabriel. Contiene 114 capítulos llamados "suras". Los musulmanes reconocen también la Ley de Moisés, los Salmos y los evangelios, pero los consideran sumamente corrompidos.
5. **El día del Juicio:** Es un día terrible en el cual las buenas y malas obras de cada persona serán puestas en una balanza para decidir su destino.
6. **El decreto de Dios:** Alá dispone el destino de todos. Los musulmanes son fatalistas. "Si Alá lo quiere", es el comentario de un musulmán devoto en casi todas las situaciones o decisiones con las que se encuentra.

Las cinco columnas del islam

1. **La afirmación** (Shahada): "No hay otro Dios más que Alá, y Mahoma es su mensajero". Esto es recitado constantemente por los musulmanes devotos.
2. **La oración** (As-Salah): A los musulmanes se les exige que oren cinco veces al día, arrodillados de cara a La Meca.
3. **La limosna** (Zakah): Todo musulmán que se precie de serlo, les debe dar el dos y medio por ciento de sus ingresos a los pobres.

4. **El ayuno** (Siyam): Los fieles musulmanes ayunan desde el amanecer hasta la caída del sol todos los días durante el noveno mes del calendario lunar islámico, el mes de Ramadán, que es sagrado.
5. **El peregrinaje** (Al-Hajj): Se espera de los musulmanes que viajen a La Meca por lo menos una vez en la vida.

Algunos han añadido a esta lista una sexta Columna de la Fe conocida como **La guerra santa** (Jihad). En los primeros años del islam, e incluso muchas veces en la actualidad, la intención es extender el islam por la fuerza. El islam se considera a sí mismo como la religión universal. La Jihad es considerada con un servicio en la extensión y la defensa del islam. Hoy en día, muchos musulmanes que han recibido los valores del occidente en sus estudios toman la Jihad en sentido figurativo, haciéndola significar la extensión del islam por medio del evangelismo.

Un evangelio diferente

El islam enseña que Dios se halla tan por encima del hombre en todo sentido, que es virtualmente imposible conocerlo. Él es el que va a enviar a las personas al paraíso o al infierno, según decida.

Enseña también que Jesús fue un mensajero de Dios, pero que no fue el Hijo de Dios. Los musulmanes niegan que Él sea Dios todopoderoso venido en la carne. Sin embargo, la Biblia dice:

> En el principio era el Verbo, y el Verbo era con Dios, y el Verbo era Dios. Este era en el principio con Dios. Todas las cosas por él fueron hechas, y sin él nada de lo que ha sido hecho, fue hecho. En él estaba la vida, y la vida era la luz de los hombres.

Y aquel Verbo fue hecho carne, y habitó entre nosotros (y vimos su gloria, gloria como del unigénito del Padre), lleno de gracia y de verdad (Juan 1:1-4, 14).

Amados, no creáis a todo espíritu, sino probad los espíritus si son de Dios; porque muchos falsos profetas han salido por el mundo. En esto conoced el Espíritu de Dios: Todo espíritu que confiesa que Jesucristo ha venido en carne, es de Dios; y todo espíritu que no confiesa que Jesucristo ha venido en carne, no es de Dios; y este es el espíritu del anticristo, el cual vosotros habéis oído que viene, y que ahora ya está en el mundo (1 Juan 4:1-3).

Los musulmanes niegan la divinidad de Jesús. La Biblia dice:

Porque en él habita corporalmente toda la plenitud de la Deidad (Colosenses 2:9).

Los musulmanes niegan que Jesús muriera en la cruz por nuestros pecados. (La mayoría de ellos creen que fue Judas quien murió en su lugar). Niegan que resucitara de entre los muertos. La Biblia dice:

Porque esto es mi sangre del nuevo pacto, que por muchos es derramada para remisión de los pecados (Mateo 26:28).

Y muchos de los judíos leyeron este título; porque el lugar donde Jesús fue crucificado estaba cerca de la ciudad, y el título estaba escrito en hebreo, en griego y en latín (Juan 19:20).

Los musulmanes niegan que Jesús sea la revelación definitiva y concluyente de Dios. La Biblia dice:

Dios, habiendo hablado muchas veces y de muchas maneras en otro tiempo a los padres por los profetas, en estos postreros días nos ha hablado por el Hijo, a quien constituyó heredero de todo, y por quien asimismo hizo el universo; el cual, siendo el resplandor de su gloria, y la imagen misma de su sustancia, y quien sustenta todas las cosas con la palabra de su poder, habiendo efectuado la purificación de nuestros pecados por medio de sí mismo, se sentó a la diestra de la Majestad en las alturas (Hebreos 1:1-3).

¿Es **Alá**, el ídolo de la piedra, el Dios de Abraham, Isaac y Jacob? El que Mahoma lo haya dicho no basta. **Alá** escogió a Agar y a su hijo Ismael para realizar con ellos su pacto. **El Dios de la Biblia** escogió a Isaac, el otro hijo de Abraham, como heredero del pacto *suyo*.

Y dijo Abraham a Dios: Ojalá Ismael viva delante de ti. Respondió Dios: Ciertamente Sara tu mujer te dará a luz un hijo, y llamarás su nombre Isaac; y confirmaré mi pacto con él como pacto perpetuo para sus descendientes después de él. Y en cuanto a Ismael, también te he oído; he aquí que le bendeciré, y le haré fructificar y multiplicar mucho en gran manera; doce príncipes engendrará, y haré de él una gran nación. Mas yo estableceré mi pacto con Isaac, el que Sara te dará a luz por este tiempo el año que viene. Y acabó de hablar con él, y subió Dios de estar con Abraham (Génesis 17:18-22).

Alá es un ser imposible de ser conocido; es imposible acercarse a él, o comprenderlo. Lo que más se echa a faltar en la doctrina islámica sobre Dios, es el amor. El musulmán ortodoxo no puede decir que Dios sea amor. **El Dios de la Biblia** hace amistad con gente como Abraham (Isaías 41:8) y habla con ella (Génesis 18:22ss.). Este Dios nos amó tanto, que envió a su Hijo unigénito a morir por nosotros.

Porque de tal manera amó Dios al mundo, que ha dado a su Hijo unigénito, para que todo aquel que en él cree, no se pierda, mas tenga vida eterna (Juan 3:16).

> Amados, amémonos unos a otros; porque el amor es de Dios. Todo aquel que ama, es nacido de Dios, y conoce a Dios. El que no ama, no ha conocido a Dios; porque Dios es amor. En esto se mostró el amor de Dios para con nosotros, en que Dios envió a su Hijo unigénito al mundo, para que vivamos por él. En esto consiste el amor: no en que nosotros hayamos amado a Dios, sino en que él nos amó a nosotros, y envió a su Hijo en propiciación por nuestros pecados (1 Juan 4:7-10).

Alá es un dios al que no se puede conocer personalmente. Solo se conocen las leyes y los mandatos de ese dios, dados por medio de los profetas; leyes y mandatos que se deben obedecer y a los que es necesario someterse. Cuando un musulmán ora, siempre pide misericordia, porque no conoce la gracia de Dios. No sabe que Dios nos ama, y que nos ha proporcionado un Salvador para sacarnos de nuestros pecados.

El Dios de la Biblia se deleita en mostrar su misericordia sin límites. Su Evangelio es la "buena noticia" de la gracia y el perdón. En Tito 3:4-7 dice:

> Pero cuando se manifestó la bondad de Dios nuestro Salvador, y su amor para con los hombres, nos salvó, no por obras de justicia que nosotros hubiéramos hecho, sino por su misericordia, por el lavamiento de la regeneración y por la renovación en el Espíritu Santo, el cual derramó en nosotros abundantemente por Jesucristo nuestro Salvador, para que justificados por su gracia, viniésemos a ser herederos conforme a la esperanza de la vida eterna.

Alá exige una obediencia absoluta al islam y pesa las obras de la gente. Alá y el Corán relegan a Jesús a la posición del último profeta antes de Mahoma, y bajo su autoridad. Jesús no fue el Camino, y solo pudo señalar el camino hacia Mahoma.

Al **Dios de la Biblia** solo se le puede alcanzar por medio de Jesucristo, y confiar en Él es el único camino que lleva al cielo. Jesús dijo:

> Yo soy el camino, y la verdad, y la vida; nadie viene al Padre, sino por mí (Juan 14:6).

Alá necesitó de las obras de Mahoma para completar sus palabras de juicio *al* hombre. **El Dios de la Biblia** envió a su hijo a realizar una obra completa de gracia *a favor* del hombre.

> Cuando Jesús hubo tomado el vinagre, dijo: Consumado es. Y habiendo inclinado la cabeza, entregó el espíritu (Juan 19:30).

A la luz del verdadero origen de Alá, y de sus radicales diferencias con respecto al Dios de la Biblia, tenemos que llegar a la conclusión de que Alá no es Dios. Tampoco es el nombre de "Alá" un nombre usado de manera general en el Oriente Medio para referirse a Dios, como piensan muchos cristianos. *¡Alá es el nombre de un falso dios que no puede salvar a nadie de nada!*

8
Realidades sobre...

Los testigos de Jehová: La Sociedad de biblias y tratados de la Torre del Vigía

Queremos examinar en este capítulo un tema de gran importancia: el de la Sociedad de biblias y tratados de la Torre del Vigía, con sus oficinas centrales en Brooklyn, Nueva York. A este grupo se le conoce más frecuentemente como "los testigos de Jehová".

Lo más probable es que usted conozca la Torre del Vigía a través de las dos revistas principales que aparecen en muchos lugares públicos, y que también nos llegan por medio de los que visitan las casas de puerta en puerta.

La organización de la Torre del Vigía es conocida sobre todo por sus publicaciones de tirada masiva. De hecho, son la casa editorial más grande del mundo libre. Hace poco, imprimió en el espacio de un año más de cuarenta y cuatro millones de libros y más de quinientos cincuenta millones de revistas. Cada dos semanas se publican más de catorce millones de ejemplares de la revista Atalaya en ciento ocho lenguajes de todo el mundo. Esta organización publica también más de doce millones de copias de la revista Despertad en unos sesenta y dos idiomas cada dos semanas.

Los testigos de Jehová han distribuido de tal forma todos los Estados Unidos, que se va a hacer contacto con cada residencia por lo menos una o dos veces al año, por medio de un equipo de obreros que van de casa en casa. Hace poco afirmaron que en un solo año, más de 3,6 millones de miembros pasaron más de ochocientos treinta y cinco millones de horas testificando de puerta en puerta para la Torre del Vigía. A base simplemente de esa penosa persistencia, han podido cosechar muchas personas que no estaban enraizadas en la Palabra de Dios, y las han desviado con facilidad por medio de su religión falsificada.

Los comienzos bajo Russell

La Torre del Vigía fue comenzada por un hombre llamado Charles T. Russell, quien fue el fundador de los testigos de Jehová. Creció en una iglesia protestante de Pennsylvania. Ya mayor, Russell afirmaba que había ciertas cosas que no le gustaban en la Biblia. Afirmaba que no le gustaba la enseñanza sobre el infierno y el juicio eterno, ni la referente a la Trinidad. Para él, la Trinidad no era racional, y no la podía comprender.

Russell comenzó a desarrollar su propia teología, que comenzó a publicar en una serie de volúmenes llamada *Estudios en las Escrituras*. Más tarde, en 1879, comenzó a publicar la revista *Atalaya* [Watchtower]. En 1884 registró como corporación su organización en Pennsylvania con el nombre de Sociedad de biblias y tratados de la Torre del Vigía. En 1909, trasladó sus oficinas centrales a Brooklyn, Nueva York, donde han permanecido hasta hoy.

Russell es el padre de los errores teológicos que sostiene la Torre del Vigía. Al principio de su ministerio, calculó cuándo iba a regresar Jesucristo en forma visible a esta tierra, y durante muchos años profetizó que Cristo regresaría en 1874.

Cuando Cristo no apareció, Russell cambió sus cálculos. Durante muchos años más, profetizó el regreso de Cristo para el año 1914. Pero 1914 llegó y pasó, y nuevamente, Jesucristo no se presentó.

Russell no se desalentó. Le dio una nueva definición a la segunda venida de Cristo para que significara que Él ya había regresado de manera invisible en forma de espíritu o fantasma, en el año 1914, para ayudarlo a establecer su organización.

El crecimiento bajo Rutherford

Russell murió en 1916 después de haber quedado demostrado que era un falso profeta. El mando de la Torre del Vigía fue asumido en 1917 por un líder muy dinámico, un hombre llamado Joseph Franklin Rutherford. Bajo el liderazgo de Rutherford, la Torre del Vigía se convirtió en el inmenso gigante teocrático que conocemos hoy.

Si usted ha hablado alguna vez con detenimiento con algún miembro de la Sociedad de la Torre del Vigía, sabrá que ellos la consideran el reino teocrático de Dios en la tierra. Esto significa que es un gobierno dominado por Dios. Los testigos de Jehová creen que ellos son el gobierno de Dios en la tierra, y que todos los demás gobiernos son satánicos. Por eso, nunca saludan la bandera, nunca recitan la Jura de la bandera, y nunca sirven en las fuerzas armadas de ninguna nación. Creen que todos los gobiernos son satánicos, con excepción del verdadero gobierno de Dios, con su centro en Brooklyn, Nueva York.

Los testigos de Jehová también se aíslan de sus vecinos de otras maneras. No celebran la Navidad, porque niegan la encarnación de Jesucristo. Tampoco celebran la Pascua de Resurrección, porque niegan su resurrección corporal.

El nombre de "testigos de Jehová" se comenzó a utilizar bajo el liderazgo de Rutherford. Este dijo que lo harían para reivindicar el verdadero nombre de Jehová, puesto que afirmaba que Jesucristo no es Dios, y que el Espíritu Santo tampoco lo es, sino que solo lo es Jehová.

A nosotros no nos causa ningún problema el nombre de Jehová. Sencillamente, es una de las maneras de identificar a Dios en el Antiguo Testamento. De hecho, los judíos nunca pronuncian el nombre de Dios. Cuando escribían en hebreo, los antiguos judíos no usaban vocales, sino solo consonantes. Este nombre lo escribían como YHWH, el nombre de Dios que no se debía pronunciar. Lo más probable es que se pronunciara "Yahvé", pero aparece en nuestras Biblias como Jehová, y solo es una referencia a la identificación de Dios en el Antiguo Testamento.

También Rutherford fue famoso por sus numerosas profecías. De hecho, profetizó que los patriarcas Abraham, Isaac y Jacob volverían de manera visible a la tierra para ayudar a promover el reino de Dios. Estaba tan seguro de esta predicción, que construyó una gran mansión palaciega en San Diego, California, para que Abraham, Isaac y Jacob vivieran en ella cuando volvieran, lo cual sucedería entre 1925 y 1929.

Llegó y pasó el 1929, pero Abraham, Isaac y Jacob nunca se presentaron. Fue entonces cuando Rutherford se trasladó él mismo a la mansión, y allí vivió hasta su muerte en 1942, después de haber demostrado también que era un falso profeta.

La expansión bajo Knorr

En 1942 asumió el mando de la organización un hombre llamado Nathan H. Knorr. Bajo su liderazgo, desarrolló su fuerte esfuerzo misionero dirigido a todo el mundo. También bajo su liderazgo, los testigos hicieron su propia traducción de la Biblia, a la que llaman *La traducción del Nuevo Mundo*.

Los testigos de Jehová afirman que cinco expertos en griego de la Torre del Vigía hicieron esta traducción. Sin embargo, es bastante evidente para cualquiera que sepa griego o hebreo, que hay graves errores en esta traducción. Es obvio que fue producida como un intento consciente por hacer que la Biblia correspondiera con la teología preconcebida de los testigos.

La nueva traducción fue solo una parte de los problemas creados por Nathan H. Knorr. Cualquiera habría pensado que él aprendería de sus predecesores la lección sobre los falsos profetas. Y de hecho, el hombre se resistió al impulso durante muchos años. Pero por fin, en 1966, ya no se pudo resistir más, y también comenzó a profetizar a través de las revistas *Atalaya y Despertad*. Su primera gran profecía afirmaba que el año 1975 iba a ser el final de esta era, y que en ese momento se produciría el Armagedón. Obviamente, 1975 ya vino y pasó, y el Armagedón no se produjo. La mentira era demasiado grande para urdir un nuevo cuento alrededor de ella.

Muchos testigos de Jehová comprendieron lo que Dios había dicho en Deuteronomio 18:20-22, cuando nos dio la forma bíblica de probar a un profeta.

> El profeta que tuviere la presunción de hablar palabra en mi nombre, a quien yo no le haya mandado hablar, o que hablare en nombre de dioses ajenos, el tal profeta morirá. Y si dijeres en tu corazón: ¿Cómo conoceremos la palabra que Jehová no ha hablado?; si el profeta hablare en nombre de Jehová, y no se cumpliere lo que dijo, ni aconteciere, es palabra que Jehová no ha hablado; con presunción la habló el tal profeta; no tengas temor de él.

En 1976 y 1977, se marcharon de la Torre del Vigía más de un millón de testigos de Jehová, profundamente desilusionados con la organización que se proclamaba como la voz de Dios en la tierra, pero había demostrado una y otra vez ser un falso profeta.

La continuación bajo Franz y Henschel

Knorr, después de haber demostrado también que era un falso profeta, murió en 1977. En ese momento, quedó al frente de la organización un señor de avanzada edad llamado Frederick Franz, quien había sido su principal teólogo durante más de sesenta años. Franz murió a fines de 1992 a los noventa y ocho años. Sin embargo, la Torre del Vigía sigue su crecimiento, actualmente dirigida por Milton G. Henschel, quien tiene ya setenta y cuatro años de edad.

Rara es la puerta a la que no hayan tocado los testigos de Jehová más de una vez, y más raro aún es el testigo de Jehová que haya oído el mensaje del Evangelio en una de esas puertas, de labios del cristiano que vive en la casa. La razón es que testificarle a un testigo es una labor que dista mucho de ser sencilla. Es más fácil limitarse a cerrar la puerta y evitar la difícil tarea de abrirse paso a través de un laberinto de doctrinas desconcertantes. Tratemos de hacer un poco más sencilla esta tarea.

Cinco datos de importancia

Hay cinco datos importantes que debemos recordar acerca de los testigos de Jehová y la organización de la Torre del Vigía.

1. Ellos han aceptado a la organización como el profeta de Dios.
2. Han aceptado a la organización como el único canal de Dios para su verdad.
3. Creen que rechazar a la organización es rechazar a Dios.
4. Creen que solo la organización puede interpretar la Biblia; individualmente, no lo pueden hacer.
5. Creen que la revista *Atalaya* contiene la verdad de Dios, y es dirigida por Él a través de la organización.

El conflicto con el cristianismo

¿Qué enseñan la organización y la revista *Atalaya* que se halle en conflicto con el cristianismo ortodoxo?

1. Que Jesús es un ser creado; una criatura.
2. Que Jesús es en realidad el arcángel Miguel.
3. Que Jesús no resucitó corporalmente, sino como un ser espiritual.
4. Que Jesús regresó en forma invisible en 1914 (secretamente, a la organización).
5. Que Jesús solo era un hombre cuando estaba en la tierra; no "el Verbo hecho carne".
6. Que el Espíritu Santo solo es una fuerza activa, y no la Persona de Dios.
7. Que el infierno solo es la tumba.
8. Que las puertas del cielo solo están abiertas para ciento cuarenta y cuatro mil personas.
9. Que la mayoría de los testigos se deberán quedar en la tierra.
10. Que solo se halla la salvación por medio de la organización.
11. Que la salvación solo se puede mantener por medio de un enérgico trabajo a favor de la organización hasta el final, y entonces la persona podrá merecer la vida eterna en una tierra convertida en paraíso.
12. Que Satanás es el autor de la doctrina de la Trinidad.
13. Que a Jesús no se le puede rendir adoración, sino solo honor, como primera criatura de Jehová.

La negación de los puntos esenciales

Los testigos de Jehová no creen ni enseñan algunos de los principios más básicos de la doctrina cristiana. Niegan:

1. La Trinidad.
2. La divinidad de Cristo.

3. La resurrección corporal de Cristo.
4. El regreso visible de Cristo.
5. La Persona de Dios que es el Espíritu Santo.
6. La promesa del cielo para todos los creyentes.
7. La necesidad de que todos los creyentes nazcan de nuevo.
8. La Santa Cena para todos los creyentes (no solo los ciento cuarenta y cuatro mil).
9. La seguridad eterna del creyente.
10. El castigo eterno y consciente de los condenados.

La verdad de la Biblia

1. **Dios existe en una Trinidad de tres personas eternas e iguales.**

   Dentro de la naturaleza del Dios uno hay tres Personas eternas: Padre, Hijo y Espíritu Santo.

   El Padre:

   A todos los que estáis en Roma, amados de Dios, llamados a ser santos: Gracia y paz a vosotros, de Dios nuestro Padre y del Señor Jesucristo (Romanos 1:7).

   El Hijo:

   Entonces Tomás respondió y le dijo: ¡Señor mío, y Dios mío! (Juan 20:28).

   El Espíritu Santo:

   Y dijo Pedro: Ananías, ¿por qué llenó Satanás tu corazón para que mintieses al Espíritu Santo, y sustrajeses del precio de la heredad? Reteniéndola, ¿no se te quedaba a ti? y vendida, ¿no estaba en tu poder? ¿Por qué pusiste esto en tu corazón? No has mentido a los hombres, sino a Dios (Hechos 5:3, 4).

2. **Jesús es nada menos que Dios en carne humana.**

Porque en él habita corporalmente toda la plenitud de la Deidad (Colosenses 2:9).

3. **Dios Espíritu Santo es el tercer miembro de la Trinidad Santa.**

   Por tanto, id, y haced discípulos a todas las naciones, bautizándolos en el nombre del Padre, y del Hijo, y del Espíritu Santo (Mateo 28:19).

   Ministrando estos al Señor, y ayunando, dijo el Espíritu Santo: Apartadme a Bernabé y a Saulo para la obra a que los he llamado (Hechos 13:2).

4. **Jesucristo salió corporalmente de la tumba.**

   Dijeron luego los judíos: En cuarenta y seis años fue edificado este templo, ¿y tú en tres días lo levantarás? Mas él hablaba del templo de su cuerpo (Juan 2:20, 21).

   Mirad mis manos y mis pies, que yo mismo soy; palpad, y ved; porque un espíritu no tiene carne ni huesos, como veis que yo tengo (Lucas 24:39).

5. **Jesús viene de nuevo visiblemente para establecer su reino en la tierra.**

   Entonces aparecerá la señal del Hijo del Hombre en el cielo; y entonces lamentarán todas las tribus de la tierra, y verán al Hijo del Hombre viniendo sobre las nubes del cielo, con poder y gran gloria (Mateo 24:30).

   Pero recibiréis poder, cuando haya venido sobre vosotros el Espíritu Santo, y me seréis testigos en Jerusalén, en toda Judea, en Samaria, y hasta lo último de la tierra (Hechos 1:8).

   He aquí que viene con las nubes, y todo ojo le verá, y los que le traspasaron; y todos los linajes de la tierra harán lamentación por él. Sí, amén (Apocalipsis 1:7).

Realidades sobre doctrinas falsas

6. **La salvación se halla en la Persona de Jesucristo, y nos viene por medio de la fe en Él.**

   Cree en el Señor Jesucristo, y serás salvo, tú y tu casa (Hechos 16:31).

   Porque por gracia sois salvos por medio de la fe; y esto no de vosotros, pues es don de Dios; no por obras, para que nadie se gloríe (Efesios 2:8, 9).

7. **Se trata de la obra de Dios a favor del hombre, y no de una obra del hombre para Dios.**

   Pero cuando se manifestó la bondad de Dios nuestro Salvador, y su amor para con los hombres, nos salvó, no por obras de justicia que nosotros hubiéramos hecho, sino por su misericordia, por el lavamiento de la regeneración y por la renovación en el Espíritu Santo, el cual derramó en nosotros abundantemente por Jesucristo nuestro Salvador (Tito 3:4-6).

8. **Jesús fue y debe ser adorado**

   Ocho días después, estaban otra vez sus discípulos dentro, y con ellos Tomás. Llegó Jesús, estando las puertas cerradas, y se puso en medio y les dijo: Paz a vosotros. Luego dijo a Tomás: Pon aquí tu dedo, y mira mis manos; y acerca tu mano, y métela en mi costado; y no seas incrédulo, sino creyente. Entonces Tomás respondió y le dijo: ¡Señor mío, y Dios mío! (Juan 29:26-28).

   Y al ver la estrella, se regocijaron con muy grande gozo. Y al entrar en la casa, vieron al niño con su madre María, y postrándose, lo adoraron; y abriendo sus tesoros, le ofrecieron presentes: oro, incienso y mirra. Pero siendo avisados por revelación en sueños que no volviesen a Herodes, regresaron a su tierra por otro camino (Mateo 2:10-12).

Entonces los que estaban en la barca vinieron y le adoraron, diciendo: Verdaderamente eres Hijo de Dios (Mateo 14:33).

Para testificarle a un testigo

Necesitamos recordar que todo aquél que niegue la divinidad de Jesús y cargue con el gran peso de un espíritu de falsa religiosidad, tiene que pasar por muchos altibajos. Los verdaderos creyentes, que reciben poder de Dios Espíritu Santo que los acompaña, tienen a su alrededor una presencia constante de Dios que a veces parece actuar como un imán.

Cuando un miembro de la Torre del Vigía llega a su puerta y usted la abre, ¿en qué está pensando él? ¿Qué piensa cuando usted le habla del cristianismo?

En primer lugar, es imposible ofrecerle esperanza alguna con respecto al cielo, puesto que los testigos de Jehová enseñan y creen que solo ciento cuarenta y cuatro mil personas van a llegar al cielo, y lo más probable es que el visitante que usted tiene ante su puerta no sea uno de ellos.

Esta idea procede de Joseph Franklin Rutherford, el segundo presidente. En 1917, después de convertirse en presidente, estaba profetizando que el Armagedón estaba muy próximo. Para poder aumentar el número de miembros, les comenzó a decir a sus seguidores que solo ciento cuarenta y cuatro mil personas iban a llegar al cielo.

Los que iban de puerta en puerta les comenzaron a decir a los que trataban de atraer, que era mejor que se unieran a la Torre del Vigía antes de que fuera demasiado tarde, porque se acercaba el Armagedón y el cupo de los ciento cuarenta y cuatro mil se estaba llenando con rapidez.

Durante muchos años, los testigos predicaron esto. Sin embargo, en 1935 se encontraron con un problema terrible. En este año, la organización superó los ciento cuarenta y cuatro mil, se llenó el cielo y el Armagedón aún no se había producido.

La Torre del Vigía se hallaba en un dilema en cuanto a qué hacer con toda aquella gente extra. Rutherford salvó la situación cuando tuvo otra revelación de Dios en la que dijo que todo el que se hubiera convertido en testigo de Jehová antes de 1935 iría al cielo. Todo el que se hubiera convertido en testigo de Jehová *después* de 1935, se quedaría aquí en la tierra para vivir en un nuevo paraíso.

Por eso, cuando hablamos con la mayoría de los testigos de Jehová de hoy, encontramos que no tienen esperanza alguna de ir jamás al cielo. Así lo creen, porque lo dijo Rutherford.

La Trinidad torcida

Tal vez la doctrina más sectaria de los testigos de Jehová es la concerniente a Jesucristo y la Trinidad. Citemos lo que dicen sus propios libros sobre este tema.

> La justicia de Dios no permitió que Jesús, como rescate, fuera más que un hombre perfecto. Y ciertamente, no era el Dios todopoderoso supremo en la carne *(Sea Dios veraz,* página 87).

> Algunos insisten en que Jesús, cuando estaba en la tierra, era totalmente Dios y hombre. Esta teoría es errónea *(El arpa de Dios,* página 101).

> El Espíritu Santo no es una persona y, por consiguiente, no es uno de los Dioses de la Trinidad *(Sea Dios veraz,* página 81).

Los testigos cometen un error corriente al definir a la Trinidad como un conjunto de tres Dioses diferentes. Sin embargo, el cristianismo no es un politeísmo. Ellos van más allá aún, y dicen:

> La doctrina de la Trinidad no fue concebida por Jesús ni por los primeros cristianos... La verdad llana es que este es otro de los intentos de Satanás por impedir

que la persona que teme a Dios sepa la verdad sobre Jehová y su hijo Cristo Jesús (*Sea Dios veraz,* página 111).

Por consiguiente, la obvia conclusión es que Satanás es el originador de la doctrina de la Trinidad (*Sea Dios veraz,* página 101).

Acerca de la muerte y resurrección de Jesucristo, dicen:

> Fue matado como hombre, pero resucitó de entre los muertos como ser espiritual. Jesús hombre está muerto; muerto para siempre (*Estudios en las Escrituras,* volumen 5, página 450).

> Así que el Rey Cristo Jesús fue muerto en la carne y resucitado como una criatura espiritual invisible (*Sea Dios veraz,* página 138).

¿Qué podemos hacer con alguien que nos llega a la puerta del frente trayendo esta teología? ¿Cómo podemos compartir nuestra fe con una persona así?

Respuestas a algunas preguntas

Hace poco, una pareja de testigos de Jehová tocaron a la puerta de Ron. Después de los saludos de costumbre, Ron los invitó a entrar con la condición de que respondieran unas cuantas preguntas suyas acerca de los testigos de Jehová.

Ellos le dijeron que responderían con gusto cuantas preguntas él tuviera. Cuando se estaban sentando a la mesa de la cocina, Ron les dijo:

–En realidad, creo que solo tengo una pregunta. A lo largo de toda su literatura, ustedes dicen continuamente que en las Escrituras no se enseña la Trinidad.

–Así es –le respondió el mayor de los dos con una cálida sonrisa–. En ningún lugar de la Biblia se puede encontrar la palabra "trinidad".

Ron le replicó: –Pero la Palabra de Dios enseña la Trinidad por todas partes.

–Lo siento, pero en ningún lugar de la Biblia se encuentra la palabra "Trinidad".

Ron le respondió: –No se encuentra la palabra "trinidad", puesto que es un término latino. Significa "tres en la unidad de un". Sencillamente, es un término usado para describir lo que Dios nos ha revelado. Ustedes usan en su literatura la expresión "reino teocrático" más que ninguna otra. ¿Me pueden mostrar un solo lugar de la Biblia donde se halle esa expresión?

Después siguió: –Si ustedes dejan de usar la expresión "reino teocrático", yo dejo de usar la palabra "Trinidad".

El testigo de más edad hizo una pausa antes de responder.

–Pero la Trinidad no es racional; no se puede entender.

–Bueno –le respondió Ron–, ¿quién le dijo que algo no es real porque usted no lo puede entender? Permítame hacerle una pregunta: ¿Comprende usted completamente la formulación de Einstein, la base de su teoría de la relatividad? ¿La comprende por completo?

Los testigos miraron a Ron cautelosos y en silencio. Ron siguió: –Si le dicen a un profesor de física de la universidad que la comprenden, es probable que los suspenda, porque él mismo no la comprende. Sin embargo, les puedo garantizar que si estallara una bomba atómica fuera de esta casa en estos mismos momentos, ustedes tendrían una verificación científica inmediata de esta teoría, tanto si la entienden, como si no.

Ellos seguían silenciosos, así que Ron continuó hablando: –La cuestión no está en lo que pueda comprender nuestro cerebro con su kilo y tercio de peso. La cuestión es esta: ¿Qué ha decidido Dios revelarnos desde su perspectiva eterna e infinita con respecto a su propia naturaleza?

Ron hizo una pausa y miró a ambos hombres.

–Ustedes sí creen en la Biblia, ¿no es cierto?

–Sí, claro. Nosotros creemos en la Biblia –le respondieron.

En la Palabra

Ron ya se estaba entusiasmando con su tarea. Les contestó:
–¡Muy bien! ¿Por qué no vamos a la Palabra de Dios para ver lo que dice Dios acerca de la Trinidad? ¿Por qué no echan a un lado todas sus revistas y sus libros, y yo pongo de lado todos mis vocabularios, concordancias y diccionarios. ¿Por qué no vamos solo a la Palabra de Dios para ver lo que Dios dice?

El principal punto que niegan los testigos de Jehová y que se convierte para ellos en piedra de tropiezo, es la doctrina de la divinidad de Jesucristo. Por esa razón, necesitamos hablarles de ella concretamente.

Hay muchos pasajes que muestran con claridad la enseñanza de la divinidad de Jesucristo. A los testigos de Jehová les gusta más el Apocalipsis que ningún otro libro de la Biblia. Y puesto que a ellos les gusta tanto, sería bueno que usted lo usara con ellos.

Ron sacó su Biblia y sonrió. "Comencemos, y van a ver que se desarrolla algo muy interesante aquí", les prometió.

Buscó Apocalipsis 1:8:

> Yo soy el Alfa y la Omega, principio y fin, dice el Señor, el que es y que era y que ha de venir, el Todopoderoso.

Entonces les preguntó:
–¿Quién está hablando aquí? ¿Quién es el que dice "Yo soy el Alfa y la Omega"?

El más joven le respondió:
–Lo dice el Señor Dios, Jehová Dios.

–Absolutamente cierto –le contestó Ron–. Nosotros creemos que el Alfa y la Omega es Jehová Dios, tal como dice aquí –después siguió–: Vayamos ahora a Apocalipsis 21:5-7.

> Y el que estaba sentado en el trono dijo: He aquí, yo hago nuevas todas las cosas. Y me dijo: Escribe; porque estas palabras son fieles y verdaderas. Y me dijo: Hecho está. Yo soy el Alfa y la Omega, el principio y el fin. Al que tuviere sed, yo le daré gratuitamente de la fuente del agua de la vida. El que venciere heredará todas las cosas, y yo seré su Dios, y él será mi hijo.

—Aquí vemos de nuevo la identificación del Alfa y la Omega con Jehová Dios.

Los visitantes de la Torre del Vigía sonrieron ampliamente y estuvieron de acuerdo enseguida con Ron.

—Usted está totalmente en lo cierto —le dijo el de más edad—. Nosotros creemos que el Alfa y la Omega es Jehová Dios. Eso es lo que dice aquí.

—Pasemos ahora a Apocalipsis 22 —siguió diciendo Ron—, a partir del versículo 13.

> Yo soy el Alfa y la Omega, el principio y el fin, el primero y el último.

Una vez más, los visitantes respondieron que aquellos títulos se referían a Jehová Dios, como en Apocalipsis 1:8.

Ron siguió: —Hay un solo pasaje más. ¿Creen que me podrían ayudar con él?

—Sí —le dijeron—. Con todo gusto.

Ahora sonreían abiertamente, mientras Ron parecía haber captado su concepto sobre Jehová Dios.

Ron les dijo: —El pasaje es Apocalipsis 1:17, 18. ¿Me lo quieren leer?"

Ellos buscaron el versículo en su biblia de la Torre del Vigía, y el de mayor edad comenzó a leer.

> Cuando le vi, caí como muerto a sus pies. Y él puso su diestra sobre mí, diciéndome: No temas; yo soy el primero y el último (Apocalipsis 1:17).

Ron le dijo. –Deténgase ahí. Yo he estado tratando de averiguar quién es ese primero y último. Díganme quién es.

Ellos le contestaron: –Acabamos de ver quién es el primero y el último. El primero y el último es el Alfa y la Omega, Jehová Dios.

Ron les preguntó: –¿O sea, que ustedes sostienen que el primero y el último es Jehová Dios?

Ellos le contestaron: –Por supuesto que es Jehová Dios.

Ron dijo entonces: —Bueno, siga leyendo.

> Y el que vivo, y estuve muerto; mas he aquí que vivo por los siglos de los siglos, amén. Y tengo las llaves de la muerte y del Hades (Apocalipsis 1:18).

El silencio de la derrota

Después de aquello hubo un silencio.

Ron les preguntó entonces: –*¿Cuándo murió Jehová? ¿Cuándo murió Dios?*

Los hombres no le respondieron; solo se quedaron mirando en silencio a las Escrituras.

Por último, el que hablaba la mayor parte del tiempo dijo: –Nunca antes había visto *esto.*

–Bueno –respondió Ron–, ¿es su propia Biblia la que está usando, la publicada por la Torre del Vigía?

Él le dijo: –Bueno, sí, pero nunca había visto esto antes.

Ron le preguntó: –Pero díganme... ¿Cuándo murió Jehová?

Ellos se limitaron a seguir mirando el versículo.

Por fin, respondieron en voz baja: –Pero Jesús murió.

Ron les contestó: –Oh, ¿quieren decir entonces que Jesús es Jehová Dios?"

Ellos dijeron: –Pues no. No puede serlo.

–¿Por qué no? –les preguntó Ron.

—Bueno, si Jesús *es* Jehová Dios, eso cambiaría todo lo demás que hay en la Biblia; todo lo demás que creemos acerca de Él.

—¿Saben? Eso mismo estaba pensando yo —les contestó Ron.

El de mayor edad se levantó.

—Nos tenemos que marchar.

Ron le dijo: —Caballero, ¿me podría averiguar usted cuándo fue que Jehová murió? ¿Querría regresar a su salón del Reino y preguntarle a su supervisor cuándo murió Jehová? Cuando tenga la respuesta, ¿podría traer a sus líderes de la Torre del Vigía a mi casa, para que ellos me lo digan? Le estaría realmente agradecido.

No hace falta decir que nunca regresaron.

Toda rodilla se doblará

Jesucristo era ciento por ciento Dios y también ciento por ciento hombre. Los testigos de Jehová pueden aceptar la humanidad de Cristo, pero no están dispuestos a someterse a su divinidad. ¿Dónde los deja esto? El apóstol Pablo nos ayuda a aclarar este punto.

> Haya, pues, en vosotros este sentir que hubo también en Cristo Jesús, el cual, siendo en forma de Dios, no estimó el ser igual a Dios como cosa a que aferrarse, sino que se despojó a sí mismo, tomando forma de siervo, hecho semejante a los hombres; y estando en la condición de hombre, se humilló a sí mismo, haciéndose obediente hasta la muerte, y muerte de cruz.
>
> Por lo cual Dios también le exaltó hasta lo sumo, y le dio un nombre que es sobre todo nombre, para que en el nombre de Jesús se doble toda rodilla de los que están en los cielos, y en la tierra, y debajo de la tierra; y toda lengua confiese que Jesucristo es el Señor, para gloria de Dios Padre (Filipenses 2:5-11).

Pablo nos está diciendo aquí que aunque Jesucristo es eternamente Dios por naturaleza, no se aferró a sus prerrogativas como igual a Dios, sino que escogió humillarse y tomar carne humana. Cristo no abandonó su naturaleza divina. Sin embargo, mientras estaba en la tierra, decidió imponerse limitaciones a sí mismo de manera temporal en sus atributos divinos.

Mientras estaba en la tierra, Jesucristo escogió no ser omnisciente. Escogió no ser omnipotente, y escogió vivir como hombre, y someterse por completo a la voluntad del Padre en la tierra. Cuando murió en la cruz, era el sacrificio perfecto, el sacrificio infinito, el cordero eterno de Dios que derramó su sangre de una vez y para siempre, para la remisión de nuestros pecados.

Un día, todas las personas, incluso aquellas que han perpetuado flagrantes herejías sobre Cristo, tendrán que encontrarse con el Maestro. En aquel día, toda rodilla se doblará, tanto en el cielo como en la tierra, y debajo de la tierra, y toda lengua confesará que Jesucristo es Señor, para la gloria de Dios Padre.

Tanto si es ante la mesa del banquete del gozo en los cielos, como si es en el juicio del Gran Trono Blanco para los condenados, *toda rodilla se doblará.*

Le damos gracias a Dios por Jesucristo, quien tomó nuestro pecado y lo clavó en la cruz, cubriéndolo con la sangre derramada por Él mismo como pago infinito. Le damos gracias al Señor por el Espíritu Santo, quien viene a vivir en nosotros y nos da una vida nueva. ¡A Dios sean el honor, la gloria y la alabanza!

9

Realidades sobre...

Jesús y las sectas

No es nada que nos deba sorprender. Jesús habló de este asunto, y los discípulos le hicieron preguntas acerca de él. Se halla en la Palabra de Dios para que nosotros lo leamos y lo estudiemos.

> Y estando él sentado en el monte de los Olivos, los discípulos se le acercaron aparte, diciendo: Dinos, ¿cuándo serán estas cosas, y qué señal habrá de tu venida, y del fin del siglo? Respondiendo Jesús, les dijo: Mirad que nadie os engañe. Porque vendrán muchos en mi nombre, diciendo: Yo soy el Cristo; y a muchos engañarán. Y oiréis de guerras y rumores de guerras; mirad que no os turbéis, porque es necesario que todo esto acontezca; pero aún no es el fin. Porque se levantará nación contra nación, y reino contra reino; y habrá pestes, y hambres, y terremotos en diferentes lugares. Y todo esto será principio de dolores (Mateo 24:3-8).

Jesús les dijo a sus discípulos que su venida se produciría en medio de unos tiempos en los cuales muchos falsos cristos estarían engañando a muchas personas. Sin embargo, es frecuente que se haga esta misma pregunta hoy: ¿Cómo vamos a saber cuándo regresará Jesucristo? ¿Cuáles serán las señales de su segunda venida?

Jesús prometió que regresaría, y nos dio algunas pistas acerca de este regreso suyo.

En 1984 y 1985, Ron vivía con su familia en las islas Filipinas, donde eran misioneros. Durante esos dos años, habló por todo el país, viajando por sus numerosas islas. Con frecuencia compartía con los filipinos un relato que todos ellos recordaban.

¡Volveré!

La mayoría de la gente no sabe que al mismo tiempo que bombardeaban Pearl Harbor el 7 de diciembre de 1941, los japoneses también estaban bombardeando la base Clark de la Fuerza Aérea estadounidense, al norte de Manila. El general Douglas MacArthur, quien estaba estacionado en Manila en esos momentos, se vio forzado a abandonar las islas e ir por avión hasta Australia para ayudar en el plan de guerra aliado para el sur del Pacífico.

Pero MacArthur le lanzó por radio un estremecedor mensaje al pueblo de las Filipinas: "¡Volveré!" Ron lo presenta de esta forma: "¿Si usted les habla a los filipinos que vivían durante la Segunda Guerra Mundial, ellos le dirán que vivían con la esperanza que les daban esas palabras. Sabían que si MacArthur había prometido que volvería, cumpliría su promesa". En 1944, MacArthur cumplió su promesa y liberó a las islas Filipinas.

De igual manera, el Señor Jesucristo dijo: "Volveré". Pero sus discípulos querían conocer las *señales* de su segunda venida. Leer estos textos de las Escrituras es como leer el periódico de hoy, puesto que hablan de guerras y rumores de guerras de nación contra nación, y hablan también de terremotos y hambres en muchos lugares. Observe que Jesús menciona el surgimiento de falsos cristos como la primera señal de los últimos días.

En esa misma conversación con sus discípulos, Jesús regresa dos veces al mismo tema. En Mateo 24:11, afirma: "Y muchos falsos profetas se levantarán, y engañarán a muchos?" Al terminar estas observaciones, dice de nuevo:

Entonces, si alguno os dijere: Mirad, aquí está el Cristo, o mirad, allí está, no lo creáis.

> Porque se levantarán falsos Cristos, y falsos profetas, y harán grandes señales y prodigios, de tal manera que engañarán, si fuere posible, aun a los escogidos. Ya os lo he dicho antes (Mateo 24:23-25).

Hoy estamos viendo el cumplimiento de estas advertencias como nunca antes. Por ejemplo, hace poco, el reverendo Sun Myung Moon, fundador de la Iglesia de Unificación, tuvo una conferencia en San Francisco, durante la cual declaró que él es el Mesías, y que es la segunda venida de Jesucristo.

Cuando estudiamos la historia de las sectas en Estados Unidos, nos damos cuenta de que hace siglo y medio solo teníamos unos cuantos miles de personas en las sectas. En cambio, ahora tenemos mil *sectas* diferentes, con unos veinticinco a treinta millones de seguidores, y el número sigue creciendo. Se ha producido una verdadera explosión de falsos cristos y falsos profetas.

La prueba de los maestros

Hay una manera de probar a estos falsos cristos y falsos maestros. La Palabra de Dios establece lo siguiente:

> Toda la Escritura es inspirada por Dios, y útil para enseñar, para redargüir, para corregir, para instruir en justicia, a fin de que el hombre de Dios sea perfecto, enteramente preparado para toda buena obra (2 Timoteo 3:16, 17).

En el capítulo 4 de esta misma epístola, Pablo nos exhorta de esta manera:

> Te encarezco delante de Dios y del Señor Jesucristo, que juzgará a los vivos y a los muertos en su manifestación

y en su reino, que prediques la palabra; que instes a tiempo y fuera de tiempo; redarguye, reprende, exhorta con toda paciencia y doctrina. Porque vendrá tiempo cuando no sufrirán la sana doctrina, sino que teniendo comezón de oír, se amontonarán maestros conforme a sus propias concupiscencias, y apartarán de la verdad el oído y se volverán a las fábulas (2 Timoteo 4:1-4).

Hoy en día estamos viendo producirse este fenómeno como nunca antes. La gente se está apartando de la doctrina sana y de la verdad que contienen las palabras de Dios, para creer en todo tipo de cristos, mitos y aberraciones fabricados por los hombres.

En realidad, la idea de "secta" captó la atención de muchas personas por vez primera en noviembre de 1978. Los periódicos traían ese día una historia de horror increíble. Los titulares anunciaban en el mundo entero: "Novecientos trece estadounidenses se suicidan en masa en Jonestown, Guyana".

La revista *Time* relata la historia de la "secta de la muerte", acerca de un hombre llamado Jim Jones, quien había comenzado como ministro cristiano legítimo en Indiana. Se trasladó a San Francisco, y allí se estableció como la voz de Dios en la tierra. Comenzó lo que llamó "el Templo del Pueblo", y terminó llevando a sus seguidores a la Guyana, en América del Sur.

Allí, afirmó ser el mismo Jesucristo. Convenció de tal manera a aquella gente de que era la voz de Dios en la tierra, que cuando les dijo que tomaran vasos de cartón y los sumergieran en un depósito de Flavoraid envenenado con sabor de uva, novecientos estadounidenses metieron su vaso en el depósito, les dieron el veneno a sus bebés y a sus demás hijos, y después lo bebieron ellos mismos.

Aquella semana, la cubierta de la revista *Newsweek* presentaba los cadáveres ya hinchados de los novecientos estadounidenses, tendidos en aquel lugar de las selvas tropicales suramericanas. La gente decía: "No lo puedo creer. ¿Cómo es posible que haya sucedido? ¿Cómo es posible que novecientos estadounidenses hayan seguido a un hombre y se hayan suicidado en masa?"

El comandante de las fuerzas estadounidenses que tuvo la responsabilidad de ir a Jonestown, limpiar el campamento y volver con los cadáveres para sepultarlos en su tierra, era cristiano. Cuando regresó a la base Dover de la Fuerza Aérea con los cuerpos, tuvo una conferencia de prensa. Nunca olvidaremos una de las cosas que dijo: "Lo que más me interesó de Jonestown es que, cuando limpiamos el campamento, no encontramos una sola Biblia en todo Jonestown".

Jim Jones había reemplazado tan eficazmente a la Biblia con sus propias enseñanzas y teologías de fabricación humana; tenía tan convencida a aquella gente de que él era la voz de Dios en la tierra, que cuando les dijo que bebieran el veneno, lo hicieron. Si usted cree que algún hombre u organización es la voz de Dios, el profeta de Dios en la tierra, ¿quién es usted para poner en tela de juicio a la voz de Dios en la tierra?

Le queremos dar una breve visión general de las sectas en este capítulo. En realidad, hay cuatro categorías de sectas que prevalecen hoy en el mundo occidental. Son:

1. Sectas seudocristianas.

2. Sectas orientales.

3. Sectas de la Nueva Era.

4. Sectas espiritistas u ocultistas.

Las sectas seudocristianas

Durante el siglo y medio pasado, la definición clásica de una secta ha tenido que ver con este primer grupo de sectas falsamente cristianas. Son organizaciones o movimientos religiosos que se proclaman cristianos y afirman creer en la

Biblia. Sin embargo, en lugar de edificar su teología y sus enseñanzas sobre la Biblia, la Palabra de Dios, afirman tener una "nueva revelación" o enseñanza hecha por hombres, que es superior a la Biblia. Al interpretar la Biblia a través del tamiz de su revelación o enseñanza particular, estos grupos terminan negando las doctrinas centrales del cristianismo bíblico, ortodoxo e histórico. Las perversiones claves de estas sectas siempre se relacionan con las cuestiones centrales de la teología; en concreto, las doctrinas sobre Dios, Jesucristo y la salvación.

Se consideran sectas estos grupos, porque tratan de falsificar el cristianismo bíblico. Las falsificaciones engañan por su apariencia externa. Como el dinero falso, las sectas quieren tener el aspecto de genuinas, sin que nadie pueda detectar su falsedad. Precisamente es esto lo que engaña a tanta gente cuando se relaciona con uno de estos grupos. Estas sectas usan terminología cristiana para parecer cristiana, pero les dan una definición distinta a los términos para que se ajusten a su propia teología, hechura de hombres.

La definición de los términos es clave para la comprensión de la forma en que engañan las sectas. Para ilustrar este concepto, tome un frasco de mayonesa del refrigerador y vacíelo de todo su contenido. Después, reemplace el contenido con grasa Crisco. Vuelva a taparlo y póngalo de nuevo en el refrigerador. La próxima persona que vaya a sacar una cucharada de mayonesa, va a ver un frasco que dice "mayonesa", pero cuando se la coma, se va a atragantar.

Las sectas seudocristianas, lo que han hecho esencialmente es vaciar al cristianismo bíblico de todo su contenido teológico. Han reemplazado este contenido con una teología pervertida fabricada por ellas mismas, y después la han extendido con palabras y terminología cristianas, para que tengan el aspecto de cristianas. Ahora venden su producto como una nueva revelación de Dios. Mucha gente compra ingenuamente la envoltura externa, sin examinar primero el contenido y la esencia del paquete. Esto puede ser mortal para la salud espiritual y, en última instancia, para el destino eterno de la persona.

Entre estas organizaciones se hallan la Sociedad de biblias y tratados de la Torre del Vigía (conocida como "testigos de Jehová") y la Iglesia de Jesucristo de los Santos de los Últimos Días (conocida como "mormones"). También se incluyen entre ellas Mary Baker Eddy y su grupo (conocido como Ciencia Cristiana), y la revista *La Pura Verdad,* de la Iglesia Mundial de Dios, en Pasadena, California.

También hay otros grupos, como la Iglesia de Unificación, El Camino Internacional, la Unidad y muchas otras organizaciones. Todas ellas se proclaman cristianas y afirman creer en la Biblia, pero en lugar de edificar sus enseñanzas a partir de lo que Dios ha revelado, proclaman tener una revelación nueva y unas enseñanzas hechas por hombres que, según ellos, reemplazan a la Biblia.

Estos grupos interpretan la Biblia a través de sus propias revelaciones o enseñanzas, y terminan negando las doctrinas básicas y las creencias centrales del cristianismo bíblico histórico. Usan el término "Jesucristo", pero le dan una nueva definición para que se ajuste a su propia teología.

Por ejemplo, si usted va a un Salón de lectura de la Ciencia Cristiana y pregunta: "¿Creen ustedes en la Trinidad?", los seguidores de esta doctrina le contestarán: "¿Por supuesto que sí!?" Entonces le dirán que la Trinidad está formada por tres principios éticos: vida, verdad y amor. En otras palabras, usan expresiones cristianas para hacer pensar a los demás que ellos son cristianos, y entonces les dan una definición distinta a estas palabras para que se ajusten a su propia teología.

Si usted le pregunta a un misionero mormón: "¿Cree usted en Jesucristo?", le va a responder: "Por supuesto. Aquí llevo puesta una tarjeta con mi nombre, donde dice que somos la Iglesia de Jesucristo." Pero si usted le pregunta a ese mormón quién es Jesucristo en realidad, descubrirá que ellos creen que Jesucristo es el hermano de Lucifer, y que solo es un dios dentro de todo un panteón de dioses. Los mormones son politeístas; creen que hay millones de dioses. Niegan el nacimiento virginal de Cristo, y enseñan que nació por medio de relaciones físicas sexuales entre Dios, que es físicamente hombre, y María.

La misma historia se repite, con detalles ligeramente distintos, en todas las sectas. Su Jesús se parece al verdadero Jesús solo en la superficie. Profundice un poco, y va a ver surgir otro de esos falsos cristos. Al tratar con las sectas, *es necesario que usted defina su terminología.* ¿Qué quiere decir usted cuando habla acerca de Dios? ¿Qué quiere decir cuando habla de Jesucristo? ¿Qué quiere decir cuando habla de la salvación?

Las sectas orientales

La segunda clase de sectas está formada por las orientales. Son las sectas que tienen su base en la filosofía oriental, concretamente en el hinduismo y el budismo. Entre ellas se hallan el movimiento Hare Krishna (o conciencia de Krishna), la Misión de la Luz Divina, la Meditación Trascendental, el Yoga, el Zen y muchas otras. Es interesante observar que, al mismo tiempo que las sectas de Estados Unidos van al Asia, las sectas del Asia están llegando a los Estados Unidos.

Básicamente, todas las sectas orientales enseñan un panteísmo hindú: todos formamos parte de un universo impersonal, al que ellos llaman Dios. Dicen que las personas sufren en la vida, porque piensan que son seres personales. En el hinduismo y el budismo, el pensamiento y el sentimiento personal son ilusiones. El mundo también es una ilusión, y para librarnos del sufrimiento, debemos librarnos del mundo personal y físico, que no es real. Debemos trascenderlo por medio de la Meditación Trascendental, o de la meditación del Yoga, para convertirnos en parte del universo impersonal.

Necesitamos comprender algo: Un "universo impersonal" nunca ha amado a nadie, ni se ha preocupado por nadie. *Solo un Creador personal ama a su creación y se interesa en ella.* El mundo en general no es capaz de aceptar esta sencilla teología. Quieren que la respuesta se halle bajo su control, dentro de los límites de su entendimiento; dentro de ellos mismos. Y a los dioses falsos con los que ellos juegan, les gustan las cosas así.

Las sectas de la Nueva Era

A las sectas de la Nueva Era se les da a veces el nombre de movimiento del Potencial Humano. Estos grupos combinan la filosofía oriental con el humanismo occidental, y los mezclan con el ocultismo, para enseñar que el ser humano ha evolucionado físicamente como animal en la primera etapa de la vida. Dicen que estamos en el umbral de una Nueva Era, la Era de Acuario, y que en esta Nueva Era, el hombre continuará su evolución espiritual para alcanzar su propia naturaleza divina.

El movimiento de la Nueva Era combina tres filosofías principales dentro de una nueva cosmovisión holista de la cual se espera que inaugure el próximo siglo y la Era de Acuario.

Este movimiento combina los elementos siguientes:

Humanismo secular occidental:
- No hay un Dios o Creador personal
- La evolución
- El hombre es supremo
- El hombre es básicamente bueno
- El ser humano tiene potencial para convertirse en un dios

El misticismo oriental hindú:

- El panteísmo
- Somos uno con la naturaleza
- Formamos parte de un cosmos impersonal
- El Yoga, la Meditación Trascendental
- La reencarnación

El ocultismo:

- Espiritismo
- Canalización
- Espíritus guía
- Astrología
- Cristales
- Manipulación de las fuerzas cósmicas

El movimiento de la Nueva Era combina estas filosofías para formar la rebelión definitiva contra Dios, el Creador. El hombre se quiere salvar a sí mismo, y convertirse en Dios en la nueva Era. Este movimiento recibe su poder de "espíritus engañadores y doctrinas de demonios" (1 Timoteo 4:1).

La mentira más antigua que recoge la Biblia es la que tiene que ver con el afán de convertirse en Dios. En el huerto del Edén, la serpiente les dijo a Adán y Eva: "Coman de ese fruto. Ustedes se pueden convertir en dioses." ¿Verdad que es interesante que Satanás no haya cambiado? Aún le sigue haciendo propaganda a la misma mentira de siempre, que disfraza con términos nuevos y ofrece como nueva revelación.

Este es el clamor de las sectas, desde la Nueva Era hasta el mormonismo: "¡Tú mismo te puedes convertir en Dios!" Es la mentira definitiva, el pecado definitivo: el hombre queriendo convertirse él mismo en Dios.

Sin embargo, como la gente no encuentra lo que está buscando en su propia deidad, muchos se han pasado a una cuarta categoría, la de las sectas espiritistas.

Las sectas espiritistas

Esta clase de sectas se extiende por todo el universo de las tinieblas, incluyendo la astrología, las cartas tarot, la quiromancia, la numerología, la brujería, el satanismo, las sesiones espiritistas, la clarividencia y la canalización.

Pablo nos advirtió que en los últimos días antes de la segunda venida de Cristo, veríamos levantarse estos males.

> Pero el Espíritu dice claramente que en los postreros tiempos algunos apostatarán de la fe, escuchando a espíritus engañadores y a doctrinas de demonios. (1 Timoteo 4:1).

Ciertamente, estamos viendo el cumplimiento de este texto de las Escrituras hoy, en la década de los noventa, como nunca antes.

Es probable que no haya texto alguno de las Escrituras que se centre más en estas prácticas, que el Deuteronomio:

> Cuando entres a la tierra que Jehová tu Dios te da, no aprenderás a hacer según las abominaciones de aquellas naciones. No sea hallado en ti quien haga pasar a su hijo o a su hija por el fuego, ni quien practique adivinación, ni agorero, ni sortílego, ni hechicero, ni encantador, ni adivino, ni mago, ni quien consulte a los muertos. Porque es abominación para con Jehová cualquiera que hace estas cosas, y por estas abominaciones Jehová tu Dios echa estas naciones de delante de ti. Perfecto serás delante de Jehová tu Dios. Porque estas naciones que vas a heredar, a agoreros y a adivinos oyen; mas a ti no te ha permitido esto Jehová tu Dios (Deuteronomio 18:9-14).

En Judas 3 se nos dice que contendamos por la fe que fue encomendada a los santos de una vez por todas. Eso es lo que debemos hacer al relacionarnos con las sectas. Pablo le advirtió estos mismos peligros a la iglesia de Corinto.

> Porque os celo con celo de Dios; pues os he desposado con un solo esposo, para presentaros como una virgen pura a Cristo. Pero temo que como la serpiente con su astucia engañó a Eva, vuestros sentidos sean de alguna manera extraviados de la sincera fidelidad a Cristo. Porque si viene alguno predicando a otro Jesús que el que os hemos predicado, o si recibís otro espíritu que el que habéis recibido, u otro evangelio que el que habéis aceptado, bien lo toleráis... Porque estos son falsos apóstoles, obreros fraudulentos, que se disfrazan como apóstoles de Cristo. Y no es maravilla, porque el mismo Satanás se disfraza como ángel de luz. Así que, no es extraño si también sus ministros se disfrazan como ministros de justicia; cuyo fin será conforme a sus obras (2 Corintios 11:1- 4, 13-15).

Pablo insiste en la posibilidad de que *nuestros sentidos sean extraviados de alguna forma*. Lo que dice es esto: "Temo por ustedes, cristianos, porque van a venir otro Jesús, otro evangelio y otro espíritu, falsificaciones que les van a traer falsos apóstoles que se disfrazan para parecer cristianos. Así que no se sorprendan, puesto que el mismo Satanás se disfrazó como ángel de luz."

¿Qué hay encima del Templo Mormón, en Salt Lake City? En el punto más alto se halla Moroni, el ángel de luz, que le dijo a Joseph Smith que todas las enseñanzas del cristianismo son una abominación, y que él se podía convertir en Dios.

Es interesante observar cuántas sectas han comenzado con alguien que recibe una revelación procedente de un ángel de luz. Hoy en día hay mil millones de personas que siguen el Islam, porque un hombre llamado Mahoma proclamó que había recibido unas revelaciones de un ángel de luz, el cual le dijo que Jesucristo no era Dios; que Jesucristo no había muerto en una cruz por los pecados del hombre, y que el hombre se puede salvar a sí mismo, cumpliendo con su ley.

El Jesús de las sectas

Hay una verdadera variedad increíble de jesucristos que se le sirven hoy al público. Jesús nos advirtió esto, y también lo hizo Pablo, y hoy los tenemos por centenares. (Y hasta por millones, si vamos a creer el pronunciamiento de Shirley MacLaine, según el cual todos somos jesucristos).

¿Quién es el Jesús de los testigos de Jehová? Es el arcángel Miguel. Fue lo primero creado por Dios, vino a la tierra como hombre, murió en un poste y resucitó de manera invisible como fantasma.

Los mormones dicen que Jesús solo era un dios, dentro de un panteón de dioses. Es el hermano de Satanás, y la cruz y la sangre de Cristo son tonterías.

Mary Baker Eddy enseñaba en la Ciencia Cristiana que Jesús solo era una agradable idea divina.

Herbert W. Armstrong, fundador de la Iglesia Mundial de Dios, dice que Jesús fue el primer hombre que se perfeccionó a sí mismo, y ahora es nuestro ejemplo sobre la forma de perfeccionarnos a nosotros mismos, a base de ser miembros de la iglesia fundada por el propio Armstrong (diezmando hasta el treinta por ciento para ella).

Sun Myung Moon y la Iglesia de Unificación dicen que Jesús fue un hombre que fracasó, y que Sun Myung Moon es la segunda venida de Jesucristo.

Los Bahai afirman que Jesús es una de las nueve grandes manifestaciones del mundo. Dicen que no importa en qué religión uno crea, puesto que todas las religiones son básicamente la misma.

El Templo Bahai de Evanston, Illinois, tiene nueve lados, y cada uno de esos lados representa una de las religiones del mundo. Dicen que no importa por qué puerta uno entre, puesto que todas las religiones son básicamente la misma. En las paredes hay grandes letreros que dicen: ¿Todas las religiones enseñan la misma cosa acerca de Dios?

Los Unitarios dicen que Jesús era un buen hombre, pero sus seguidores lo divinizaron equivocadamente.

Los espiritistas dicen que Jesús es un médium avanzado en la sexta esfera de la proyección astrológica.

Los rosacruces afirman que Jesús es una manifestación de la conciencia cósmica.

Maharishi y la Meditación Trascendental dicen que Jesús era un gurú iluminado que nunca sufrió ni murió por nadie.

El Jesús de las sectas no es el Jesús de la Biblia. Ellos tienen a otro Jesús, una falsificación; un Cristo falso que no puede salvar a nadie.

Conocer al Jesús real

¿Quién es el Jesucristo real? Esa es la pregunta definitiva.

Amados, no creáis a todo espíritu, sino probad los espíritus si son de Dios; porque muchos falsos profetas han salido por el mundo. En esto conoced el Espíritu de Dios: Todo espíritu que confiesa que Jesucristo ha venido en carne, es de Dios; y todo espíritu que no confiesa que Jesucristo ha venido en carne, no es de Dios; y este es el espíritu del anticristo, el cual vosotros habéis oído que viene, y que ahora ya está en el mundo (1 Juan 4:1-3).

Juan dice que pongamos a prueba a esta gente. ¿Confiesan que Jesucristo vino en la carne? Si niegan este hecho, entonces son del anticristo. Muchas sectas creen que su Jesús particular estaba "en la carne", pero Juan ya nos había dicho en su evangelio quién era aquel ser único que había venido en la carne.

Su evangelio comienza con la clara proclamación de que Dios tomó carne humana y se convirtió en Dios encarnado.

En el principio era el Verbo, y el Verbo era con Dios, *y el Verbo era Dios.*

> *Y aquel Verbo fue hecho carne*, y habitó entre nosotros (y vimos su gloria, gloria como del unigénito del Padre), lleno de gracia y de verdad (Juan 1:1, 14).

Las sectas tienen otro evangelio; un evangelio que esclaviza al ser humano a un sistema fabricado por hombres, en su esfuerzo por ganarse su salvación sin contar con Jesucristo. Pero Jesucristo mismo es el camino, la verdad y la vida. Nadie viene al Padre, sino por Él (Juan 14:6).

En Hechos 4:12 dice: "Y en ningún otro hay salvación; porque no hay otro nombre bajo el cielo, dado a los hombres, en que podamos ser salvos". La salvación no es un sistema u organización de creación humana, sino que es un don de Dios. Nos fue comprada y pagada por el Cordero eterno de Dios, Jesucristo, quien fue el sacrificio infinito. Él fue quien derramó su sangre en la cruz por una cantidad infinita de pecados, para que nosotros nos pudiéramos acercar por fe a recibir la salvación, que es don gratuito suyo. Por eso lo llamamos "buenas nuevas". Es el verdadero poder del mismo Dios, puesto a la disposición de todos y cada uno de nosotros.

10

Realidades sobre...

El mesías coreano: Sun Myung Moon y la Iglesia de la Unificación

Un titular del *San Francisco Chronicle* decía el 17 de agosto de 1990: "El Rvdo. Moon dice que él es el mesías". El artículo explicaba: "Rodeado de una ecléctica colección de swamis, eruditos, lamas e imanes, el Rvdo. Sun Myung Moon se proclamó ayer como el nuevo mesías del mundo".

Moon, el controversial fundador coreano de la Iglesia de la Unificación, hizo este pronunciamiento en la sesión inaugural de su Asamblea de las Religiones del Mundo, una lujosa conferencia con todos los gastos pagados cuyos gastos corrieron por cuenta de Moon y que se celebró en el hotel Airport Hyatt Regency de San Francisco.

Dijo este dirigente que el mundo necesita hallar su "verdadero padre" y librarse de la influencia de Satanás. "Esta persona es el mesías", dijo Moon. "Para ayudar a cumplir este propósito precisamente, he sido llamado yo por Dios".

Según la doctrina de la Iglesia de la Unificación, Jesús fracasó en su misión y debe ser suplantado por un segundo mesías, este nacido en Corea.

Preguntas y respuestas

En Mateo 24, los discípulos se acercaron a Jesús y le hicieron una pregunta que los tenía perplejos. Estaba sentado en el monte de los Olivos, y los discípulos se le acercaron en privado para preguntarle: "Dinos, ¿cuándo serán estas cosas, y qué señal habrá de tu venida, y del fin del siglo?" (versículo 3).

Estas mismas preguntas han estado presentes en la mente de muchas personas de hoy. Aún queremos saber cuándo va a regresar Jesús. Nos seguimos preguntando cuáles van a ser las señales de su segunda venida.

Jesús respondió a las preguntas de los discípulos, diciéndoles:

> Mirad que nadie os engañe. Porque vendrán muchos en mi nombre, diciendo: Yo soy el Cristo; y a muchos engañarán (Mateo 24:4, 5).

> Muchos tropezarán entonces, y se entregarán unos a otros, y unos a otros se aborrecerán. Y muchos falsos profetas se levantarán, y engañarán a muchos (Mateo 24:10, 11).

> Entonces, si alguno os dijere: Mirad, aquí está el Cristo, o mirad, allí está, no lo creáis. Porque se levantarán falsos Cristos, y falsos profetas, y harán grandes señales y prodigios, de tal manera que engañarán, si fuere posible, aun a los escogidos. Ya os lo he dicho antes. Así que, si os dijeren: Mirad, está en el desierto, no salgáis; o mirad, está en los aposentos, no lo creáis. Porque como el relámpago que sale del oriente y se muestra hasta el occidente, así será también la venida del Hijo del Hombre. Porque dondequiera que estuviere el cuerpo muerto, allí se juntarán las águilas (Mateo 24:23-28).

En tres ocasiones, en su discurso relacionado con los últimos días anteriores a su regreso, Jesús nos advierte que en esos días aparecerían muchos falsos cristos y falsos profetas. Serían engañadores poderosos, que descarriarían a muchos.

Hoy estamos viendo este fenómeno a una escala sin precedentes. Estamos viendo sectas y nuevas personalidades religiosas que se levantan como nunca antes. Tal vez se deba al advenimiento de la era electrónica en la que vivimos, pero lo más probable es que se deba a que nos estamos moviendo a la velocidad de la luz hacia el final de la era, tal como lo describió el propio Cristo.

En este capítulo vamos a hablar de uno de los más evidentes entre los falsos profetas; alguien que es el epítome de las características clásicas de los falsos profetas que afirman ser el Cristo.

Busquemos en las fuentes

El reverendo Sun Myung Moon imparte los secretos de su divinidad y de su teología en dos fuentes sobre todo. Una de ellas es *El principio divino,* que es su libro sagrado, publicado en 1967. La otra es una obra conocida como *Habla el Maestro,* en la cual aparecen publicados los sermones que él ha pronunciado. Este libro es enviado a los centros que Moon tiene en todo el mundo.

Para poder comprender que Sun Myung Moon es realmente uno de aquellos sobre los que nos advirtió Cristo, necesitamos ver el texto de algunas de sus propias conferencias.

> Yo soy la encarnación de Dios; todo el mundo está en mis manos, y voy a conquistarlo y someterlo. Dios está desechando ahora al cristianismo, y está estableciendo una nueva religión, y esta nueva religión es la Iglesia de la Unificación. Todos los cristianos del mundo están destinados a ser absorbidos por nuestro movimiento.

Realidades sobre doctrinas falsas

En la historia pasada de la humanidad ha habido santos, profetas y muchos líderes religiosos. Pero este Maestro Moon es más que cualquiera de esas personas; es mayor que el mismo Jesús... Yo soy un pensador; soy el cerebro de ustedes. Cuando usted unen su esfuerzo al mío, lo pueden hacer todo en una obediencia total a mí, porque lo que yo estoy haciendo, no es hecho al azar, sino que lo que estoy haciendo se halla bajo las órdenes de Dios. No hay queja ni objeción contra nada de lo que se está haciendo aquí, hasta que hayamos establecido el Reino de Dios en la tierra. ¡Hasta el mismo final, no puede haber quejas de ninguna clase!

Quiero tener bajo mi persona a unos miembros que estén dispuestos a obedecerme, aunque tengan que desobedecer a sus propios padres, y a los presidentes de sus propias naciones. Y si gano la mitad de la población mundial, puedo volver al revés a todo el mundo (citado en *Time*, 14 de junio de 1976.

Moon no es un profeta o dictador común y corriente entre tantos otros. Moon está aquí para establecer una unificación a nivel mundial, y entonces él mismo, como representante directo de Dios, va a gobernar ese mundo unificado.

La gran obra de Moon, según él mismo ha dicho, es "edificar el reino de Dios en la tierra". Esto es lo que proclama: "El mundo entero está en mis manos, y yo lo voy a conquistar y someter".

Este nuevo reino no va a ser judío, musulmán ni cristiano. No va a ser coreano ni estadounidense, sino que va a ser una religión mundial y un gobierno mundial bajo el control total de Moon. Esta es su misión divina, y la de todos los seguidores de la fe de Unificación.

Durante el bicentenario de los Estados Unidos, Moon celebró una gigantesca reunión en el Yankee Stadium de la ciudad de Nueva York, donde proclamó que iba a iniciar la Nueva Era y el Reino de Dios.

Aquel día, comenzó su sermón con estas palabras:

> Damas y caballeros, si hay enfermedad en su hogar, ¿no necesitan un médico que venga de fuera? Dios me ha enviado a los Estados Unidos en el papel de médico y en el papel de bombero. Durante los últimos tres años le he estado enseñando con todo el corazón y el alma a la juventud estadounidense una nueva revelación procedente de Dios.

La nueva revelación

No solo necesitamos examinar quién en Sun Myung Moon, sino también esta nueva revelación que Moon afirma estar enseñando a la juventud estadounidense.

En Gálatas, Pablo habla de la llegada de Sun Myung Moon.

> Estoy maravillado de que tan pronto os hayáis alejado del que os llamó por la gracia de Cristo, para seguir un evangelio diferente. No que haya otro, sino que hay algunos que os perturban y quieren pervertir el evangelio de Cristo. Mas si aun nosotros, o un ángel del cielo, os anunciare otro evangelio diferente del que os hemos anunciado, sea anatema. Como antes hemos dicho, también ahora lo repito: Si alguno os predica diferente evangelio del que habéis recibido, sea anatema (Gálatas 1:6-9).

Pablo usa aquí el término griego más fuerte que puede: *Anatema; bajo la maldición de Dios.* Sun Myung Moon trae una nueva revelación, un falso evangelio. Como vamos a ver, esto es una maldición ante los ojos de Dios.

Sun Myung Moon afirma que su organización, conocida como la Iglesia de la Unificación, tiene unos seiscientos mil miembros en el mundo entero. La mayoría de estas personas están en Corea y japón, aunque afirma tener más de treinta mil miembros en los Estados Unidos.

Aunque el número no sea muy grande, los "moonies" han adquirido una notable fama en la prensa nacional por su costumbre de importunar a las personas en las esquinas y los aeropuertos. Actualmente, la Iglesia de la Unificación tiene un fuerte poder económico y gran influencia en sus relaciones públicas.

Moon y sus seguidores compraron el hotel New Yorker, frente al Madison Square Garden. Lo usan como oficinas centrales internacionales. También participan estrechamente en las actividades políticas de Washington D. C., siendo además los dueños del periódico *Times* de Washington, y quienes lo publican.

De los treinta mil estadounidenses que siguen a Sun Myung Moon, hay entre siete mil y diez mil miembros convencidos y totalmente entregados, que trabajan en las calles de dieciocho a veinte horas diarias, buscando fondos y nuevos convertidos.

Sun Myung Moon es multimillonario, y tiene posesiones superiores a los treinta millones de dólares en Corea del Sur, veinte en Japón y más de treinta en los Estados Unidos. Ha adquirido sus riquezas por medio de diversas empresas en las que se producen cosméticos, rifles, té instantáneo, titanio, productos farmacéuticos y otras cosas más.

En los últimos años, se ha dedicado a comprar buena parte de la industria pesquera comercial de los Estados Unidos. Esto preocupa notablemente a la industria pesquera, pero él sigue adquiriendo fábricas de conservas y flotas pesqueras en el golfo de México, la costa del este, la del oeste y Alaska.

En un año promedio, los moonies venden flores, caramelos y cacahuetes en las esquinas con una ganancia cercana a los veinte millones de dólares libres de impuestos. Solo en el estado de Nueva York tienen más de veinticinco millones en propiedades.

Así comenzó todo

¿Cómo comenzó todo esto? ¿Cómo alcanzó Moon la cima del poder? Sun Myung Moon nació en la década de los años veinte, en Corea del Norte. Según él afirma, en la mañana del domingo de Resurrección del año 1936, Jesús se le apareció y le dijo que había sido escogido para terminar su "tarea inconclusa".

Toda la teología de Moon se apoya en la creencia de que Jesucristo fracasó en su misión, y que Sun Myung Moon fue escogido para completar esta "tarea inconclusa". Moon afirma haber sido clarividente y espiritista de nacimiento. Sostiene haber estado en continuo contacto con Buda, Krishna, Jesús, Moisés y un buen número de profetas más.

Por estas afirmaciones, y por su teología, Moon fue excomulgado por la Iglesia Presbiteriana de Corea en 1948. En 1954, fundó su propia iglesia, llamada Asociación del Espíritu Santo para la Unificación del Cristianismo Mundial. Después abrevió el nombre a Iglesia de la Unificación. En 1957, publicó la obra *El principio divino,* de quinientas páginas, que es su interpretación de la Biblia.

En 1970, comenzó su trabajo en los Estados Unidos, y se extendió con tanta rapidez, que trasladó sus oficinas centrales al hotel New Yorker.

¿Cuál es su atractivo?

La gente pregunta con frecuencia: "¿Cómo es posible que alguien se enrede con Sun Myung Moon? ¿Qué es lo que atrae a los jóvenes a participar en una organización así y pasarse dieciocho horas diarias recogiendo fondos en las esquinas, buscando nuevos convertidos, durmiendo solo cuatro horas cada noche y dejando que los muevan continuamente de un lugar a otro, como vagabundos?

Moon y sus reclutadores suelen buscar dos tipos de personas. Lo primero que hacen es ir a los recintos universitarios y buscar a las personas solitarias: la joven de primer año que se sienta sola, que está lejos de su hogar por vez primera, que no parece tener amigos. Se le acercan y hacen amistad con ella.

Para una persona solitaria en un gran recinto universitario, cualquiera que la acepte y haga amistad con ella es alguien bienvenido. La invitan a cenar, y entonces hacen lo que conocen como "bombardeo de amor".

En el bombardeo de amor, los moonies saturan a la persona con amistad y aceptación, diciéndole lo importante que es, y lo mucho que la aman. Por supuesto, esto se alimenta en el anhelo que tiene esa persona de ser aceptada y de sentir que la necesitan. Entonces, si el nuevo recluta quiere acompañarlos a un retiro de fin de semana, comienzan el verdadero adoctrinamiento para meterlo en la secta.

El segundo tipo de persona que tratan de reclutar los moonies es el idealista que quiere construir una utopía en esta tierra.

La revista *Time* publicó el testimonio de una joven llamada Cynthia, que estuvo involucrada en la organización de Moon. La forma en que afirmaba haber quedado envuelta en ella es muy típica.

Cynthia afirmaba que había visto en el *Denver Post* un anuncio sin firma que decía: "Persona sincera y esforzada interesada en el mejoramiento de la humanidad, llame a este número". Ella llamó por curiosidad, y la joven que le respondió le explicó que trabajaba en una organización parecida al Peace Corps, que tenía su centro comunitario en Boulder, Colorado. Le pidió a Cynthia que se presentara para una entrevista.

> El Centro estaba situado frente a la universidad de Colorado, en la antigua casa Ji Omega para chicas. Hablé con un joven de Austria, y él me dijo que pertenecía a un movimiento juvenil. Me preguntó si me gustaría asistir a un retiro de fin de semana para conocer

mejor el movimiento. Realmente, me agradó la actitud que había en el lugar, sin saber que mi mente había comenzado un viaje del que tal vez no regresaría nunca.

A partir de las nueve de la mañana del sábado, un grupo de unos quince jóvenes estuvo escuchando unas conferencias que duraron todo el día. Aquella noche nos dijeron que se acercaba el fin del mundo y que, antes de que llegara, se produciría la segunda venida de Cristo. También se nos dijo que la persona que había traído al mundo estas nuevas verdades era un coreano llamado Sun Myung Moon. Cuando yo me quise marchar, me dijeron que Satanás iba a tratar de apartarme de Dios, porque yo había sido escogida para edificar el reino de los cielos. Sentía como si alguien me hubiera puesto una bomba psicológica en la cabeza, y si me marchaba, explotaría.

Aquella semana me llevaron a pasar unos cuantos días en una granja de [un poblado de] Oklahoma. Todos los días teníamos conferencias, y después trabajábamos y cantábamos en el patio. Todos terminamos la semana uniéndonos a la organización, y después regresamos a nuestros propios centros.

Cuando llegué a Boulder, me permitieron entrar al cuarto de oración para ver el retrato de Moon. Oramos en voz alta durante veinte minutos, escuchamos mientras un líder leía las obras de Moon, cantamos y nos inclinamos ante la fotografía de Moon. Moon y su esposa, nos enseñaron entonces, eran los verdaderos padres de la humanidad.

El horario era siempre igual: levantarnos antes del amanecer, desayunar con más cantos y oraciones, y después salir a levantar fondos. Todos íbamos en furgonetas a los pueblos cercanos a Boulder, cantando y orando. Aunque solo le pudiéramos sacar un centavo a alguien, aquello era una victoria para Dios. Mientras más dinero consiguiéramos, más centrados en Dios estaríamos. Hasta teníamos que entrar a los bares por las noches para levantar fondos, y llegábamos de vuelta entre las once y media y la una de la madrugada.

Después de dos semanas de hacer esto, estaba tan agotada que, cuando me levantaba por las mañanas, me caía contra la pared. En cinco semanas levantando fondos, conseguí más de tres mil dólares para la organización (revista *Time,* 14 de junio de 1976).

Los jóvenes idealistas se sienten muy atraídos por las cosas que proclama Moon, y deciden ir a algo que parece un retiro de fin de semana, para conocerlas mejor. Sin darse cuenta, caen presa de todo un sistema planificado, un proceso gradual de adoctrinamiento y lavado de cerebro.

Sus mentores les meten continuamente en la cabeza la idea de que el mundo es de Satanás, de que Sun Myung Moon ha traído la verdad, y de que ellos han sido escogidos para formar parte de ese nuevo reino.

La presión de los demás aumenta en proporción a la aceptación dentro del grupo, y después se aísla al recluta, al que se mantiene despierto por veinte horas seguidas, produciendo en él un agotamiento destinado a destruir de forma gradual la mente y la personalidad.

A lo largo de este tiempo de agotamiento, al recluta se le alimenta con una dieta baja en proteínas que aumenta este derrumbe mental. Durante varios días, se va destruyendo gradualmente la resistencia mental del recluta, mientras los moonies le infunden, por medio de una continua y repetitiva cantilena, la filosofía y las enseñanzas de Sun Myung Moon. El recluta queda literalmente convertido en un esclavo de la organización de Moon.

La agonía en un diario

En el año 1976, otra antigua moonie compartió detalles de su diario, que fue escribiendo mientras se hallaba en la organización de Moon, con los lectores de la revista *Seventeen*. Es un cuadro que destroza el corazón.

Como hacen miles de moonies en todo el país, yo trabajaba todos los días, de sol a sol, vendiendo claveles a fin de levantar fondos para el movimiento. Me levantaba a las cuatro de la mañana, y a las cinco iba recorriendo las calles con otros adolescentes en una furgoneta sin asientos, en dirección a los centros comerciales o los distritos de tiendas. El desayuno consistía en bolas de arroz chinas, o cereales y caramelos que se nos servían en la furgoneta, con una leche que nos derramábamos encima.

Los capitanes de los equipos nos agitan hasta ponernos en un frenesí evangelístico con cantos, versículos de la Biblia, oraciones y cantilenas hasta que gritemos decididos la cantidad que cada uno de nosotros va a conseguir en el día. Nadie grita una cantidad inferior a los cien dólares. Algunos, en la emoción del momento, gritan: "¡Mil dólares!" Después, a las calles hasta conseguir el dinero, sin importar el tiempo que tome; pocas veces de vuelta antes de la media noche o la una de la madrugada. La cena consiste en vegetales y almidones, sin carne.

Algunas veces estamos tan agotados, que no comemos. Entonces, testimonios acerca de experiencias interesantes pasadas durante el día, destacando las visiones y las revelaciones místicas sobre el Reverendo Moon, más Biblia, más machaconería sobre Moon, más canto para alejar a los espíritus malignos. Nos derrumbamos y nos quedamos dormidos hasta que comienza el nuevo día antes de que amanezca.

El director del Centro maneja todas las emociones y todas las cosas. Si canto demasiado alto, me dice cómo debo cantar. Si quiero comer o sentarme con gente diferente, me dice que no. Si siento ganas de llorar, me dice que no llore por mí misma. No tenemos periódicos, televisión, radio ni conversaciones sobre el mundo exterior. Solo después, cuando ya me había apartado de la secta, pude ver lo que estaba sucediendo aquí. Los afectuosos jovencitos de Nueva York temen manifestar emociones, porque se les ha hecho creer que los pensamientos negativos son señal de que el diablo los ha invadido. Se hallan sometidos a fuertes presiones para ganar nuevos reclutas como yo, a fin de que el Reverendo Moon bendiga el día.

Ahora bien, aunque no me doy cuenta aún, me están manipulando también de otra forma. La falta de sueño, la comida tan pobre, el ruido y la conmoción incesantes, el aislamiento, las oraciones, las cantilenas y los cantos debilitan mi fuerza de voluntad y me hacen sentir desesperadamente temerosa de tratar de liberarme. Nunca me despierto sin preguntarme qué estoy haciendo aquí, pero cuando llega el momento en que gritamos las decisiones del día, solo estoy pensando en la manera de vender suficientes flores para cumplir con mi cuota. Si no vendemos más, el capitán dice que el Reverendo Moon no va a poder ganar este país, y Satanás va a triunfar.

Miento, como lo hacen los demás. El dinero va para programas de rehabilitación de drogas, le digo a alguna gente, o para proyectos cristianos con jóvenes. Pocos preguntan detalles. Sun Myung Moon dice que es correcto mentir para lograr la meta de uno; lo llama "engaño celestial". Las flores se venden por un donativo de un dólar cada una, por lo menos; el triple de lo que cuestan. Algunos días, consigo más de doscientos cuarenta dólares, pero nunca menos de cien. Se lo doy todo a los capitanes, y nunca vuelvo a saber de ese dinero. En este momento estamos en camino. Me duelen las piernas de tanto caminar. En la planta del pie se me ha hecho un callo de más de dos centímetros. Tengo fiebre. No me puedo levantar. Otros moonies rocían sal santa alrededor de mi cama para alejar los malos espíritus. ¿Un médico? Ni mencionarlo.

Conozco una chica de Moon a la que se le desarrolló una enfermedad en los ojos. Llevaron a los otros miembros para ver cómo se retorcía de dolor, como ejemplo de alguien que ha sido poseído. Cuando por fin se le permitió conseguir tratamiento médico, había quedado parcialmente ciega. Si usted se enferma, eso quiere decir que sus antepasados pecaron, y usted lo está pagando.

Septiembre de 1974: estoy física y emocionalmente exhausta. Estoy de regreso en Nueva York con una nueva misión de testificar y; ganar nuevos convertidos. Bajo el sol o bajo la lluvia, paso los días acercándome a la gente como se me habían acercado a mí primero en la biblioteca. No soy muy buena para descubrir buenos posibles reclutas, como les pasa a algunos moonies. Día tras día, la gente me ignora. Me siento inundada por la culpa y el temor.

El director del Centro me dice que si le testifico sin éxito a una joven, y a la semana siguiente la violan, es culpa mía por no haberla llevado al movimiento. Se me imponen condiciones o castigos que me liberan de las influencias de Satanás: duchas frías, cada vez más largas; leer una y otra vez la doctrina de Moon; orar arrepentida durante toda la noche; suplicarle a Dios que me perdone; ayunar durante toda una semana seguida. Al cumplir fervorosamente con esas condiciones, puedo vencer mis pecados. Dios mío, te ruego que me ayudes. Tengo mucho miedo.

La mayoría de la gente no entiende un lavado de cerebro tan intenso, pero las tácticas que utiliza Sun Myung Moon son muy similares a las que tuvieron que soportar algunos prisioneros de guerra en Corea del Norte durante la guerra de Corea.

Moon está levantando un ejército de adolescentes en cuerpos de adultos, programados para responder a cuanto él les pida que hagan. Está tratando de crear una unidad sin diversidad. Todo el mundo se halla cometido por completo a su voluntad.

Eso es lo opuesto de lo que tenemos en la iglesia cristiana. El Nuevo Testamento enseña que en la unidad podemos tener diversidad. En cambio, Moon enseña que debemos tener unidad *sin* diversidad, aunque produzca un mundo de autómatas.

El programa de cuatro puntos

Los investigadores han hecho estudios sobre la forma en que este tipo de sectas atraen a los jóvenes. Así han descubierto que, a fin de que una persona se establezca en la vida como un ser humano maduro, deben suceder cuatro cosas.

La primera es que la persona debe independizarse de su familia para convertirse en una persona segura. La segunda, que la persona necesita conocer la manera de tener éxito al relacionarse con el sexo opuesto. La tercera, que la persona se debe preparar para una ocupación que le permita sostenerse. La cuarta, que la persona madura debe tener una filosofía de la vida que tenga sentido y sea realizable.

Los psicólogos dicen que muchas de las sectas están llenando estas cuatro funciones para los jóvenes de hoy. En la primera exigencia, la persona se independiza de su familia al convertirse en dependiente de la secta y sus líderes. Esto lo vimos gráficamente descrito en Jonestown. Jim Jones se había convertido en la figura paterna, el líder autoritario que exigía una dependencia total de él. Lo terrible es que cuanto vemos que está sucediendo en la Iglesia de la Unificación se acerca mucho a lo que Jim Jones hizo al tratar de controlar por completo a su gente.

En cuanto al segundo punto, las sectas instruyen a la gente sobre la forma de relacionarse con el sexo opuesto, dándole un código estricto de moral que debe seguir.

En cuanto al tercero, la secta le da a la persona un trabajo con el cual sostenerse, dándole tareas sencillas a realizar, en las cuales pueden triunfar con facilidad. A su vez, la secta le da comida, alojamiento y apoyo.

En cuanto al cuarto, la filosofía de la secta o de su líder es superpuesta al proceso mental de la persona. En lugar de edificar ellos mismos una filosofía de la vida que tenga sentido, se convierten en dependientes de la filosofía que han aceptado, y que les han dado los líderes de la secta.

Cuando el proceso de reclutamiento queda terminado, produce personas que hallan su dependencia y seguridad dentro de la secta, en lugar de desarrollar su propia seguridad, y la independencia de una persona madura.

La teología de los moonies

Exactamente, ¿cuál es la teología que Moon les está enseñando a estos jóvenes? Moon tiene una teología muy diferente e interesante. En su obra *El principio divino* explica una doctrina sobre el ser humano, que él considera la verdadera.

Moon dice que Dios creó a Adán y al Evangelio, y que Eva cayó en pecado porque tuvo relaciones sexuales con Satanás. Después, le comunicó ese pecado a toda la especie humana. Según él afirma, entonces fue necesario que un segundo Adán, un nuevo Jesucristo, viniera a la tierra para casarse con una esposa sin pecado, perfecta e ideal, de manera que pudieran procrear sexualmente el reino de Dios en la tierra.

Proclama que Jesús vino para casarse con la esposa ideal y crear la familia perfecta. Pero dice que, en algún momento de su vida, se desvió de su meta inicial y por error, hizo que lo crucificaran. Por consiguiente, afirma Moon, se necesitaba que hubiera una segunda venida del Mesías, alguien que pudiera producir físicamente el reino de Dios. Según él dice, este nuevo Mesías nació en Corea en 1920.

Por casualidad, estos son el mismo lugar y el mismo momento en que Moon nació. Moon dice también que el Mesías debe salir del Nuevo Israel, que es Corea del Sur.

Moon tiene una fuerte participación en las actividades anticomunistas, y afirma que los comunistas son la encarnación de Satanás, y que Corea del Sur es el frente de batalla entre Dios y Satanás. Esta es una de las razones por las que está tratando de conseguir apoyo para Corea del Sur.

Una y otra vez hace mención de la supuesta visitación que tuvo en 1936, junto a unas colinas de Corea del Norte, y en la cual fue escogido para terminar la tarea inconclusa de salvación, y redimir físicamente al mundo. Esta obra incluye para él la necesidad divina de tener relaciones sexuales con setenta vírgenes, setenta mujeres casadas y setenta viudas, a fin de procrear el reino de Dios en la tierra. Con una teología como esta, no es de extrañarse que la Iglesia Presbiteriana lo excomulgara en 1948. Moon afirma actualmente que la Nueva Era comenzó cuando él se casó con su cuarta esposa. Dice que las tres primeras no eran suficientemente puras. Ahora enseña que su cuarta esposa es el Espíritu Santo encarnado, y su matrimonio, celebrado en 1960, fue el banquete de bodas del Cordero que aparece en Apocalipsis 19, y que sus once hijos son ahora los descendientes sin pecado que van a producir sexualmente el reino de Dios en la tierra.

Las advertencias de las Escrituras

La Biblia nos advierte una y otra vez sobre la venida de este tipo de mesías.

Amados, por la gran solicitud que tenía de escribiros acerca de nuestra común salvación, me ha sido necesario escribiros exhortándoos que contendáis ardientemente por la fe que ha sido una vez dada a los santos. Porque algunos hombres han entrado encubiertamente, los que desde antes habían sido destinados para esta condenación, hombres impíos, que convierten en libertinaje la gracia de nuestro Dios, y niegan a Dios el único soberano, y a nuestro Señor Jesucristo (Judas 3, 4).

Pero hubo también falsos profetas entre el pueblo, como habrá entre vosotros falsos maestros, que introducirán encubiertamente herejías destructoras, y aun negarán al Señor que los rescató, atrayendo sobre sí mismos destrucción repentina. Y muchos seguirán sus disoluciones, por causa de los cuales el camino de la verdad será blasfemado, y por avaricia harán mercadería de vosotros con palabras fingidas. Sobre los tales ya de largo tiempo la condenación no se tarda, y su perdición no se duerme (2 Pedro 2:1-3).

Esto mismo es lo que vemos en Sun Myung Moon. Ha negado al Señor Jesucristo, está explotando a los jóvenes con palabras falsas, y está convirtiendo el Evangelio en una licencia sexual para él mismo. Tal parece que cada vez que alguien se aleja de la adoración al Dios vivo y verdadero, y se sale del marco que Dios nos ha dado en la Biblia, termina en este tipo de perversión.

Moon enseña que solo él es el verdadero padre de la humanidad; que solo él es el gobernante y la autoridad. Sus seguidores deben rechazar a sus propios padres biológicos y romper todos sus lazos con ellos. Moon enseña actualmente que deben expiar sus pecados y los de sus antepasados por medio de un agotamiento continuo y una servidumbre total a él, al Padre Moon.

El mensaje bíblico

¿Qué dice la Biblia de estas enseñanzas?

> Pero cuando se manifestó la bondad de Dios nuestro Salvador, y su amor para con los hombres, nos salvó, no por obras de justicia que nosotros hubiéramos hecho, sino por su misericordia, por el lavamiento de la regeneración y por la renovación en el Espíritu Santo, el cual derramó en nosotros abundantemente por Jesucristo nuestro Salvador, para que justificados por su gracia, viniésemos a ser herederos conforme a la esperanza de la vida eterna (Tito 3:4-7).

Pablo dice en Gálatas 2 que si hubiera existido alguna forma de que nosotros nos pudiéramos ganar la salvación, entonces Cristo habría muerto innecesariamente. La salvación se produce por medio de *la gracia de Dios,* y la gracia es algo que Dios nos da sin que lo merezcamos. Solo por medio de la fe en Jesucristo tenemos salvación y redención.

Sin embargo, Moon, como todos los líderes de sectas, quiere eliminar la sangre de Jesucristo. Una de las cosas que oímos siempre decir a los que han sido moonies, es que se les dice continuamente que la muerte de Jesucristo no tuvo sentido, que Jesús fracasó, y que el poder de la cruz de Jesús es un mito. Moon les indica a sus seguidores que deben odiar la sangre y la cruz de Jesucristo para quedar libres de su influencia.

En cambio, la Biblia dice: "Porque la palabra de la cruz es locura a los que se pierden; pero a los que se salvan, esto es, a nosotros, es poder de Dios" (1 Corintios 1:18).

Pablo afirma que él está decidido a conocer a Cristo, y a este crucificado. También es Pablo quien dice:

> Pero lejos esté de mí gloriarme, sino en la cruz de nuestro Señor Jesucristo, por quien el mundo me es crucificado a mí, y yo al mundo (Gálatas 6:14).

Las religiones del mundo son intentos que hace el hombre para alcanzar a Dios por medio de sus buenas obras, de sus ritos, de sus sacrificios o de su dinero. Pero Dios dice que esto no puede funcionar, porque el hombre está afectado por la enfermedad espiritual que es el pecado.

Dios, que es santo, no puede contemplar nuestros pecados. Puesto que el ser humano no puede alcanzar a Dios, la gran verdad del cristianismo es que *Dios descendió hasta el hombre en Jesucristo.* Por medio de su sangre derramada en el sacrificio de la cruz del Calvario, Jesús nos abrió el camino para que volviéramos a una relación correcta con el Padre.

En Romanos 5:8 dice: "Mas Dios muestra su amor para con nosotros, en que siendo aún pecadores, Cristo murió por nosotros".

11

Realidades sobre...

El mormonismo: La Iglesia de Jesucristo de los santos de los últimos días

Necesitamos tomar la teología del mormonismo, sumamente complicada, y reducirla a sus elementos más simples, para poderlo ayudar a responder con conocimiento y seguridad a aquellos amigos o seres amados suyos que se hallen atrapados en esta religión, que es una de las más atractivas religiones no cristianas de nuestros tiempos. Queremos darle unas cuantas de las respuestas a las difíciles preguntas que formula el mormonismo.

El mormonismo no es ya una extraña y callada secta religiosa escondida entre los repliegues de las eternas colinas de Utah. Hoy en día, su presencia se hace sentir en todo el mundo. Sin duda, usted habrá notado la racha de anuncios de la Iglesia mormona que han estado apareciendo en la revista *Selecciones* y en *TV Guide*.

Al mismo tiempo que presentan sus anuncios de servicio público "orientados hacia la familia" y de gran eficacia en la televisión y la radio, los mormones están inundando los Estados Unidos y Canadá con una campaña de "familiaridad

Realidades sobre doctrinas falsas

de nombre". Pocos hogares estadounidenses han escapado a las visitas constantes de los misioneros mormones.

Hace poco, una fuente mormona indicaba que entre los anuncios gratuitos de servicio público en la televisión, y su publicidad pagada, en la que se incluyen inserciones en los periódicos regionales y anuncios en las revistas nacionales, los mormones esperan gastar más de cien millones de dólares en costos anuales de publicidad en la década de los noventa para que sean numerosos los mensajes de su fe que entren en todos los hogares de los Estados Unidos.

Esta noticia sería emocionante, si ese mensaje tuviera una sustancia cristiana de verdad, pero lamentablemente, no es este el caso.

Detrás de la fachada

Para comprender al mormonismo desde la perspectiva cristiana histórica, necesitamos ir más allá de la fachada altamente profesional que se nos presenta en los anuncios de los Santos de los últimos días.

Estos anuncios solo nos enseñan lo que la Iglesia mormona quiere que veamos: una iglesia sensible y preocupada, con unas familias centradas en Cristo, trabajando todas juntas por el adelanto de la obra de Cristo en la tierra.

Esto tiene algo de cierto. En un sentido, son personas consagradas y amorosas, que no tienen intención consciente de ser enemigos de Cristo. Muchos mormones creen sinceramente que están sirviendo a Cristo, y a su mensaje definitivo, con sus indicaciones para el final de los tiempos.

La mayoría de los mormones son víctimas de un engaño tan astuto como el que más entre los que han sido lanzados al mundo desde los días de Adán. Sin embargo, y es trágico, aunque sean víctimas, le hacen un gran daño a la verdadera causa de Cristo.

¿Qué hay detrás de la imagen de la avenida Madison? ¿Qué está realmente mal en el mormonismo? Veamos unas cuantas cuestiones básicas.

En su carta a los Gálatas, el apóstol Pablo dice:

> Estoy maravillado de que tan pronto os hayáis alejado del que os llamó por la gracia de Cristo, para seguir un evangelio diferente. No que haya otro, sino que hay algunos que os perturban y quieren pervertir el evangelio de Cristo. Mas si aun nosotros, o un ángel del cielo, os anunciare otro evangelio diferente del que os hemos anunciado, sea anatema (Gálatas 1:6-8).

La palabra *anatema* que usa aquí Pablo es el más fuerte de todos los términos griegos posibles. Significa *bajo la maldición divina*. Para destacar más esta idea, la repite de nuevo en el versículo 9:

> Como antes hemos dicho, también ahora lo repito: Si alguno os predica diferente evangelio del que habéis recibido, sea anatema.

¿Por qué comenzamos nuestro estudio del mormonismo con este pasaje? Por la sencilla razón de que el mormonismo comenzó en el año 1820 con varias visitaciones de ciertos supuestos mensajeros del cielo que se le aparecieron al joven Joseph Smith Jr. para decirle algunas cosas muy interesantes, pero en contradicción directa con la Palabra revelada de Dios.

La ley de la progresión eterna

La mayor de las herejías del mormonismo se resume en este axioma teológico central; la doctrina o ley de la progresión eterna. Creer en esta doctrina y enseñarla significa estar tan alejado de la ortodoxia cristiana, que su seguidor, si no se arrepiente, queda destinado a una eternidad sin Cristo. Está formulada de esta manera:

Realidades sobre doctrinas falsas

Como es el hombre, así era Dios antes, y como es Dios, el hombre puede llegar a ser.

Repase en la mente esto una o dos veces: *"Como es el hombre, así era Dios antes, y como es Dios, el hombre puede llegar a ser".* Todo esto comienza con la doctrina de los Santos de los últimos días según la cual hay un gran número de planetas esparcidos por la vastedad del espacio exterior, que son gobernados por un incontable número de hombres-dioses que una vez fueron humanos como nosotros.

Esto podrá sonar a la Guerra de las Galaxias para la persona promedio, pero en este axioma se basa toda la teología del mormonismo: desde los ritos del templo por los vivos, hasta los que se celebran por los muertos; desde la enseñanza de que las familias son para siempre, hasta la presión que se ejerce sobre los padres para que envíen a sus jóvenes a los campos misioneros de todo el mundo.

El pueblo mormón está entregado a un programa de control que planifica su vida entera, mientras ellos buscan la exaltación y la divinidad; su propio planeta para gobernarlo y reinar sobre él.

Veamos esta religión mistérica en términos sencillos. Tal vez la obra más básica que hayamos hecho jamás en este aspecto, fue resumir la doctrina central del mormonismo y ponerla toda junta en una corta secuencia animada para la película *Los fabricantes de dioses*. Repase con nosotros el guión mismo de esta secuencia.

El mormonismo enseña que hay billones de planetas esparcidos por todo el cosmos, y gobernados por un número incontable de dioses que un día fueron humanos como nosotros.

Dicen que hace mucho tiempo, en uno de estos planetas fue concebido un hijo espíritu llamado Elohim por un dios no identificado y una de las diosas que eran sus esposas. Este hijo espíritu nació más tarde de padres humanos, que le dieron un cuerpo físico.

Por medio de la obediencia a las enseñanzas mormonas, la muerte y la resurrección, demostró que era digno y fue elevado a la divinidad, como lo había sido su padre antes que él.

Los mormones creen que Elohim es su Padre celestial, y que vive con sus numerosas esposas en un planeta cercano a una misteriosa estrella llamada Kolob. Allí, el dios del mormonismo y sus esposas, por medio de unas relaciones sexuales celestiales y sin fin, produjeron millones de hijos espíritus.

Para decidir el destino de estos, el jefe de los dioses mormones convocó a un gran concilio celestial. Lucifer y su hermano Jesús, los dos hijos mayores de Elohim, estaban allí.

Se presentó un plan para construir el planeta Tierra, donde los hijos espíritus serían enviados para que tomaran un cuerpo mortal y aprendieran a discernir entre el bien y el mal. Lucifer se puso en pie y se ofreció a convertirse en el salvador de este nuevo mundo. Deseando la gloria para sí mismo, pensó obligarlos a todos a convertirse en dioses. El Jesús mormón, oponiéndose a la idea, sugirió que se le diera al hombre libertad para escoger, como en los otros planetas. La votación que siguió aprobó la proposición del Jesús mormón, quien se convertiría en el salvador del planeta Tierra.

Enfurecido, Lucifer convenció con astucia a la tercera parte de los espíritus destinados a la Tierra para que pelearan junto a él y se rebelaran. De esta forma, Lucifer se convirtió en el diablo, y sus seguidores en los demonios. Enviados a este mundo en forma de espíritus, se les negaría para siempre la posibilidad de tener un cuerpo de carne y hueso.

Sobre los que permanecieron neutrales en la batalla se lanzó la maldición de que nacieran con la piel negra. Esta es la explicación mormona de que haya una raza negra. Los espíritus que lucharon con mayor valentía contra Lucifer, nacerían en familias mormonas en el planeta Tierra. Estos serían los de piel más clara, o "blancos y deleitables", como los describe el libro de Mormón.

Realidades sobre doctrinas falsas

Los primeros profetas mormones enseñaban que Elohim y una de sus esposas diosas vinieron a la Tierra como Adán y Eva para comenzar la raza humana. Miles de años después, Elohim viajó de nuevo a la Tierra en forma humana desde la base de la estrella Kolob, esta vez para tener relaciones físicas con la virgen María, a fin de proporcionarle a Jesús un cuerpo físico.

El apóstol mormón Orson Hyde enseñaba que después de crecer y llegar a hombre, Cristo tuvo por lo menos tres esposas: María, Marta y María Magdalena. Con estas esposas, se supone que el Jesús mormón tuvo una serie de hijos antes de ser crucificado. También supuestamente, Joseph Smith, el fundador del mormonismo, era uno de sus descendientes.

Según el libro de Mormón, Jesús vino después de su resurrección al continente americano para predicarles a los indios, de los cuales los mormones creen que en realidad son israelitas. Así que el Jesús del mormonismo fue quien fundó su iglesia en el continente americano, como lo había hecho en Palestina. Ya en el año 421 d.C., los israelitas de piel oscura, conocidos como lamanitas, habían destruido a todos los de piel blanca, o nefitas, en una serie de grandes batallas. Supuestamente, los escritos de los nefitas se hallaban en unas placas de oro enterradas en la colina de Cumorah por Moroni, el último nefita que quedó vivo.

Unos mil cuatrocientos años más tarde, un joven buscador de tesoros llamado Joseph Smith, famoso por su exageración en los cuentos, afirmó haber descubierto estas placas de oro cerca de su hogar en la parte norte del estado de Nueva York. Actualmente, los mormones lo honran como profeta, porque afirmó haber tenido visiones del mundo espiritual en las cuales se le ordenaba organizar la Iglesia mormona, puesto que todos los credos cristianos eran una abominación. Fue Joseph Smith el que originó la mayoría de estas doctrinas tan extrañas que hoy en día millones de personas creen ciertas.

A base de mantener un rígido código de exigencias económicas y morales, y por medio de la celebración de unos ritos secretos en el templo por ellos mismos y por sus muertos, los Santos de los últimos días tienen la esperanza de demostrar que son dignos y convertirse así en dioses. Los mormones enseñan que todos los seres humanos comparecerán en el juicio final ante Joseph Smith, el Jesús mormón y Elohim.

Los mormones que han sido sellados en la ceremonia de matrimonio eterno en los templos de los Santos de los últimos días esperan convertirse en dioses polígamos, o diosas esposas de estos, en el Reino celestial, gobernar sobre otros planetas y seguir produciendo nuevas familias por toda la eternidad. Los mormones le dan gracias a Dios por Joseph Smith, quien afirmaba que había hecho más por nosotros que cualquier otro hombre, incluyendo a Jesucristo. Afirman que murió mártir, derramando su sangre por nosotros, para que también nosotros nos podamos convertir en dioses.

¿Asombroso? ¿Incomprensible? Tal vez para usted y para mí, pero este es el núcleo central de la teología mormona. Esta teología ata a sus creyentes para que se mantengan lejos del verdadero Jesús, el verdadero Evangelio y el genuino espíritu de verdad, con tanta certeza como si estuvieran encadenados con cadenas de metal.

El Jesús mormón

Según los mormones, Jesús fue nuestro hermano mayor y nos señaló el camino, pero no es el Camino, tal como los cristianos lo entendemos.

Para el mormón, Jesús era el dios del Antiguo Testamento, pero una vez que tomó su forma física, tuvo que justificar o ganarse su propia salvación por medio de sus obras mientras estaba en la carne, igual que tiene que hacerlo cada uno de nosotros.

El mormonismo enseña que Jesús sufrió por nuestros pecados en el huerto de Getsemaní, proporcionándonos la salvación personal (que puede significar la exaltación a la

Realidades sobre doctrinas falsas

divinidad) condicionada a nuestra obediencia a las leyes y ordenanzas del evangelio de los Santos de los últimos días. Su muerte en la cruz proporcionó una salvación *general,* por la cual todos vamos a resucitar para ser juzgados por nuestras propias obras. En cambio, Pablo dice en Colosenses 2 que Jesús quitó las leyes y los mandatos que había en contra nuestra, clavándolos en la cruz.

No es de extrañarse que nunca se vea una cruz en una iglesia mormona, cuando se ve que los mormones no pueden enfrentarse al don de gracia que significa. Esta es la misma razón por la que usan agua en la comunión. La llaman el Sacramento, pero esa agua hace desaparecer la realidad de la sangre derramada por nosotros en la cruz de Cristo.

Jesús es el salvador de los Santos de los últimos días, solo en el sentido de que su muerte le da al mormón el medio para regresar al dios de este mundo, usando las claves secretas, los saludos especiales y las contraseñas que solo se aprenden en el templo mormón, secretos que aseguran el paso por el umbral de la divinidad personal.

Lo que hemos hablado solo es la punta de un témpano de hielo oscuro y peligroso, lleno de muerte para sus confiadas víctimas.

Proverbios 14:12 dice:

> Hay camino que al hombre le parece derecho; pero su fin es camino de muerte.

¿Acaso ha sido algún texto de las Escrituras más directo en una cuestión de vida o muerte?

El pueblo mormón es como aquellos de los que hablaba Pablo en Romanos 10:1-3:

> Hermanos, ciertamente el anhelo de mi corazón, y mi oración a Dios por Israel, es para salvación. Porque yo les doy testimonio de que tienen celo de Dios, pero no conforme a ciencia. Porque ignorando la justicia de

Dios, y procurando establecer la suya propia, no se han sujetado a la justicia de Dios.

El dios mormón

Los mormones enseñan cuatro puntos básicos en cuanto a la doctrina de Dios. En primer lugar, enseñan que Dios Padre tiene un cuerpo de carne y hueso tan palpable como el de los hombres.

En segundo lugar, enseñan que Dios evolucionó desde el hombre mortal. Creen que Dios es un hombre finito que ha estado evolucionando y cambiando para convertirse en Dios, y ahora es un hombre-Dios en el cielo con un cuerpo de carne y hueso; un hombre exaltado que es Dios sobre este planeta.

En tercer lugar, los mormones enseñan el politeísmo. Esta es la creencia en que existen más de un dios. Ellos creen que hay millones de dioses: dioses padres, diosas madres, dioses abuelos, diosas abuelas, dioses bisabuelos, diosas bisabuelas, tías y tíos; literalmente, millones de dioses.

En cuarto lugar, todo hombre mormón se esfuerza por convertirse él mismo en un dios. Veamos lo que decían sobre la doctrina de Dios Joseph Smith y Brigham Young, los dos primeros profetas mormones.

Citamos un sermón pronunciado por Joseph Smith Jr. dos meses antes de ser matado en Carthage, Illinois, en 1844. Este sermón fue escuchado por más de dieciocho mil personas. Fue copiado por cinco escribas mormones y publicado en *Times and Seasons,* la publicación oficial mormona, en el volumen 5, página 613.

También se halla en la obra enciclopédica de los Santos de los últimos días llamada *Doctrina mormona,* de Bruce R. McConkie, página 321.

> Dios fue una vez como somos nosotros ahora: un hombre exaltado, y se sienta sobre su trono en lo alto de los cielos. Yo digo que si ustedes lo vieran hoy, lo

verían como un hombre de forma semejante a ustedes mismos, y con toda la persona e imagen del hombre. Les voy a decir cómo Dios llegó a ser Dios. Nosotros nos hemos imaginado que Dios era Dios desde toda la eternidad. Yo voy a rechazar esa idea y descorrer el velo. Dios fue hombre como nosotros una vez, y habitó en una tierra, tal como lo hizo Jesucristo, y ustedes también tienen que aprender a ser dioses, igual que todos los dioses anteriores a ustedes. Esto, pasando de un grado pequeño a otro; de una capacidad pequeña a otra mayor.

Brigham Young dice además:

El Señor nos creó a usted y a mí con el propósito de que nos volviéramos dioses como él. Somos creados para convertirnos en dioses como nuestro padre del cielo *(Journal of Discourses,* "Revista de discursos", volumen 10, página 223). Los dioses existen y nos conviene esforzarnos por volvernos uno con ellos... Existe una pluralidad de dioses; de hecho, esta doctrina de la pluralidad de dioses es tan amplia y gloriosa, que alcanza y abraza a todo personaje exaltado. Los que alcanzan la exaltación son dioses *(Doctrina mormona,* p. 577).

Este concepto no es algo que se enseñara hace un siglo, pero ya no es considerado como doctrina. El *Church News* es la publicación noticiosa semanal oficial de la Iglesia de los santos de los últimos días. El 9 de septiembre de 1989 apareció un interesante artículo acerca de la naturaleza de Dios.

El profeta Joseph Smith también hizo una significativa contribución a la limitada comprensión que tiene el mundo de la divinidad. Tal vez la doctrina que distingue más a los Santos de los últimos días de otras denominaciones, sea la convicción de que todos los hombres y mujeres dignos se pueden convertir en dioses y diosas.

El *Journal of Discourses,* volumen 1, página 121, dice lo siguiente:

> Recuerde que Dios, nuestro Padre celestial, fue una vez niño y mortal, como somos nosotros, y se fue levantando paso a paso en la escala del progreso y en la escuela del avance se ha movido hacia delante y ha ido venciendo hasta llegar al punto en el que se halla ahora.

Doctrine and Covenants [Doctrina y pactos], una de las obras que son criterio en la fe mormona, declara en la sección 130, versículo 22:

> Dios Padre tiene un cuerpo de carne y hueso tan palpable como el del hombre.

Esta es la verdadera doctrina y teología de los mormones. Necesitamos ponerla a prueba a partir de lo que enseña la Palabra de Dios.

Para comenzar, tenemos que los mormones enseñan que Dios Padre tiene un cuerpo de carne y hueso tan palpable como el del hombre. ¿Qué dice la Biblia acerca de esto?

En el evangelio de Juan, capítulo 4, tenemos una declaración del Nuevo Testamento con respecto a la naturaleza del Padre. La hace el propio Jesucristo, el que sabe más que ningún otro. Esto es lo que dice:

> Vosotros adoráis lo que no sabéis; nosotros adoramos lo que sabemos; porque la salvación viene de los judíos. Mas la hora viene, y ahora es, cuando los verdaderos adoradores adorarán al Padre en espíritu y en verdad; porque también el Padre tales adoradores busca que le adoren. Dios es Espíritu; y los que le adoran, en espíritu y en verdad es necesario que adoren (Juan 4:22-24).

Jesús dijo: "Dios es espíritu". Lo lógico es que preguntemos: ¿Y qué es un espíritu? En Lucas 24, Jesús mismo define lo que es un espíritu. Después de su resurrección, se les aparece a los dos discípulos en el camino a Emaús, y después a los demás discípulos. Ellos estaban sobresaltados y asustados, y pensaban que estaban viendo un espíritu.

> Entonces, espantados y atemorizados, pensaban que veían espíritu. Pero él les dijo: ¿Por qué estáis turbados, y vienen a vuestro corazón estos pensamientos? Mirad mis manos y mis pies, que yo mismo soy; palpad, y ved; porque un espíritu no tiene carne ni huesos, como veis que yo tengo. Y diciendo esto, les mostró las manos y los pies (Lucas 24:37-40).

Varios años antes de morir, uno de los apóstoles más ancianos de la Iglesia mormona, LeGrand Richards, presentó una apologética en la que trataba de demostrar que Dios era un hombre que estaba en el cielo con un cuerpo de carne y hueso. (Esto sucedió durante la conferencia mormona semestral, que se transmitió desde Salt Lake City).

Había acabado de tratar de demostrar su concepto, cuando siguió hablando sobre quién era Jesucristo. El primer versículo que leyó fue Mateo 16:13, pero a medida que seguía leyendo ante las cámaras nacionales de televisión, su voz se fue apagando gradualmente, cuando se dio cuenta de que no debía leer el versículo 17 después de lo que había tratado de probar un momento antes.

En el versículo 13, Jesús les pregunta a sus discípulos: "¿Quién dicen los hombres que es el Hijo del Hombre?" Simón Pedro le respondió:

> Tú eres el Cristo, el Hijo del Dios viviente. Entonces le respondió Jesús: Bienaventurado eres, Simón, hijo de Jonás, porque no te lo reveló carne ni sangre, sino mi Padre que está en los cielos (Mateo 16:16, 17).

Jesús enseñó con toda claridad que la doctrina de los Santos de los últimos días de que Dios tiene un cuerpo de carne y hueso es falsa. Lo que Él dijo es que Dios es espíritu, y que un espíritu no tiene carne y hueso, ni tiene un cuerpo con carne y sangre.

Los mormones enseñan que Dios evolucionó a partir del hombre mortal. Cuando el coro del Tabernáculo mormón canta los himnos de la Iglesia, no está cantando sobre el Dios de la Biblia. Está cantando sobre un hombre finito de carne y hueso que ha estado evolucionando y cambiando para convertirse en un dios. ¿Es Dios un hombre finito que ha estado evolucionando y cambiando, como afirman los mormones? ¿Qué dice la Palabra de Dios?

En Números 23:19 leemos: "Dios no es hombre, para que mienta, ni hijo de hombre para que se arrepienta".

Leemos en Oseas 11:9: "Dios soy, y no hombre, el Santo en medio de ti".

Dios no es un hombre que haya estado evolucionando y cambiando. En Malaquías 3:6 leemos: "Porque yo Jehová no cambio".

En el Salmo 90:2 leemos: "Desde el siglo y hasta el siglo, tú eres Dios".

Dios no se halla en un proceso de evolución y cambio. La Biblia dice que desde el siglo y hasta el siglo, Él es Dios

Lo que los mormones han terminado adorando es un hombre finito de carne y hueso que está evolucionando y cambiando. Ese no es el Dios eterno, infinito e inmutable de la Biblia. La Biblia nos dice en el capítulo 1 de Romanos lo que Dios piensa de la divinidad mormona.

> Profesando ser sabios, se hicieron necios, y cambiaron la gloria del Dios incorruptible en semejanza de imagen de hombre corruptible, de aves, de cuadrúpedos y de reptiles... Cambiaron la verdad de Dios por la mentira (Romanos 1:22, 23, 25).

Precisamente es esto lo que han hecho los mormones.

Realidades sobre doctrinas falsas

Los mormones también enseñan el politeísmo, la creencia en que existe más de un Dios. Enseñan que son literalmente millones los dioses del panteón mormón. ¿Qué dice la Biblia acerca de esto? Hay unos cuantos versículos buenos para que los comparta con el próximo misionero mormón que le toque a la puerta.

> Así dice Jehová Rey de Israel, y su Redentor, Jehová de los ejércitos: Yo soy el primero, y yo soy el postrero, y fuera de mí no hay Dios" (Isaías 44:6).

> No hay Dios sino yo. No hay Fuerte; no conozco ninguno (Isaías 44:8).

Si Dios mismo no sabe de la existencia de ningún otro dios, ¿cómo es posible que los mormones sepan que hay millones de dioses?

> Yo soy Jehová, y ninguno más hay; no hay Dios fuera de mí (Isaías 45:5).

> Ciertamente en ti está Dios, y no hay otro fuera de Dios (is 45:14).

> No hay más Dios que yo; Dios justo y Salvador; ningún otro fuera de mí (Isaías 45:21).

> Mirad a mí, y sed salvos, todos los términos de la tierra, porque yo soy Dios, y no hay más (Isaías 45:22).

¿Descubre usted la constante que aparece en las palabras de Dios?

> ¿A quién me asemejáis, y me igualáis, y me comparáis, para que seamos semejantes? (Isaías 46:5).

> Acordaos de las cosas pasadas desde los tiempos antiguos; porque yo soy Dios, y no hay otro Dios, y nada hay semejante a mí (Isaías 46:9).

Dios afirma que no hay nadie como Él. Él es el primero y el último, y además de Él, no hay ningún otro dios. Dicho en otras palabras, la diferencia entre el mormonismo y el cristianismo es la que hay entre el politeísmo y el monoteísmo. En ningún lugar de la historia de la Iglesia, o de las Escrituras, se ha visto que un politeísta haya podido ser seguidor de Dios. De hecho, fue el politeísmo el que causó que Dios destruyera a las naciones vecinas de Israel, y fue por causa del politeísmo por lo que destruyó también a Israel y lo envió al exilio en el año 722 a.C. El politeísmo fue también el que causó que Dios destruyera a Judá en el 586 a.C. y lo enviara al exilio. *Dios condena el politeísmo de manera absoluta y total.*

En cambio, forma parte de la doctrina mormona sobre Dios la creencia de que todo hombre mormón se puede convertir en un dios. Joseph Smith dijo: "Tienen que aprender a convertirse en dioses, como todos los dioses anteriores a ustedes". Brigham Young dijo: "El Señor nos creó a usted y a mí con el propósito de que nos convirtiéramos en dioses como él mismo. Somos creados para convertirnos en dioses como nuestro padre del cielo."

¿Es posible convertirse en un dios? ¿Qué dice Dios en su Palabra?

> Vosotros sois mis testigos, dice Jehová, y mi siervo que yo escogí, para que me conozcáis y creáis, y entendáis que yo mismo soy; antes de mí no fue formado dios, ni lo será después de mí (Isaías 43:10).

Joseph Smith

No tenemos espacio suficiente para entrar en detalles en cuanto a la historia personal de Joseph Smith Jr. En la región de Nueva York cercana a Palmyra era famoso por dedicarse a cavar en busca de tesoros escondidos y usar piedras de videntes ocultistas para adivinar dónde se hallaban esos tesoros. De hecho, Michael Quinn, quien fuera profesor de Historia en la Universidad Brigham Young, escribió un libro llamado *Early Mormonism in the Magic World View* ["El mormonismo naciente en el concepto mágico del mundo"]. En él queda claramente documentado el hecho de que Joseph Smith estaba fuertemente involucrado en el ocultismo antes de comenzar a recibir las revelaciones que le hacían sus mensajeros de luz. El Sr. Quinn ya no trabaja en la Universidad Brigham Young, ni pertenece a la Iglesia de los Santos de los últimos días. Aunque los Santos de los últimos días no pueden refutar su erudición, sí lo han repudiado personalmente.

Joseph Smith afirmó haber ido a los bosques cercanos a su casa para orar y preguntarle a Dios cuál entre todas las iglesias cristianas estaba en lo cierto, y a cuál se debía unir.

Él mismo recoge el suceso con sus palabras, y hoy en día, esta historia es considerada como Escritura por la Iglesia de los Santos de los últimos días, en lo que se llama *La perla de gran precio*. Encontramos esta cita en el libro Joseph Smith, capítulo 2, versículos 15-19.

> Me arrodillé y le comencé a ofrecer a Dios el anhelo de mi corazón. Apenas lo había hecho cuando de inmediato se apoderó de mí un poder que me dominó por completo, y cayó sobre mí una influencia tan asombrosa, que me ató la lengua para que no pudiera hablar.
>
> Se formó a mi alrededor una espesa oscuridad y por un momento me pareció que había sido condenado a una destrucción repentina. Pero haciendo uso de todos mis poderes para invocar a Dios y pedirle que me librara del poder del enemigo que se había apoderado de mí, y en el mismo momento en que estaba listo para hundirme en el desespero y abandonarme a la destrucción –no una ruina imaginaria, sino el poder de algún ser real del mundo invisible, que tenía unos poderes maravillosos como nunca los había sentido antes en ningún ser– en este momento de gran alarma, vi una columna de luz exactamente encima de mi cabeza, sobre el resplandor

del sol, que descendió gradualmente hasta caer sobre mí. Tan pronto apareció, me sentí liberado del enemigo que me tenía atado. Cuando la luz descansó sobre mí, vi dos Personajes, cuyo resplandor y gloria desafían toda descripción, de pie encima de mí en el aire. Uno de ellos me habló, llamándome por mi nombre, y me dijo, señalando al otro: "Este es mi hijo amado; escúchalo".

Mi intención al ir a preguntarle al Señor era saber cuál de todas las [iglesias cristianas o] sectas estaba en lo cierto, para saber a cuál unirme. Por consiguiente, tan pronto recuperé el control de mí mismo y pude hablar, les pregunté a los Personajes que estaban encima de mí en la luz, cuál de todas las sectas [las iglesias cristianas] estaba en lo cierto, y a cual me debía unir.

Queremos que usted capte el cuadro de lo que está sucediendo aquí. Joseph Smith, envuelto ya en el ocultismo, dice que salió a los bosques a orar y que fue dominado por un ser poderoso del mundo invisible.

Afirma que a su alrededor se formó una espesa oscuridad. Su lengua quedó atada, de manera que no podía hablar, y se estaba hundiendo en la desesperación, listo para sucumbir ante este *ser real del mundo invisible que tenía unos poderes tan maravillosos,* cuando de repente apareció sobre su cabeza una columna de luz en la cual había dos personajes.

Él les preguntó a estos personajes, estos seres de luz, cuál iglesia cristiana estaba en lo cierto, y a cuál se debía unir. He aquí lo que afirma que le respondieron (versículo 19).

> Me respondieron que no me debía unir a ninguna de ellas, porque todas estaban equivocadas; y el Personaje que me habló, dijo que todos sus credos eran una abominación ante sus ojos, y que todos sus maestros eran corruptos.

Este momento en el año 1820 fue el que le abrió las puertas al mormonismo. Un mensajero de luz le dijo a Joseph

Smith que todas las iglesias cristianas estaban equivocadas, y que todas las enseñanzas del cristianismo eran una abominación.

Eso significa que este personaje de luz le estaba diciendo a Joseph Smith que la Trinidad, la divinidad de Jesucristo, la expiación con sangre en el Calvario y la salvación por la fe en Jesucristo eran abominaciones todas.

Necesitamos preguntarnos: "¿Quién era este personaje de luz que le dijo en 1820 a Joseph Smith que todas las enseñanzas del cristianismo eran una abominación? ¿Quién le estaba hablando desde aquella columna de luz?

¿De dónde procedía este evangelio diferente? El apóstol Pablo responde para nosotros a estas preguntas:

> Porque os celo con celo de Dios; pues os he desposado con un solo esposo, para presentaros como una virgen pura a Cristo. Pero temo que como la serpiente con su astucia engañó a Eva, vuestros sentidos sean de alguna manera extraviados de la sincera fidelidad a Cristo. Porque si viene alguno predicando a otro Jesús que el que os hemos predicado, o si recibís otro espíritu que el que habéis recibido, u otro evangelio que el que habéis aceptado, bien lo toleráis; y pienso que en nada he sido inferior a aquellos grandes apóstoles.
>
> Porque estos son falsos apóstoles, obreros fraudulentos, que se disfrazan como apóstoles de Cristo. Y no es maravilla, porque el mismo Satanás se disfraza como ángel de luz. Así que, no es extraño si también sus ministros se disfrazan como ministros de justicia; cuyo fin será conforme a sus obras (2 Corintios 11:2-5, 13-15).

¿Era profeta Joseph Smith?

¿Qué podemos decir de la afirmación de la Iglesia mormona sobre un profeta de los últimos tiempos? ¿Era Joseph Smith un verdadero profeta de Dios?

Los misioneros mormones les piden a los posibles miembros que oren y le pidan a Dios que se les revele por medio de un ardor en el seno, para saber si Joseph Smith era un verdadero profeta.

Muchas personas han hecho esa oración y han recibido ese ardor en el seno. Otras han sido visitadas por sus antepasados muertos, los cuales les han dicho que la Iglesia mormona es la verdadera, y que Smith era un verdadero profeta.

Algunas veces, la gente se pregunta cómo sucede esto, cuando el que pregunta ha sido tan sincero. ¿Cómo es posible que Dios no le responda correctamente? El problema está en que *no ha sido Dios el que le ha respondido*. La razón de esto es que *la pregunta se produce a través de falsos maestros*. La Biblia afirma:

> Cercano está Jehová a todos los que le invocan, a todos los que le invocan de veras (Salmo 145:18).

Aquí las palabras clave son estas: *"A todos los que le invocan de veras"*. Esas personas, sometidas a falsos maestros son víctimas llevadas a la muerte espiritual. No están invocando de veras a Dios. Dentro de la verdad de las Escrituras, no tenemos por qué orar para saber si alguien es un profeta verdadero o falso; *lo probamos a partir de la Palabra escrita de Dios*.

La primera indicación de que hay algo que no está bien en el profeta de los Santos de los últimos días es el hecho de que los misioneros *no pueden* (no siempre porque no quieran) facilitar una lista de las profecías de Joseph Smith (ni tampoco de ningún otro de sus profetas).

Cuando escribimos esto, a principios de 1994, el profeta actual, Ezra Taft Benson, es sumamente anciano y le cuesta trabajo distinguir a sus familiares, o a las personas que le dan la comida. (Su nieto fue censurado por la iglesia por decir esto públicamente y dejó la iglesia mormona por este hecho.

La Iglesia de los Santos de los últimos días nunca ha presentado una lista oficial de las profecías de Smith, a pesar de que la dirige un profeta vivo, y de que estas profecías son el aspecto más importante de todos dentro del "evangelio restaurado".

¿Por qué? ¿Porque la Iglesia no puede recopilar una lista así? ¡Difícilmente! Hay una razón diferente: De las sesenta y cinco a setenta profecías que se pusieron por escrito, solo cinco o seis se cumplieron. Es una proporción muy pobre, hasta para el peor de los profetas. La Biblia afirma:

> El profeta que tuviere la presunción de hablar palabra en mi nombre, a quien yo no le haya mandado hablar, o que hablare en nombre de dioses ajenos, el tal profeta morirá. Y si dijeres en tu corazón: ¿Cómo conoceremos la palabra que Jehová no ha hablado?; si el profeta hablare en nombre de Jehová, y no se cumpliere lo que dijo, ni aconteciere, es palabra que Jehová no ha hablado; con presunción la habló el tal profeta; no tengas temor de él (Deuteronomio 18:20- 22).

Volvamos al verdadero corazón de la herejía: lo que dijo Joseph Smith sobre la naturaleza de Dios. ¿Es Dios un hombre? La Biblia dice que Él no es hombre para que mienta. Jesús dijo que Dios es *espíritu,* y no de carne y hueso. Lo que afirman las Escrituras debería bastar para dejar resuelta la cuestión de la naturaleza de Dios.

La Biblia dice en el capítulo 1 de Hebreos que en tiempos *pasados,* Dios habló por medio de sus santos y profetas, pero que hoy nos habla por su Hijo.

¿En quién va usted a confiar?

¿En quién va a confiar en cuanto a su salvación; en el hombre, o en Dios? Al confiar en Dios, confíele *por completo* su salvación. Confíe en ese sacrificio por los pecados que Cristo ofreció de una vez y para siempre.

En las acciones del pueblo mormón se nota el celo por servir a Dios, pero es un celo terriblemente desviado. Oramos para que usted tenga la oportunidad de compartir ese gozo genuino de la justicia y el amor de Cristo con sus amigos y seres amados que sean mormones.

Hágales saber que hay un solo Dios, el cual es infinito y eterno, y no es un hombre. Solo hay un Salvador, Jesucristo, quien tomó todas las leyes y los decretos que había en contra nuestra y los quitó del camino, clavándolos a su cruz (Colosenses 2:13-15).

El hombre no es justificado por las obras de la ley, sino por la fe de Jesucristo, nosotros también hemos creído en Jesucristo, para ser justificados por la fe de Cristo y no por las obras de la ley, por cuanto por las obras de la ley nadie será justificado (Gálatas 2:16).

12

Realidades sobre...

El movimiento de la Nueva Era

Se ha dicho y escrito tanto últimamente sobre el movimiento de la Nueva Era, que casi hace falta un directorio para ordenar todo el material. Un artículo reciente publicado en una revista nacional decía que los libros y artículos que hablaban de la Nueva Era constituían alrededor de la mitad de las ventas en las librerías cristianas a principios de la década de los noventa.

¿Qué es la Nueva Era? Esa es la primera pregunta que hace todo el mundo. Es difícil formular una definición, aun buscándola en la gran cantidad de libros y artículos que hablan del tema. Sin embargo, los comienzos de este movimiento son tan antiguos como el pecado mismo.

> Pero la serpiente era astuta, más que todos los animales del campo que Jehová Dios había hecho; la cual dijo a la mujer: ¿Conque Dios os ha dicho: No comáis de todo árbol del huerto? Y la mujer respondió a la serpiente: Del fruto de los árboles del huerto podemos comer; pero del fruto del árbol que está en medio del huerto dijo Dios: No comeréis de él, ni le tocaréis, para que no muráis. Entonces la serpiente dijo a la mujer: No moriréis; sino que sabe Dios que el día que

comáis de él, serán abiertos vuestros ojos, y seréis como Dios, sabiendo el bien y el mal. Y vio la mujer que el árbol era bueno para comer, y que era agradable a los ojos, y árbol codiciable para alcanzar la sabiduría; y tomó de su fruto, y comió; y dio también a su marido, el cual comió así como ella (Génesis 3:1-6).

Como lo que prometía la serpiente, la Nueva Era enseña que:

1. No se puede confiar por completo en la Palabra de Dios (versículos 1, 4, 5).
2. El hombre no tiene que morir (versículo 4).
3. El hombre se puede convertir en un dios (versículo 5).
4. El hombre puede evolucionar por medio de conocimientos escondidos (versículo 6).

Las definiciones de la Nueva Era

La Nueva Era tiene sus propias definiciones sobre las cuestiones espirituales:

1. DIOS: No existe Dios personal alguno; solo una fuerza cósmica, de la cual nosotros somos un fragmento; por consiguiente, somos dioses. Con frecuencia hay una polaridad masculina/femenina en esta "fuerza" (yin-yang).
2. JESÚS: Un hombre que evolucionó hasta convertirse en un Maestro Ascendido (un ser parecido a los dioses) por medio del ocultismo y de las disciplinas metafísicas.
3. CRISTO: Una "fuerza" impersonal que descansó sobre el hombre llamado Jesús, haciéndolo especial, pero que también ha descansado sobre otros, y puede descansar incluso sobre nosotros.
4. LA BIBLIA: En el mejor de los casos, una obra de secretos cabalísticos que solo los "Maestros" pueden comprender. En el peor, un ridículo libro de leyendas judías.
5. LA SALVACIÓN: Por medio de obras de disciplina ocultista. La ley del karma es irresistible y es lo que nos juzga.

6. NEGACIÓN DE LA MUERTE: Creencia en la reencarnación. La mayoría de los miembros de la Nueva Era creen que los seres humanos pueden evolucionar hasta ser dioses a través de numerosas vidas.
7. UNA COSMOVISIÓN MÁGICA: El concepto del universo como una maquinaria que es posible manipular por medio de unas complicadas técnicas mentales y espirituales; no hay un Dios soberano.
8. INTOLERANCIA CON EL MONOTEÍSMO: Los judíos, cristianos y musulmanes son considerados como contrarrevolucionarios. Deben evolucionar o ser purificados.

Las raíces de la Nueva Era

Se pueden hallar antecedentes históricos del movimiento de la Nueva Era en varios grandes grupos religiosos:

1. La brujería y el chamanismo (prehistóricos)
2. La astrología (alrededor del 2000 a.C.)
3. El hinduismo y el yoga (alrededor del 1800 a.C.)

Los antepasados doctrinales recientes del movimiento de la Nueva Era, se pueden hallar dentro de los dogmas de varias sectas del siglo XIX:

1. *Swedenborgianismo (alrededor del 1792)*
   a) Comunicación con los muertos
   b) Evolución espiritual
   c) Negación de la Trinidad
2. *Mormonismo (alrededor del 1830)*
   a) El hombre se puede convertir en un dios
   b) Preexistencia
   c) Salvación por medio de conocimientos secretos
   d) Confusión entre materia y espíritu
3. *Espiritualismo (1848)*
   a) Creencia en la comunicación con los muertos

b) Cultivo de poderes mediúmnicos (canalización)
c) Reencarnación
4. *Ciencia cristiana y sectas de la Ciencia de la Mente (alrededor de 1862)*
   a) Dios es una fuerza; no una persona
   b) La mente puede controlar la materia; la realidad es lo que uno la hace
   c) El pecado no existe, ni tampoco existe la muerte
5. *La Sociedad Teosófica y Lucius Trust (1875)*
   a) El cristianismo considerado como contrario a la evolución
   b) Creencia en unos Maestros Ascendidos que guían la tierra
   c) "Razas raíz" y un "Plan" de evolución para la humanidad
   d) "Racismo espiritual" y antisemitismo

El fermento de los años sesenta y setenta

Podemos hallar los comienzos inmediatos del movimiento de la Nueva Era en el fermento cultural de los años sesenta:

1. La contracultura hippie
2. El interés en las drogas y el misticismo
3. La destrucción de la moralidad tradicional
4. El feminismo, la wicca y la teología
5. Una psicología humanista y transpersonal
6. El desarme mundial y diversos proyectos de "hambre"
7. El humanismo secular

A principios de los años setenta, Alvin Toffler escribió un libro llamado Future Shock ["La sacudida del futuro"]. En él mostraba que se nos estaba bombardeando con todos los elementos de una sacudida futura masiva. Algo radical le estaba sucediendo a nuestra sociedad. Toffler afirmaba que el ritmo del cambio estaba aumentando a una proporción tal, que la curva se estaba saliendo de la gráfica.

Hablaba de un soldado en medio de la batalla, bombardeado desde todas partes con balas, gritos, gemidos, explosiones, granadas, fuego rápido de ametralladoras, luces de bengala que iluminan el cielo, etc. En un ambiente tan excesivamente estimulante, algunas veces los soldados se ven empujados más allá de sus límites de resistencia; "más allá del umbral superior de su amplitud de adaptación". Los médicos del ejército lo llaman "esfuerzo de penetración a largo plazo".

Hay una forma de este problema que ha inundado todos los sectores de nuestra sociedad. Sus síntomas son el deterioro mental, la fatiga y el agotamiento emocional. Sus víctimas se vuelven apagadas y lánguidas, irracionales, confundidas, sin capacidad mental para nada, aturdidas y desorientadas.

Nos hemos convertido en una nación y un mundo de gente confundida que corre en una dirección equivocada. Para las numerosas personas que carecen de un ancla, que no tienen unas normas por las cuales darle dirección a su vida, el mundo se ha convertido en una pesadilla surrealista. Colectivamente, terminan con una sensación subjetiva de pérdida y un sentido de aislamiento y de soledad, causados por este bombardeo masivo de los sentidos. Este fenómeno tiene un propósito y una meta, orquestados por el mismo maestro del engaño, quien quiere que creamos que el alivio a esto se halla en las enseñanzas de la Nueva Era.

Un fenómeno mundial

Todo esto no es solo un fenómeno que se produce en los Estados Unidos, sino que está barriendo el mundo entero y convirtiéndose en la filosofía predominante a nivel mundial.

Hoy en día, el programa de televisión que más se ve en Rusia presenta un psíquico y canalizador de la Nueva Era, que aparece en el programa todas las mañanas en Moscú. Su programa tiene cautivada a la nación.

Mientras viajaba recientemente en una gira de conferencias por el extranjero, Ron vio que en Gran Bretaña y por todo el continente europeo, la Nueva Era se está convirtiendo en la filosofía predominante de los años noventa.

Cuando Ron estuvo en Nueva Delhi, vio un artículo en el *Delhi Times* donde se afirmaba que el movimiento de la Nueva Era ha creado un avivamiento del nacionalismo hindú, porque por fin los estadounidenses están aceptando el hinduismo como una religión verdadera.

Billy Graham le habló a una gran conferencia sobre evangelismo que se celebró en Amsterdam hace varios años. En su lenguaje señaló el conocido hecho de que dentro del corazón de cada ser humano que hay en el mundo hay un gran vacío que solo se puede llenar con la santidad de Dios. Dios nos hizo con ese vacío lleno de su presencia en el huerto del Edén, pero cuando nosotros nos separamos de Él, nuestros sistemas espirituales se volvieron defectuosos.

Lo único que podrá llenar ese vacío nuestro es Dios mismo. Mientras el ser humano no regrese a su comunión con Dios por medio de Jesucristo, ese vacío nos seguirá causando dolor. Son demasiadas las personas que lo han tratado de llenar con todo, menos el Señor, y esto es especialmente cierto con respecto a los que se han perdido en las mentiras de la Nueva Era.

El apóstol Pablo dice:

> Porque la palabra de la cruz es locura a los que se pierden; pero a los que se salvan, esto es, a nosotros, es poder de Dios. Pues está escrito: Destruiré la sabiduría de los sabios, y desecharé el entendimiento de los entendidos. ¿Dónde está el sabio? ¿Dónde está el escriba? ¿Dónde está el disputador de este siglo? ¿No ha enloquecido Dios la sabiduría del mundo? Pues ya que

en la sabiduría de Dios, el mundo no conoció a Dios mediante la sabiduría, agradó a Dios salvar a los creyentes por la locura de la predicación. Porque los judíos piden señales, y los griegos buscan sabiduría (1 Corintios 1:18-22).

Observe en especial el versículo 21, en el que Pablo dice que el mundo, por medio de su sabiduría, no ha llegado a conocer a Dios. Cada vez vemos más que la sabiduría del mundo abraza el movimiento de la Nueva Era. A pesar de que la realidad del Dios vivo y verdadero los rodea por completo, son muchos los que están cegados por el mismo engañador que les prometió la divinidad a nuestros primeros padres en el huerto del Edén. Es como si todo un sector de la sociedad corriera a ciegas por las calles. Pero la Palabra de Dios dice:

> El dios de este siglo cegó el entendimiento de los incrédulos, para que no les resplandezca la luz del evangelio de la gloria de Cristo, el cual es la imagen de Dios (2 Corintios 4:4).

Todos los elementos

La Nueva Era tomó personalidad propia en los años ochenta a través de una serie de acontecimientos que reunieron todos los elementos que comprenden el cuerpo general del movimiento. Necesitamos señalar de nuevo que no hay una sola organización, ni un líder determinado a cuyos pies podamos poner nuestros cargos contra el movimiento; es un movimiento filosófico y religioso muy amplio. Entre los elementos que contribuyeron se incluyen:

1. 1980 — Marilyn Ferguson escribe *The Aquarian Conspiracy* ["La conspiración de acuario"].
2. 1982 — La campaña publicitaria de la "Venida de Cristo" aparece en los principales periódicos cuando entra en escena Benjamin Creme como el "Juan el Bautista" de Maitreya.

3. 1983 — Shirley MacLaine surge como gran vocero del movimiento de la Nueva Era ante los medios de comunicación con su libro *Out on a Limb* ["En una rama"].
4. 1986 — Canalizadores como J. Z. Knight y Lazaris se convierten en celebridades.

En la década de los años ochenta, el movimiento de la Nueva Era se infiltra en todos los aspectos de la sociedad:

1. La educación pública ha quedado bajo una fuerte influencia de la Nueva Era.
2. Las corporaciones usan sus técnicas para adiestrar a sus ejecutivos.
3. Los líderes políticos y militares la tratan de imponer.
4. Las Naciones Unidas se convierten en un importante centro de promoción para el movimiento.
5. Muchas iglesias enseñan conceptos de la Nueva Era.

Hay dos escuelas de pensamiento principales dentro de la Nueva Era. La primera es la que podríamos llamar Renacimiento de la Conciencia; es una permuta en la cual la humanidad está traspasando los límites que se ha impuesto a sí misma para unirse a los poderes ilimitados de un universo que ya es utópico.

Esta filosofía funciona desde la perspectiva de que la verdadera mente del ser humano ha estado velada por su propia ignorancia y sus limitaciones, y que el hombre es divino y perfecto, el mundo es divino y perfecto, todo el cosmos es divino y perfecto, y todos formamos parte de la misma divinidad. Alcanzaremos este estado de perfección a base de meditar y desear unidos que esto suceda. Mientras más seguidores trabajen por lograrlo, más rápido se alcanzará este estado de perfección. Todo lo que necesitamos hacer para reclamar nuestra divinidad, tanto individual como a nivel del mundo entero, es entrar en la realidad de nuestra perfección y divinidad, liberando así nuestra naturaleza divina y uniéndonos con nuestro propio cielo en la tierra.

La segunda rama principal del pensamiento de la Nueva era se podría llamar el "Salto cuántico de la conciencia". Cuando se genere el impulso suficiente porque hay la cantidad de personas necesarias con su conciencia elevada ya desarrollada, entonces *el mundo entero* estará listo para dar un salto cuántico y entrar en una dimensión superior. A diferencia del Renacimiento de la Conciencia, esta explosión de entrada a la Nueva Era se va a producir cuando nos hayamos preparado para aceptar el don de nueva vida que nos ofrecen unos poderes que se hallan por encima de nosotros. Este paso gigante hacia la realidad cósmica se va a producir en un instante. Ve a la humanidad al borde de una masiva explosión evolutiva en la cual todos nos despertaremos una mañana en un mundo nuevo, donde seremos uno con la divinidad, el poder y la bondad.

Hay diversos conceptos sobre la forma que tomará esta intervención divina: humanoides altamente evolucionados, o algún alto consejo de hombres-dioses que son los Maestros Ascendidos de otros tiempos u otro mundo, o bien otros seres divinos todopoderosos que tienen una motivación pura, situada por encima de nuestra comprensión.

Hay muchas zonas comunes entre las dos escuelas de pensamiento, pero la más peligrosa desde la perspectiva cristiana es sin duda el grupo del Salto cuántico de la conciencia. Esto se debe a que el Renacimiento de la Conciencia comprende levantarse a sí mismo a la divinidad, a ese cielo utópico que nos espera más allá de la tercera dimensión, mientras que el Salto cuántico de la conciencia presente de la humanidad está interactuando con unas poderosas entidades iluminadas que proceden de fuera de la experiencia humana.

Esta segunda filosofía tiene unas tendencias mucho mayores hacia lo místico y lo oculto, y tiene las puertas abiertas de par en par para todas las fuerzas demoníacas imaginables.

Todas las formas de brujería y magia negra son añadidas a la urdimbre de este aspecto de la Nueva Era.

El vehículo que lleva al juicio

Aquí es donde entramos nosotros en nuestra condición de cristianos. Los que nos están tratando de vender la Nueva Era quieren que veamos la paz y la serenidad de su movimiento como un escape a las presiones de un mundo volátil, cuando en realidad, es el mismo vehículo por medio del cual el mundo se ha lanzado en una vertiginosa espiral descendente en su carrera final hacia el juicio.

Esto no nos debería sorprender a los cristianos que tenemos una perspectiva bíblica acerca de los acontecimientos humanos. Las Escrituras nos recuerdan:

> Porque vendrá tiempo cuando no sufrirán la sana doctrina, sino que teniendo comezón de oír, se amontonarán maestros conforme a sus propias concupiscencias, y apartarán de la verdad el oído y se volverán a las fábulas (2 Timoteo 4:3, 4).

A pesar de toda la sabiduría que proclaman tener los defensores de la Nueva Era, son excelentes ejemplos de personas que han convertido el Dios omnipotente del universo en cuanta forma ellos han querido.

> Pues habiendo conocido a Dios, no le glorificaron como a Dios, ni le dieron gracias, sino que se envanecieron en sus razonamientos, y su necio corazón fue entenebrecido. Profesando ser sabios, se hicieron necios, y cambiaron la gloria del Dios incorruptible en semejanza de imagen de hombre corruptible, de aves, de cuadrúpedos y de reptiles. Por lo cual también Dios los entregó a la inmundicia, en las concupiscencias de sus corazones, de modo que deshonraron entre sí sus propios cuerpos, ya que cambiaron la verdad de Dios por la mentira, honrando y dando culto a las criaturas

antes que al Creador, el cual es bendito por los siglos. Amén.

Por esto Dios los entregó a pasiones vergonzosas; pues aun sus mujeres cambiaron el uso natural por el que es contra naturaleza, y de igual modo también los hombres, dejando el uso natural de la mujer, se encendieron en su lascivia unos con otros, cometiendo hechos vergonzosos hombres con hombres, y recibiendo en sí mismos la retribución debida a su extravío. Y como ellos no aprobaron tener en cuenta a Dios, Dios los entregó a una mente reprobada, para hacer cosas que no convienen; estando atestados de toda injusticia, fornicación, perversidad, avaricia, maldad; llenos de envidia, homicidios, contiendas, engaños y malignidades; murmuradores, detractores, aborrecedores de Dios, injuriosos, soberbios, altivos, inventores de males, desobedientes a los padres, necios, desleales, sin afecto natural, implacables, sin misericordia; quienes habiendo entendido el juicio de Dios, que los que practican tales cosas son dignos de muerte, no solo las hacen, sino que también se complacen con los que las practican (Romanos 1:21-32).

Vemos desfilar a los de la Nueva Era a favor de los derechos de los animales con pieles, los peces, ciertos mamíferos e incluso la Madre Tierra. ¿Nos debería maravillar que sus filas estén llenas de gente entregada al estilo de vida homosexual y lesbiano? Aun los que se abstienen de la práctica de estos estilos de vida, los apoyan y promueven como normales.

En nuestros sistemas escolares se está poniendo en contacto a los jovencitos con estas mismas cosas. Por todo el país se están realizando clases, programas de aceptación y asambleas escolares, orientados todos hacia la Nueva Era. Es corriente ver en los pasillos de las escuelas y los lugares donde están los armarios de los estudiantes, cartelones con números de teléfono de grupos homosexuales y de lesbianas para que los llamen los estudiantes interesados. Ya desde el primer grado se les enseña a los niños a acostarse en el suelo y practicar la visualización, la imaginación guiada, el yoga y la meditación. Se les dice que "entren en su interior" y hagan uso de su propia energía divina.

Actualmente, las estrellas del cine proclaman abiertamente sus perversiones y apoyan el movimiento de la Nueva era, tanto personalmente como en su arte. En 1975, la revista *Time* calculaba que había miles de gurús hindúes en los Estados Unidos. Eran los momentos en los que se introdujo en la receta el misticismo oriental hindú; las sectas orientales comenzaron a precipitarse para llenar el vacío espiritual. En 1975, Maharishi Mahesh Yogui, fundador de la Meditación Trascendental, estuvo en el programa de Merv Griffin sentado en su posición de flor de loto. Clint Eastwood salió al escenario con un ramo de flores, y se inclinó a los pies del Maharishi.

Entonces, salió Burt Reynolds con flores, y él también se inclinó a los pies del Maharishi. Después, salió Mary Tyler Moore, y ella también se inclinó a los pies del Maharishi. Los tres afirmaron haber hallado paz y realización por medio de la meditación trascendental hindú. Para sus numerosos millones de fanáticos y admiradores, aquello fue una revelación de los dioses.

La respuesta falsa

El dulce sabor de la "paz interior" del movimiento de la Nueva Era parece tener la respuesta a todos nuestros problemas, y el movimiento está barriendo el mundo entero. La revista *Time* publicaba el 7 de diciembre de 1987 un importante artículo sobre la promoción de la Nueva Era por Shirley MacLaine. Esta tenía en la cadena ABC de televisión una miniserie de cinco horas titulada "En una rama", basada en su libro del mismo nombre, que había constituido un éxito de ventas. Según cuenta MacLaine, su búsqueda espiritual no la llevó a Jesucristo y a la Biblia, sino a los canalizadores, médium y espiritistas de la Nueva Era, los cuales le dijeron que fuera a los Andes de Bolivia, donde iba a encontrar unos platillos voladores que aterrizarían, y donde unos extraterrestres le comunicarían la sabiduría de la Nueva Era. Cuando le preguntaron a Shirley cuál era esta sabiduría de la Nueva Era, respondió diciendo esto:

> La Nueva Era es el hombre que es divino, el hombre que se puede convertir en Dios. El hombre no necesita de un salvador; se puede salvar a sí mismo por medio de un ciclo de nacimientos y reencarnaciones.

Son muchos en los movimientos ambientales y ecológicos los que están adoptando con entusiasmo el movimiento de la Nueva Era, porque en la Nueva Era, la tierra es nuestra madre. Para salvarnos a nosotros mismos, necesitamos salvar a la Madre Tierra, porque todos hemos evolucionado de ella. Compartimos la misma explosión de hidrógeno que formó la tierra. Somos uno con ella.

En realidad, esta cosmovisión panteísta procede del hinduismo y del budismo. Del misticismo oriental hindú procede la creencia en la transmigración, conocida en el occidente como reencarnación; la doctrina de que el hombre se puede purificar a sí mismo del pecado y del karma por medio de un ciclo de nacimientos y reencarnaciones.

Los maestros de la Nueva Era se han dado cuenta de que se pueden aprovechar del estado caótico en que se halla la humanidad actualmente, a base de ofrecerle a nuestro perturbado mundo un apetecido tipo de paz que tranquiliza los adoloridos nervios de la sociedad, sin que ésta se tenga que enfrentar con su Creador.

Pero la sólida roca del Calvario siempre ha ofrecido el firme fundamento de la fe para soportar todos los dardos de fuego en esta matanza. Es ella la que contiene las respuestas a todas las perplejidades y las presiones de la vida y le da una paz interior perdurable a todo aquel que se deje de preocupar por sí mismo para aferrarse a Cristo.

Cuando la gente se niega a ir en busca del Calvario, y en lugar de esto tratan de hallar su fortaleza dentro de sí misma, lo que hace es intercambiar una multitud de problemas dolorosos y sin solución, por un arreglo temporal conocido como el movimiento de la Nueva Era.

La única forma de que alguien tenga alguna vez una relación genuina con el Dios poderoso que creó este universo, es por medio de Jesucristo, su Hijo unigénito.

13

Realidades sobre...

La teología de la prosperidad: La nueva idolatría

Lo que nos ha movido a escribir este libro es el deseo de prepararlo para enfrentarse a las tinieblas y falsificaciones espirituales que abundan hoy; los falsos creídos y falsos profetas que tratan de descarriar a cuantos puedan, incluso a los elegidos del Señor.

Pero hay también una cuestión con la que tenemos que enfrentarnos, y que no se halla fuera de la Iglesia. Al contrario; es una herejía creciente que se está infiltrando en las iglesias por todas partes de los Estados Unidos. Hasta es posible que esté tocando su propia vida en estos mismos momentos.

Esta herejía ha llegado a ser conocida como "teología de la prosperidad". Muchas personas la han enseñado en la televisión. Es la enseñanza de que Dios siempre quiere que estemos sanos, y seamos ricos y prósperos; que la meta de la vida cristiana está en la prosperidad económica y la salud, y que si alguien no está sano y no es próspero, entonces es pecador, o le falta fe, o no ha confesado estas cosas usando las fórmulas correctas, los poderes correctos de la lengua.

Realidades sobre doctrinas falsas

Hace poco, Ron recibió entre su correspondencia una carta que acompañaba a un paquete de aceite de oliva. En la etiqueta del aceite de oliva decía: "Aceite ungido de la Santa Biblia". La carta decía:

Use este aceite ungido de la Santa Biblia. Santiago 5:14 dice que haga que comiencen la santidad y la prosperidad de Dios en su vida. ¿Está enfermo en su cuerpo? Use este aceite ungido de la Santa Biblia. ¿Está económicamente enfermo? Use este aceite ungido de la Santa Biblia. Abra este frasco de aceite ungido de la Santa Biblia. No desperdicie ni una sola gota.

Este aceite de fe representa a Jesús. Hágase con él una cruz en la frente, y después váyase solo por fe a su cuarto, y tome el dinero que tiene en la billetera, y haga una cruz en cada billete, para que Dios le sane sus problemas de dinero. Tome su chequera. Únjala con este aceite ungido de la Santa Biblia. Después escriba el cheque más grande que pueda, únjalo con este aceite ungido de la Santa Biblia y envíemelo a mí. Necesito su apoyo.

Esto es importante para usted. Cuando unja su dinero con este aceite ungido de la Santa Biblia, haga una cruz en cada billete y envíemelo a mí, y Dios lo va a bendecir. No malgaste una sola gota.

—Hombre de Dios durante cincuenta años

No solo es idolatría la adoración de una imagen de piedra; es idolatría todo concepto de Dios que lo reduzca a menos de lo que Él es en realidad. En nuestra tierra está creciendo una falsa religión, y se llama "teología de la prosperidad".

Muchos cristianos se ven metidos en esta falsa religión con promesas de prosperidad económica, con afirmaciones de que Dios siempre los quiere saludables, ricos y prósperos. Este "mensaje del evangelio" se ha convertido en idolatría, al reducir a Dios a la categoría de alguien que está pendiente para darnos lo que queramos. Este evangelio dice: "No preguntes lo que tú puedes hacer por Dios, sino lo que Él puede hacer por ti".

El materialismo de los Estados Unidos

Este mensaje es un humanismo carismático exclusivo de los Estados Unidos, donde se insiste tanto en el afán del hombre por obtener riquezas y tener poder para guiar las acciones de Dios. Es la deificación del sistema de valores estadounidense del éxito, la prosperidad económica y la dedicación al momento presente. Toma valores seculares y los recubre de enseñanzas cristianas, alegando que los verdaderos cristianos van a estar en la cima del sistema mundano, porque allí es donde merecen estar.

No importa que el Señor dejara como única propiedad una túnica rota, que le tuviera que pedir a uno de sus discípulos que cuidara de su madre, que no tenía propiedad alguna, que no tenía casa, que no tenía dos pares de sandalias. Ciertamente, su reino no era de este mundo, sino que estaba en los cielos. Nuestro Rey dijo:

> No os hagáis tesoros en la tierra, donde la polilla y el orín corrompen, y donde ladrones minan y hurtan; sino haceos tesoros en el cielo, donde ni la polilla ni el orín corrompen, y donde ladrones no minan ni hurtan. Porque donde esté vuestro tesoro, allí estará también vuestro corazón (Mateo 6:19- 21).

En cambio, estos predicadores, que proclaman ser seguidores del Carpintero de Nazaret, el cual ni siquiera tenía un lugar permanente donde recostar la cabeza, les ofrecen vastas riquezas materiales a sus televidentes, si respaldan su causa. Algunas veces, el desafío es tan abierto, que llegan a decir: "Si usted llama a nuestro número gratuito ahora mismo y promete lo que Dios le ponga en el corazón, puede esperar grandes bendiciones económicas esta misma semana". Por lo general, esto va seguido del testimonio de alguien que dice: "Yo estaba enfermo, en la quiebra, había fracasado en los negocios, y entonces le entregué mi vida a Jesús. Ahora tengo salud, riquezas y grandes éxitos."

Todo suena muy maravilloso: Ser cristiano y conseguir una casa más grande, un barco y unas vacaciones en Hawaii. Son demasiadas las personas para las cuales la prosperidad se está convirtiendo en la meta del cristianismo aplicado a la práctica y la señal de una espiritualidad verdadera.

Ya no se trata de "Por su amor los conoceréis", sino de "Por sus posesiones materiales los conoceréis". Esta enseñanza está creando una generación de cristianos que creen que Dios y todo su universo dan vueltas alrededor de su propia comodidad y de su bienestar personal. Sin embargo, eso no es cierto.

Alguien dijo en una ocasión que por cada cien personas que se las pueden arreglar con éxito en la pobreza, solo hay una que puede manejar con éxito la prosperidad. La razón de esto es que la prosperidad trae consigo su propio conjunto de problemas.

Si el mensaje de la prosperidad fuera realmente la forma en que Dios hace las cosas, esto arrojaría una luz muy negativa sobre la mayoría de los cristianos que viven detrás de la Cortina de hierro y en los países del Tercer mundo, puesto que con frecuencia, sus testimonios son algo como esto: "Yo lo tenía todo: prestigio, reconocimiento, un buen trabajo, una esposa feliz y unos hijos también felices. Entonces, le entregué mi vida a Jesucristo. Ahora estoy en un campamento de concentración. He perdido mi familia, mis riquezas, mi reputación y mi salud. Mi crimen consistió en decir que amaba a Jesucristo."

Sacrificio en Shanghai

Hace poco, mientras Ron estaba en Shanghai, pasó una tarde de domingo con una familia cuyo hijo era estudiante de intercambio y vivía en California. La familia era cristiana, y el estudiante le había pedido a Ron que les llevara una Biblia a sus padres, puesto que no habían tenido una en veinte años.

Ron logró encontrar el camino en aquella ciudad de diez millones de habitantes, llegó a su edificio de apartamentos y subió cuatro pisos por unas escaleras de madera medio rotas, hasta un pequeño apartamento de un solo cuarto, donde vivían los padres del joven.

El padre era un hombre brillante que tenía un doctorado en física nuclear. Había sido profesor de física en la Universidad de Shanghai hasta que comenzó la Revolución cultura. La Guardia Roja había llegado y le había quemado sus libros, se había llevado las Biblias de la familia y lo había despedido de la universidad. Le habían dicho que todo lo que tenía que hacer era renunciar a Jesucristo, para recuperar su puesto en la universidad, pero él se había negado. Por eso, durante los últimos veinte años se había visto relegado a trabajar de delineante. Su esposa, profesora con un doctorado en música, había estado trabajando de costurera durante veinte años.

Ron les dio a estos cristianos dos Biblias, y nunca olvidará las lágrimas que había en sus ojos, mientras lloraban y las estrechaban contra el corazón.

"Permita que le enseñemos lo que hemos tenido como comida espiritual durante los últimos veinte años", le dijo el padre. "Cuando vino la Guardia roja durante la Revolución cultural, se llevaron todas nuestras Biblias y las quemaron. Solo pudimos salvar un viejo himnario en inglés todo destrozado." Fue a su baúl de cedro y sacó el himnario. "Ron, todas las noches, antes de irnos a la cama, mi esposa y yo abrimos este himnario y leemos un himno. Esa ha sido nuestra única comida espiritual durante los últimos veinte años."

Ron les preguntó si le podían decir cuáles eran sus himnos favoritos. El padre volvió varias páginas y comenzó a leer: "Yo me rindo a ti". Pasó unas cuantas páginas más, y leyó:

"He decidido seguir a Cristo; no vuelvo atrás, no vuelvo atrás. La cruz delante y el mundo atrás, no vuelvo atrás, no vuelvo atrás."

La realidad en Laos

Hace algunos años, Ron estaba visitando la frontera de Tailandia con Camboya, donde había varios centenares de miles de refugiados budistas procedentes de Camboya y de Laos. En aquellos campamentos no se hallaba ningún budista que estuviera cuidando de los refugiados. No había tampoco hindúes, musulmanes ni comunistas que los atendieran.

Los que estaban cuidando de los refugiados eran cristianos de las misiones y organizaciones de ayuda cristianas, que comprendían el valor de la vida humana.

Ron conoció a un hombre que había sido pastor en Laos. Siete años antes, los comunistas habían cerrado la estación de radio de la capital de Laos en la que él trabajaba, porque estaba poniendo música cristiana. Le dijeron que si dejaba de tocar música cristiana, dejaba de predicar acerca de Jesucristo y seguía la línea del comunismo, podría seguir en la estación. Pero él se negó, así que lo llevaron a un paredón junto con su esposa y su hijo.

Allí le pusieron un revólver en la cabeza al hijo, y le dijeron a la familia: "todo lo que tienen que hacer es renunciar a Jesucristo, y los dejaremos vivir". Antes de que el padre pudiera decir nada, su hijo, que tenía doce años, se puso de pie con el revólver aún apuntándole a la cabeza, y dijo: "Nunca renunciaré a Jesucristo". Los comunistas lo mataron frente a sus padres.

Después fueron a su esposa y le pusieron el revólver en la cabeza. Dijeron: "Si renuncias a Cristo, te dejaremos vivir". Ella contestó: "Nunca", y la mataron. Como él era un hombre fuerte, lo pusieron en un cepo con grilletes en los pies, y tuvo que trabajar durante siete años en un campamento de trabajo comunista. Milagrosamente, se pudo escapar, atravesando la frontera de Camboya para entrar en Tailandia, unos pocos meses antes de que Ron lo conociera. Ya había comenzado una iglesia en aquel campamento, para hablarle a la gente del amor de Jesucristo.

El mensaje falso

Algunas veces nos preguntamos por qué estos predicadores de la teología de la prosperidad que hay en los Estados Unidos no se van a la frontera con Camboya; porque no van a la China y les dicen a aquellos cristianos: "¿No saben ustedes que Dios los quiere sanos, ricos y prósperos? ¿Qué están haciendo en este campamento de concentración? ¿Qué están haciendo en un miserable apartamento de un cuarto piso? ¿Acaso no saben que Dios los quiere bendecir?"

Es evidente que estos cristianos de China, Camboya y Laos no tiene suficiente fe. Todo lo que pasa es que no han pronunciado una palabra de fe, o no han hecho una confesión positiva; no lo han "mencionado y reclamado". ¡Seguramente no son tan espirituales como nosotros aquí en los Estados Unidos!

En el África, en lugares como el Sudán, son tantos los cristianos asesinados por su fe, que deben estar creyendo que la tribulación se halla en su momento de mayor furor. Por alguna razón, los predicadores de la prosperidad no dicen mucho en aquellos lugares. Cuando por fin aparecen en la zona, lo hacen con cámaras que los presenten bendiciendo a los refugiados con alimentos y medicinas, además de añadir una línea en la que nos suplican que les enviemos más dinero para que puedan bendecir a aquella gente con más de su prosperidad. Ni uno solo de estos predicadores les podría decir a estas personas que sufren y agonizan que proclamen salud y éxito, y que después Dios va a responder a sus demandas. Ni uno de ellos le ha dicho a esa gente que la clave para desatar su fe es prometerle al predicador la cantidad "que Dios les ponga en el corazón".

Si la teología de la prosperidad fuera realmente una doctrina procedente de Dios, los que la predican deberían considerar como deber cristiano suyo el ir a esos lugares para instruir a los que sufren en cuanto a su aplicación. Pero nunca lo hacen, porque no es cierta. El evangelio de la prosperidad es una falsificación. Si usted no les puede predicar un evangelio a *todas* las personas de la tierra, es que no se trata del verdadero Evangelio de Jesucristo. Es una religión falsificada.

La ciencia religiosa de la mente

Este falso evangelio tiene su modelo en fórmulas para el éxito promulgadas por gente como Napoleón Hill, quien ha presentado su teoría en libros como *Think to Grow Rich* ["Piense para hacerse rico"] y *The Power of Positive Mental Attitude* ["El poder de la actitud mental positiva"]. Sin embargo, Napoleón Hill afirma haber estado metido en el ocultismo, que esta información le ha sido proporcionada por espíritus sin cuerpo, y que el sistema opera bajo el principio de la mente sobre la materia.

Hill y sus imitadores religiosos del púlpito afirman que podemos visualizar lo que deseamos, y que aquello que nuestra mente puede visualizar, nosotros lo podemos lograr en la vida real. Nuestro acto de visualización se convierte en un sustituto de la verdadera fe en Dios.

El predicador cristiano de la prosperidad dice que, por el hecho de que somos hijos de Dios, Él quiere lo mejor para nosotros. Preguntan: "¿Qué padre no les daría a sus hijos lo mejor que les pueda proporcionar? Entonces, ¡cuánto más nuestro Padre celestial, que nos dará de cuanto tiene para dar!" Después sacan a relucir unas cuantas docenas de historias de "éxitos", y salen a relucir chequeras por toda la congregación.

Esta estrategia parece estar siguiendo el modelo de alguno de esos programas de mercadeo a multinivel que han cautivado a tanta gente. Estos programas ofrecen grandes riquezas, poder, prestigio y honores. Todas las reuniones tienen sus exuberantes líderes, sus testimonios de grandes éxitos... y también sus víctimas silenciosas.

Sí, es cierto que hay unos pocos que hacen una fortuna, pero la mayoría se meten en el programa (por lo general con un dinero que no tienen), corren a toda prisa tratando de reproducir los milagros de los que han oído hablar en la última reunión, atraen a unos cuantos amigos o conocidos, y terminan en bancarrota, desalentados y con un garaje lleno de jabón o de vitaminas.

No hace mucho, Ed asistió a un culto de domingo en la iglesia de uno de los maestros de la prosperidad. Al frente del aparcamiento de la iglesia se hallaban los Lincolns, Cadillacs y Mercedes de los pastores. Era algo bien impresionante. Antes de entrar, se tomó un instante para recorrer la inmensa zona de aparcamiento. Lo primero que notó fue que aquello era un desastre, lleno de baches en todas las hileras. Lo segundo que vio fue que tal vez hubiera un auto de lujo por cada centenar. Y había por lo menos una docena de autos desastrosos en aquel mismo centenar. Más o menos la misma mezcla que en una conferencia multinivel.

Si usted no tiene la salud y la riqueza prometidas, la manera fácil de salirse del apuro por parte del promotor, es avergonzarlo con una falsa culpabilidad. Le dicen: "Tiene que haber pecado en su vida", o "Usted no tiene suficiente fe". Así es como la víctima termina metiéndose en un círculo vicioso, esforzándose cada vez más por convertir en realidad la fórmula para el éxito.

Toda esta filosofía de visualizar y reclamar nuestra "herencia" no es más que ciencia religiosa mental. Es una religión falsificada. Es un producto de una mentalidad materialista occidental; una filosofía humanista que reduce a Dios a la condición de sirviente del hombre, un dios que el hombre puede manipular para conseguir sus propias ventajas egoístas. Es la nueva idolatría.

El concepto de Pablo sobre las riquezas

¿Se puede imaginar lo que dirían algunos de estos predicadores de la teología de la prosperidad si Pablo estuviera vivo? "Pablo, ¿qué estás haciendo en la prisión? ¿Acaso no sabes que Dios te quiere saludable, rico y próspero? Es obvio que no tienes suficiente fe, como nosotros. Pablo, debe haber pecado en tu vida. Lo que pasa es que no has reclamado tu herencia."

¡Qué herejía! Estando preso en Roma, fue donde Pablo escribió una buena parte del Nuevo Testamento. Fue allí donde Dios se glorificó tanto, que el tiempo que Pablo estuvo preso sigue siendo contemplado con gran reverencia dos mil años después. En Filipenses dice:

> Quiero que sepáis, hermanos, que las cosas que me han sucedido, han redundado más bien para el progreso del evangelio, de tal manera que mis prisiones se han hecho patentes en Cristo en todo el pretorio, y a todos los demás. Y la mayoría de los hermanos, cobrando ánimo en el Señor con mis prisiones, se atreven mucho más a hablar la palabra sin temor. Algunos, a la verdad, predican a Cristo por envidia y contienda; pero otros de buena voluntad. Los unos anuncian a Cristo por contención, no sinceramente, pensando añadir aflicción a mis prisiones; pero los otros por amor, sabiendo que estoy puesto para la defensa del evangelio.
>
> ¿Qué, pues? Que no obstante, de todas maneras, o por pretexto o por verdad, Cristo es anunciado; y en esto me gozo, y me gozaré aún. Porque sé que por vuestra oración y la suministración del Espíritu de Jesucristo, esto resultará en mi liberación, conforme a mi anhelo y esperanza de que en nada seré avergonzado; antes bien con toda confianza, como siempre, ahora también será magnificado Cristo en mi cuerpo, o por vida o por muerte (Filipenses 1:12-20).

Pablo convirtió su decepción en un nombramiento divino. Comenzó a compartir su fe con toda la prisión, y el cristianismo se comenzó a esparcir. Él comprendía lo que Jesús quiso decir al hablar de que en esta vida habrá tribulación (Juan 16:33). Comprendía que Dios había prometido satisfacer todas nuestras *necesidades,* pero no tenía por qué satisfacer nuestros *deseos.*

Veamos lo que escribió desde la prisión unos cuantos capítulos más adelante. Aquí se halla en una mazmorra de Roma, listo para ser decapitado, y dice: "Regocijaos en el Señor siempre. Otra vez digo: ¡Regocijaos!" (Filipenses 4:4). Él comprendía de dónde procedía su gozo: No procedía de sus posesiones materiales, ni de su cuenta de banco, ni de la forma en que estaba viviendo. Inmediatamente después de decirnos que nos regocijemos, nos da más indicaciones de origen divino:

> Por nada estéis afanosos, sino sean conocidas vuestras peticiones delante de Dios en toda oración y ruego, con acción de gracias. Y la paz de Dios, que sobrepasa todo entendimiento, guardará vuestros corazones y vuestros pensamientos en Cristo Jesús. Por lo demás, hermanos, todo lo que es verdadero, todo lo honesto, todo lo justo, todo lo puro, todo lo amable, todo lo que es de buen nombre; si hay virtud alguna, si algo digno de alabanza, en esto pensad.
>
> Lo que aprendisteis y recibisteis y oísteis y visteis en mí, esto haced; y el Dios de paz estará con vosotros. En gran manera me gocé en el Señor de que ya al fin habéis revivido vuestro cuidado de mí; de lo cual también estabais solícitos, pero os faltaba la oportunidad. No lo digo porque tenga escasez, pues he aprendido a contentarme, cualquiera que sea mi situación. Sé vivir humildemente, y sé tener abundancia; en todo y por todo estoy enseñado, así para estar saciado como para tener hambre, así para tener abundancia como para

padecer necesidad. Todo lo puedo en Cristo que me fortalece.

Mi Dios, pues, suplirá todo lo que os falta conforme a sus riquezas en gloria en Cristo Jesús (Filipenses 4:6-13, 19).

Esta es la Palabra de Dios para la Iglesia. Eso es llevar una vida cristiana gloriosa y en victoria. Pablo comprendía que Dios *había prometido* satisfacer todas nuestras necesidades legítimas.

Esforzarse hacia el verdadero premio

Un evangelista nos contó hace poco algo que le sucedió mientras viajaba por Londres. Tenía que hablar un domingo por la mañana en una gran catedral que se hallaba al otro lado de la ciudad. Solo tenía suficiente dinero para ir en ómnibus a aquella iglesia, y se preguntaba cómo iba a regresar después del culto. Pero sabía que Dios le había prometido atender a todas sus necesidades, así que dijo: "Señor, por fe, me voy a predicar, y confío en que tú vas a atender a mi necesidad de regresar a la casa".

Predicó con todas sus fuerzas; después del culto, la gente lo saludó y le dio las gracias, y pronto se encontró solo. Nadie se había ofrecido a darle dinero, ni a llevarlo a la casa. Entonces, el evangelista comenzó a discutir con Dios. "Señor, ¿qué estás haciendo? Yo creía que tú me habías prometido que atenderías a todas mis necesidades." En ese momento, Dios le habló en medio del silencio de la catedral, diciéndole: "Por supuesto que te prometí satisfacer todas tus necesidades, y actualmente, lo que más necesitas es ejercicio. ¡Comienza a caminar!" Dios sabe lo que necesitamos de verdad.

Pablo había aprendido el secreto de la vida. Había sido un judío altamente estimado, y había tenido todas las cosas que ofrecen los predicadores de la prosperidad. Sin embargo, lo había perdido todo. ¿Qué decía al respecto? ¿Se había convertido en un fracasado por haberlo perdido todo? ¿No tenía fe suficiente para estar saludable y tener grandes riquezas? Escuche lo que él mismo dice:

> Pero cuantas cosas eran para mí ganancia, las he estimado como pérdida por amor de Cristo. Y ciertamente, aun estimo todas las cosas como pérdida por la excelencia del conocimiento de Cristo Jesús, mi Señor, por amor del cual lo he perdido todo, y lo tengo por basura, para ganar a Cristo, y ser hallado en él, no teniendo mi propia justicia, que es por la ley, sino la que es por la fe de Cristo, la justicia que es de Dios por la fe; a fin de conocerle, y el poder de su resurrección, y la participación de sus padecimientos, llegando a ser semejante a él en su muerte, si en alguna manera llegase a la resurrección de entre los muertos.
>
> Hermanos, yo mismo no pretendo haberlo ya alcanzado; pero una cosa hago: olvidando ciertamente lo que queda atrás, y extendiéndome a lo que está delante, prosigo a la meta, al premio del supremo llamamiento de Dios en Cristo Jesús (Filipenses 3:7-11, 13, 14).

Afirma que él prosigue hacia la meta del supremo llamamiento. ¿Cuál es esa meta? ¿Cuál es la razón de ser de la vida hacia la cual proseguía en su esfuerzo? "Conocer a Cristo, y el poder de su resurrección." La verdadera meta de la vida cristiana es que conozcamos a Cristo y seamos conformados a su carácter.

¿Cuál es su meta?

Tal vez Dios decida darle a usted bendiciones económicas, y creemos que Él ha llamado a algunos de esta manera especial. Pero no espere que lo haga *porque* usted lo reclama como si se le debiera; solo es un don que Dios les da a algunas personas. Ser rico no tiene nada de malo, pero comprenda que si Dios decide concederle la capacidad necesaria para ganar grandes cantidades de dinero, le está dando una terrible responsabilidad. Lo va a hacer responsable, como administrador de lo que le ha dado.

Nuestra responsabilidad *primordial* como cristianos es regocijarnos en el Señor, cualesquiera que sean las circunstancias en que nos hallemos, para poderlo conocer a Él, y el poder de su resurrección, lo mismo que Pablo.

¿De dónde saca usted su valor como ser humano? ¿Dónde halla su seguridad en la vida? ¿Se basa su valor en su posición en el trabajo? ¿En el título que tiene? ¿Se basa su seguridad en la vida en la cantidad de dinero que tiene en el banco? ¿En la cantidad de acciones y bonos que tiene? ¿En la cantidad de propiedades que tiene? ¿Es la enfermedad como la lluvia, que cae sobre el justo y el impío, o es una señal de que usted ha fracasado espiritualmente? ¿Dónde tiene puesta realmente su seguridad?

Piense en Job: Perdió todo lo que tenía en el mundo, y después se postró a adorar a Dios (Job 1). Tal vez usted esté diciendo: "Eso está bien para Pablo y para Job; eran grandes hombres de fe. Pero usted no sabe por lo que yo estoy pasando. No conoce la angustia, la desilusión y la prueba en las que me encuentro metido hoy."

Tal vez se esté preguntando si Dios no lo habrá abandonado. ¿Le interesa usted realmente a Dios? Se halla en una situación difícil, ya sea médica, económica o familiar, y dice: "¿Cómo resuelvo esto?" Lo que necesita es confiar en Dios, que fue quien lo hizo, que lo ama, y que dio su Hijo por usted en el Calvario. El que ha hecho todo eso por usted, se puede enfrentar a todas las necesidades de su vida.

Hallar lo que realmente importa

Unas cuantas semanas antes de terminar el original de este libro, Ed fue llevado a toda carrera al hospital por un equipo de paramédicos que habían respondido a una llamada de emergencia de su esposa Carol. Tenía dolores fuertes y luchaba por respirar cuando ellos llegaron a su hogar. Estaba pasando por algo que parecía ser otro ataque al corazón. Puesto que se producía año y medio después de un ataque, el pronóstico no era bueno. Ya era la tercera vez que Ed había tenido que viajar en la parte posterior de una ambulancia.

Pasó dos días en una unidad de cuidados intensivos, antes de que los médicos descubrieran que había contraído una infección viral en los músculos que rodean el corazón, y que la infección se había extendido a los músculos del pecho. El camino de regreso ha sido largo, pero Ed sigue sonriendo todo el tiempo.

> Allí estaba, en la parte posterior de la ambulancia, con la cara cubierta por una máscara de oxígeno, un suero intravenoso en el brazo, y monitores que iban leyendo mis señas vitales y enviándolas por radio a un médico que me esperaba en la sala de urgencias. En la carne, no era un cuadro muy positivo. Sin embargo, tenía una paz muy positiva. Sabía que estaba al cuidado del Gran Sanador. Sabía que iba a vivir, ya fuera aquí, o en el cielo con Jesús. Se me hacía difícil no quererme ir con Él en ese mismo momento. Todo el tiempo, lo que hice fue confiar en Dios. Ni siquiera pensé en que pudiera haber otra opción.

Ron cuenta una historia parecida sobre una experiencia que tuvo mientras estaba estudiando en Israel.

> Durante las vacaciones de Navidad, subimos al monte Sinaí, donde Moisés recibió los Diez Mandamientos. Se nos habían pinchado tres neumáticos del jeep mientras llegábamos allí. La gasolina estaba escasa, así que decidimos dirigirnos al canal de Suez para conseguir ayuda de los militares israelíes.
>
> El cuento es largo, pero nos vimos atrapados en las incursiones mayores contra Egipto desde la guerra de los Seis

Días, durante la guerra del Yom Kippur de 1969. Más tarde, al cruzar el desierto, se nos volvieron a pinchar más neumáticos del jeep. Nos quedamos detenidos durante varios días, sin comida ni agua. Bebíamos el agua del radiador, que era un fango lleno de herrumbre, y comíamos pedazos de madera, además de masticar nuestras botas de cuero para sobrevivir.

Finalmente, nos rescató el Embajador británico de Israel (otra larga historia). Terminamos volcando el jeep en el último día, mientras regresábamos. Nuestro viaje de tres días se había convertido en una odisea de dos semanas. Regresamos a Jerusalén, y una semana más tarde comencé a ponerme de un color amarillo brillante. Mis ojos parecían luces de neón. Se me comenzó a inflamar el hígado.

En la mañana del shabbat me levanté tan enfermo, que apenas pude salir de la cama. Me llevó más de una hora vestirme. Por fin me monté en mi motocicleta. (Todos los demás se habían marchado de la escuela para pasar el shabbat.) Me fui, atravesando las calles de Jerusalén, hasta el hospital Hadassa y llevé la moto hasta el cuarto de urgencias. Los médicos supieron de inmediato lo que tenía.

Me tomaron muestras de sangre y me dijeron: "Carlson, otras treinta y seis horas más, y usted habría estado muerto". Me señalaron que era el peor caso que habían visto jamás de hepatitis viral infecciosa. También me dijeron que había esperado demasiado tiempo. Me ingresaron en el hospital allí en Jerusalén, y en él estuve durante diez días, después de los cuales tuve una recaída. Estaba peor que cuando había ingresado.

Me transfirieron a un hospital católico francés y árabe en el este de Jerusalén. Allí estuve seis semanas. Al final de las seis semanas, los médicos me dijeron que la única forma en que iba a sobrevivir (debido al daño hecho a mis órganos internos) era ponerme en un avión y enviarme a los Estados Unidos. Entonces habría tenido que permanecer en cama durante los diez o doce meses siguientes.

La ambulancia me llevó a Tel Aviv. Me pusieron en un avión, y mi padre me fue a buscar a Nueva York. Cuando me llevó a casa, estaba sumamente enfermo.

La teología de la properidad...

Yo era novio de una joven con la que estaba planeando casarme; de hecho, le había comprado un diamante en Jerusalén. Cuando llegué a casa, la llamé, pero ella me informó que en mi ausencia, se había enamorado de otro hombre, y que no me quería volver a ver jamás.

Entonces yo dije: "Señor, ¿qué estás haciendo? Señor, ¿por qué yo? Dios mío, ¿acaso no sabes lo mucho que la amo? Señor, ¿por qué me tiraste en una cama? ¿No sabes que quiero terminar mis estudios? Señor, ¿por qué yo?"

Me deprimí, y durante dos meses permanecí acostado en cama. No quería hablar con nadie. No quería leer la Biblia. No quería orar. No quería que nadie me viniera a predicar. Solo me quería hundir en la tristeza. Después de dos meses en una frustración total, una mañana tomé mi Biblia y la abrí. Al mirarla, el primer versículo que vi fue el Salmo 46:10: "Estad quietos, y conoced que yo soy Dios". Era como si Dios me estuviera dando un bofetón mientras me decía: "¡Carlson, estate quieto! Tranquilízate y conoce que yo soy Dios". Yo le contesté: "Dios mío, ¿qué me quieres enseñar?"

Durante los siguientes meses que pasé en cama, Dios me comenzó a enseñar algunas cosas que nunca habría podido aprender sin pasar por aquellos tiempos de prueba. Me comenzó a enseñar lo que es tener paciencia. Me comenzó a enseñar lo que es tener una confianza y una fe totales; lo que significan las palabras de Proverbios 3:5: "Fíate de Jehová de todo tu corazón, y no te apoyes en tu propia prudencia".

Cuando uno no comprende el porqué, es cuando tiene que confiar en Dios con todo el corazón. Así fue como Él me comenzó a enseñar lo que era tener amor, lo que quiere decir 1 Corintios 13 cuando habla de que el amor lo sufre todo, lo espera todo y lo soporta todo. De hecho, me tenía reservado alguien con quien casarme, que era mejor de lo que yo había pensado originalmente.

Debido a mi extrema enfermedad, mi padre me llevó a un médico famoso del Medio Oeste, donde vivíamos en aquel tiempo. Tenía setenta y dos años de edad y se había hecho muy famoso dentro de la profesión médica. Era dueño de una gran clínica, con todo un personal de médicos que trabajaban para él. Había dado centenares de miles de dólares, si no millones, para la obra cristiana en el mundo entero.

Yo le comencé a hablar a este doctor sobre el dolor y la desilusión por los que estaba pasando. Él me contestó: "Ron, ¿le importaría que yo le contara algo sobre mi propia vida?". Yo le dije: "No; hágalo". Así supe que ocho años antes, su esposa había tenido un ataque de apoplejía y había quedado paralizada por completo. Después me dijo: "Ron, durante los últimos ocho años, voy todos los días cuando salgo del trabajo al asilo, me llego a la cama de mi esposa, la tomo de la mano y le digo que la amo. Ella no puede hablar ni moverse, pero yo sé que me oye. Después me voy a casa, y es una casa grande. Por la mañana me despierto, pongo un gofre congelado en la tostadora y después me voy al trabajo.

"Soy rico, y he tenido éxito en mi profesión. He dado centenares de miles de dólares para la obra cristiana. Cuando sucedió esto, dije: "Señor, ¿por qué? ¿Por qué yo? ¿Por qué, cuando estoy listo para jubilarme en el mejor momento de mi vida, permites que me suceda algo así? ¿Acaso no sabes lo mucho que te amo? ¿Acaso no sabes lo mucho que hecho por ti, Dios mío?".

"En aquel momento me di cuenta de que tenía que escoger. O me *amargaba,* o *mejoraba*. No hay mucha diferencia entre las dos palabras. Uno se puede centrar en el 'yo', sentir lástima de sí mismo y convertirse en un amargado, o centrarse en la 'E' de Emmanuel, Dios con nosotros, y convertirse en una persona mejor que antes. Hace ocho años, yo decidí convertirme en alguien mejor. Dije: 'Señor, no comprendo el porqué, pero voy a confiar en ti en todo lo que quieras hacer, en todo lo que me quieras enseñar y en la forma en que me quieras usar, cualquiera que sea'".

Ese fue mi momento decisivo. Decidí que aquello que me estaba sucediendo me iba a hacer mejor, en lugar de convertirme en un amargado.

El herrero amoroso

Hay ocasiones en que Dios es como el herrero que toma del depósito de chatarra un pedazo de metal herrumbroso, doblado y torcido. Lo pone sobre los carbones encendidos y lo comienza a calentar. Entonces, lo saca del fuego, lo coloca sobre el yunque, golpeándolo hasta convertirlo en un implemento que sea realmente útil. Después de eso, lo sumerge en el agua fría. Cuando lo saca del agua, ya no es un pedazo de metal herrumbroso, doblado y torcido, sino una herradura fuerte y templada, que se puede utilizar con un importante propósito.

Si usted está tratando de crecer como cristiano, la vida no está hecha únicamente de salud, riqueza y prosperidad. Algunas veces, Dios quiere conformarnos a su imagen. Y en ocasiones, eso significa meternos en el fuego, colocarnos sobre el yunque y sumergirnos en el agua fría. Tal vez no comprendamos por qué, pero cuando no lo comprendamos, lo que tenemos que hacer es confiar en el Señor con todo el corazón.

> Fíate de Jehová de todo tu corazón, y no te apoyes en tu propia prudencia. Reconócelo en todos tus caminos, y él enderezará tus veredas (Proverbios 3:5, 6).

> Hermanos míos, tened por sumo gozo cuando os halléis en diversas pruebas, sabiendo que la prueba de vuestra fe produce paciencia. Mas tenga la paciencia su obra completa, para que seáis perfectos y cabales, sin que os falte cosa alguna (Santiago 1:2-4).

La paráfrasis hecha por J. B. Phillips dice: "Cuando inunden su vida todo tipo de pruebas y de tentaciones, hermanos míos, no se resientan por ellos como si fueran intrusos, sino denles la bienvenida como a amigos. Dense cuenta de que vienen para probar su fe y para producir en ustedes

Realidades sobre doctrinas falsas

paciencia. Pero dejen que el proceso siga adelante, hasta que se desarrolle por completo esa paciencia, y descubrirán que se han convertido en hombres de carácter maduro, hombres íntegros sin puntos débiles."

El verdadero mensaje de prosperidad es que Dios se nos quiere dar *Él mismo*. Pablo dice en los capítulos 3 y 4 de Filipenses que la fuente de todo gozo, de toda seguridad y de todo valor no se halla en las posesiones materiales. Toda seguridad y todo valor se deben apoyar en Dios y en Jesucristo.

Cuando usted se sienta seguro en una relación, no le va a importar lo que suceda con las cosas que lo rodean. Cuando usted centra su vida en Jesucristo. Por fuertes que sean las tormentas de la vida que rujan a su alrededor, va a tener perfecta paz (Isaías 26:3).

14

Realidades sobre...

El catolicismo romano

Sucedió en 1971, mientras Ron viajaba por Europa con un grupo de Juventud para Cristo, que se hallaban en Berlín y decidieron pasar a la Alemania Oriental. Pasaron por el famoso Check Point Charlie y tomaron un tren desde Berlín del Este hasta un pueblo llamado Wittenberg.

Su viaje tenía un propósito: Al llegar allí, comenzaron a buscar una iglesia muy especial. Recorrieron las calles adoquinadas y encontraron la iglesia que había estado en el centro de una de las mayores controversias en toda la historia del cristianismo. Cuando estaban frente a la iglesia, vieron allí una gran tarja de bronce clavada en la puerta de entrada.

La tarja estaba allí para conmemorar un documento que había clavado en aquella misma puerta en 1517 un profesor universitario católico llamado Martín Lutero. En él estaban escritas noventa y cinco tesis en las que Lutero se hallaba en desacuerdo con los dogmas de su Iglesia.

El papel que Lutero había clavado a aquella puerta en su condición de erudito católico, decía esencialmente esto: *"Disiento, no estoy de acuerdo y protesto"*. Y así nació la Reforma. A partir de aquellos escalones, se extendió a toda Europa y a toda la amplitud de la cristiandad.

Lo que necesitamos preguntar es por qué un erudito bíblico de la Iglesia católica romana tuvo que protestar. ¿Con qué se manifestó en desacuerdo en 1517? ¿Eran legítimas sus quejas? ¿La Iglesia católica romana las ha estudiado, desafiado o corregido? ¿Se han aclarado estas cuestiones, o siguen existiendo hoy?

Las iglesias protestantes que nacieron de la Reforma comenzada en aquellos mismos escalones, siguen existiendo hoy, y al parecer, el catolicismo romano es más fuerte que nunca.

Es muy evidente que existían unas diferencias muy reales entre el catolicismo y el cristianismo bíblico en aquellos tiempos, y siguen existiendo hoy. Tenemos el propósito de proporcionar un estudio crítico de esas diferencias tan reales, para que usted comprenda con exactitud lo que enseña hoy la Iglesia católica romana, y lo que hallamos en la Biblia, la Palabra de Dios.

El trasfondo romano

La Iglesia católica romana afirma tener seiscientos veinte millones de miembros en todo el mundo. En los Estados Unidos hay unos cincuenta millones de católicos, lo cual es aproximadamente la quinta parte de la población del país. En Canadá, los católicos representan la mitad de la población.

La Iglesia católica romana ha sido una fuerza de importancia en los asuntos mundiales. Las naciones siguen enviando embajadores al Vaticano, tal como lo hacen con los grandes poderes geográficos.

En la Edad Media, el Vaticano era un gran poder político en el oeste de Europa. Sus universidades y monasterios se convirtieron en centros de estudios. Durante los siglos XVI y XVII fueron enviados misioneros católicos al Asia, el África y el Nuevo Mundo, y tuvieron una gran influencia en la expansión de la cultura occidental.

Ciertamente, la Iglesia católica ha influido sobre el arte; Miguel Ángel y Rafael se hallan entre los numerosos artistas de fama producidos por esta Iglesia. También ha influido grandemente sobre la música, la pintura y la escultura. Vemos su trabajo en las grandes catedrales que aún están en pie en la Europa de hoy. La Iglesia católica opera escuelas, universidades, hospitales, orfanatos y asilos de ancianos en todo el mundo.

La gente ve todas estas cosas positivas y pregunta: "¿Qué hay en todo esto con lo que ustedes puedan estar tan en desacuerdo?"

Le queremos asegurar que no estamos en desacuerdo con todas las cuestiones básicas y esenciales de la teología, puesto que los católicos sostienen algunas de las doctrinas centrales del cristianismo. Ellos sostienen la creencia en la Trinidad, la divinidad de Jesucristo, su nacimiento virginal, su impecabilidad y el sacrificio expiatorio en la cruz.

Lo que nos perturba es aquello que los católicos les han añadido a las Escrituras a lo largo de los años; tanto, que muchos de ellos ya no pueden ver las enseñanzas de la Palabra de Dios en su fe. Lo que ven en lugar de ella, son los ritos y las tradiciones que la Iglesia católica ha ido amontonando encima de la Palabra de Dios a lo largo de centenares de años.

Muchos de estos ritos y tradiciones han impedido que los católicos conozcan la sencillez de la verdadera Palabra de Dios. La Iglesia católica ha ido añadiendo doctrinas, tradiciones e ideas de hombres que no aparecen en las Santas Escrituras, y que de hecho, son contrarias a ellas.

Las tradiciones ajenas a la Biblia

Entre estas tradiciones católicas que rechazamos los cristianos que creemos en la Biblia, se encuentran enseñanzas como las siguientes:

La Iglesia fue edificada sobre Pedro, de quien se dice que fue el primer papa.

La doctrina del purgatorio después de la muerte para purificar a la persona del pecado.

Las oraciones dirigidas a María y a los santos muertos para que medien a favor nuestro.

Las imágenes para arrodillarse a orar delante de ellas.

La confesión a un sacerdote para la absolución de los pecados.

La misa y los sacramentos como necesarios para la salvación.

La salvación solo viene por medio de la Iglesia católica romana.

La eucaristía de la misa y la transubstanciación, la doctrina según la cual el pan y el vino se convierten realmente en el cuerpo y la sangre de Cristo, que son recibidos en la comunión.

La penitencia y la venta de indulgencias.

La veneración y la adoración a María, que ha aumentado grandemente en los últimos años.

El agua bendita.

La canonización de los santos muertos.

El celibato de los sacerdotes.

El rosario.

Todas estas cosas son tradiciones que entraron a la Iglesia católica romana a lo largo de los años, y se convirtieron en dogmas. La Iglesia las ha seguido enseñando como si fueran bíblicas.

Hasta el año 1545, en el Concilio de Trento, la Iglesia católica romana no había declarado por vez primera su posición oficial de que la tradición se había convertido en algo igual en autoridad a la Biblia, la Palabra de Dios.

Una vez que la Iglesia hizo de la tradición algo con la misma autoridad que la Palabra de Dios, tuvo la libertad de añadir cada vez más tradiciones, entre ellas ideas como la inmaculada concepción de María, según la cual ella habría nacido sin pecado original; que María había llevado una vida sin pecado; que había sido llevada al cielo y que no había muerto. Ante los ojos de los católicos romanos, María se convirtió en realidad en la Madre de Dios y la Madre de la Iglesia.

A esta larga lista podemos añadir conceptos como los de los monjes, las monjas, los monasterios, los conventos, los cuarenta días de la Cuaresma, la Semana Santa, el miércoles de Ceniza y el día de Todos los Santos.

Los cambios en las normas

Muchos no olvidaremos nunca el hecho de haber crecido en medio de la única tradición de la Iglesia católica que afectaba por igual a católicos y protestantes. ¿Recuerda cuando comía en la cafetería de su escuela los viernes? ¿Recuerda lo que servían siempre? Pescado. ¿Por qué? Porque la Iglesia católica enseñaba que era pecado comer carne los viernes.

Entonces llegó el Vaticano II en los años sesenta, y declaró que ya no era pecado comer carne los viernes. Una importante tradición había sido cambiada por un concilio. Una semana, era pecado, y a la próxima, ya no lo era.

La cuestión no está en que sintamos antagonismo hacia los católicos por su posición de fe y por sus doctrinas centrales. Lo que nos preocupa es el gran número de añadiduras y ajustes hechos a la ortodoxia cristiana básica en el nombre de la autoridad papal, que hacen exactamente aquello sobre lo cual Jesús reprendió a los líderes religiosos de tu tiempo.

Lo que dice Jesús sobre las tradiciones

En el capítulo 7 de Marcos, Jesús nos enseña cosas muy instructivas con respecto a la posibilidad de añadirle algo a la

Palabra de Dios. Los fariseos se le acercaron para quejarse, porque algunos de sus discípulos estaban comiendo el pan sin lavarse las manos. (Los fariseos, y los judíos en general, no comían sin haberse lavado las manos, según la tradición de sus ancianos).

    Se juntaron a Jesús los fariseos, y algunos de los escribas, que habían venido de Jerusalén; los cuales, viendo a algunos de los discípulos de Jesús comer pan con manos inmundas, esto es, no lavadas, los condenaban. Porque los fariseos y todos los judíos, aferrándose a la tradición de los ancianos, si muchas veces no se lavan las manos, no comen. Y volviendo de la plaza, si no se lavan, no comen. Y otras muchas cosas hay que tomaron para guardar, como los lavamientos de los vasos de beber, y de los jarros, y de los utensilios de metal, y de los lechos.
    Le preguntaron, pues, los fariseos y los escribas: ¿Por qué tus discípulos no andan conforme a la tradición de los ancianos, sino que comen pan con manos inmundas? Respondiendo él, les dijo: Hipócritas, bien profetizó de vosotros Isaías, como está escrito: Este pueblo de labios me honra, mas su corazón está lejos de mí. Pues en vano me honran, enseñando como doctrinas mandamientos de hombres. Porque dejando el mandamiento de Dios, os aferráis a la tradición de los hombres: los lavamientos de los jarros y de los vasos de beber; y hacéis otras muchas cosas semejantes. Les decía también: Bien invalidáis el mandamiento de Dios para guardar vuestra tradición... invalidando la palabra de Dios con vuestra tradición que habéis transmitido. Y muchas cosas hacéis semejantes a estas (Marcos 7:1-9, 13).

    Esto es exactamente lo que ha sucedido con la Iglesia católica romana. Jesús les dijo a los líderes religiosos de sus tiempos que ellos habían anulado la Palabra de Dios con sus tradiciones. Les indicó que el hombre mira la apariencia externa, pero Dios mira el corazón. Dios sabe cómo es el corazón. ¿Ama usted a Dios con todo el corazón?

Los líderes religiosos de los tiempos de Jesús no podían amar a Dios con todo el corazón, de manera que crearon toda clase de tradiciones externas que ellos mismos *pudieran* guardar, de manera que el pueblo los mirara y dijera que tenían que ser religiosos y espirituales.

Los fariseos crearon listas de todas las cosas que era necesario hacer para ser verdaderamente religioso. Entonces apareció Jesús, y se les enfrentó en el punto que más les dolía.

> ¡Ay de vosotros, escribas y fariseos, hipócritas! porque sois semejantes a sepulcros blanqueados, que por fuera, a la verdad, se muestran hermosos, mas por dentro están llenos de huesos de muertos y de toda inmundicia. Así también vosotros por fuera, a la verdad, os mostráis justos a los hombres, pero por dentro estáis llenos de hipocresía e iniquidad (Mateo 23:27, 28).

La fuente de la tradición

Es importante entender que los protestantes no estamos en contra de las tradiciones, siempre que esas tradiciones estén de acuerdo con la Palabra de Dios. Recientemente, un sacerdote católico romano acudió a escuchar a Ron en un seminario. Después del culto, se presentó y le dijo: "Los católicos creemos que la tradición es igual a las Escrituras en autoridad".

Ron le contestó: "La tradición no tiene nada de malo, siempre que esté de acuerdo con las Escrituras. Pero si sus tradiciones contradicen la Biblia, lo mejor que puede hacer es comenzar a poner en tela de juicio esas tradiciones."

Para los protestantes, la Biblia basta como norma de nuestra fe. Para los católicos romanos, la Biblia *no es* la regla suficiente de fe. Para ellos se trata de la Biblia, *más la tradición*. Aunque la Iglesia católica se adhiere en teoría a las Escrituras como fuente de autoridad, en su práctica real diaria no anima a sus miembros a seguir las Escrituras, sino a seguir las tradiciones católicas.

Lo lamentable para los católicos, es que no se trata ni siquiera de Escrituras y tradición tomadas en conjunto, sino de los decretos de ciertos concilios o papas. En la práctica, la verdadera regla de fe para un católico romano no es la Biblia; ni siquiera la Biblia y la tradición juntas, sino la propia Iglesia católica romana. Esta, con sus decretos y dogmas, se ha convertido en la autoridad definitiva para los católicos romanos.

El concepto del papado

La Iglesia católica romana afirma que el papa, conocido como el obispo de Roma, el vicario de Cristo, la cabeza de la Iglesia, es el representante de Dios en la tierra. El papa Juan Pablo II, cuando se convirtió en papa en el año 1978, se convirtió también en el número doscientos sesenta y seis en la lista de papas de la Iglesia católica.

Es importante que entendamos lo que enseña esta Iglesia acerca de sus papas. El papa Bonifacio VIII, en su famosa bula ("Unum Sanctum") de 1302, dice: "Es totalmente necesario para la salvación de todas las criaturas humanas que estén sujetas al Pontífice romano".

En 1870, en el Concilio Vaticano I, el papa Pío IX proclamó en la doctrina de la infalibilidad papal que el papa poseía unos poderes y una autoridad plenos y absolutos sobre la Iglesia entera; que el papa puede tomar su propia decisión independiente en cualquier asunto que caiga bajo su esfera dentro de la jurisdicción de la Iglesia, sin que estén de acuerdo con él los demás obispos o el resto de la Iglesia, y que no hay autoridad en la tierra que sea superior a la del papa.

La autoridad que alega esta Iglesia para elevar al papa romano a la posición de Sumo Pontífice se deriva de un solo pasaje de las Escrituras. De hecho, la autoridad de toda la

Iglesia católica romana se mantiene en pie o cae sobre la base de este único pasaje. Se encuentra en el capítulo 16 de Mateo, en el cual Jesús está hablando con sus discípulos.

> Viniendo Jesús a la región de Cesarea de Filipo, preguntó a sus discípulos, diciendo: ¿Quién dicen los hombres que es el Hijo del Hombre? Ellos dijeron: Unos, Juan el Bautista; otros, Elías; y otros, Jeremías, o alguno de los profetas. El les dijo: Y vosotros, ¿quién decís que soy yo? Respondiendo Simón Pedro, dijo: Tú eres el Cristo, el Hijo del Dios viviente. Entonces le respondió Jesús: Bienaventurado eres, Simón, hijo de Jonás, porque no te lo reveló carne ni sangre, sino mi Padre que está en los cielos. Y yo también te digo, que tú eres Pedro, y sobre esta roca edificaré mi iglesia; y las puertas del Hades no prevalecerán contra ella. Y a ti te daré las llaves del reino de los cielos; y todo lo que atares en la tierra será atado en los cielos; y todo lo que desatares en la tierra será desatado en los cielos. Entonces mandó a sus discípulos que a nadie dijesen que él era Jesús el Cristo (Mateo 16:13-20).

Los católicos romanos enseñan que su autoridad para proclamar a Pedro como el primer papa, y que ellos derivan totalmente de él su autoridad, procede de este simple intercambio de palabras entre Jesús y Pedro. A lo largo de toda la historia, la Iglesia católica romana ha afirmado que Jesús construyó su Iglesia sobre Pedro, como la roca sobre la cual debía ser edificada.

Sin embargo, no es esto lo que Jesús estaba diciendo. De hecho, aquí se presenta un interesante juego de palabras. Cuando Jesús le dice a Pedro: "Te digo que tú eres Pedro", usa la palabra griega *petrós,* que se refiere a una piedra o roca pequeña. Cuando dice: "Sobre esta roca", utiliza la palabra griega *petra,* que identifica a un peñasco, una gran piedra, una piedra angular, un lecho de piedra.

En realidad le estaba diciendo: "Pedro, tú eres una piedra pequeña, pero sobre esta piedra, la *petra,* es sobre la que voy a edificar mi Iglesia".

¿Qué era aquella piedra angular, aquella *petra?* Pedro sabía qué era. Él mismo lo había afirmado ya dos versículos antes, cuando había declarado: "Tú eres el Cristo, el Hijo del Dios viviente". Al efecto, Jesús le estaba diciendo: "Pedro, tienes razón; la Iglesia va a ser construida sobre el Cristo".

Encontramos este mismo uso de la palabra *petra* en 1 Corintios 10:4: "Y todos bebieron la misma bebida espiritual; porque bebían de la roca espiritual que los seguía, y la roca era Cristo".

Si examina el Antiguo Testamento, verá que Jesús nunca habría aceptado a Pedro como la Roca. Más de treinta y cinco veces, la palabra "roca" se refiere en el Antiguo Testamento, o a Dios, o al Mesías que habría de venir. En el Salmo 18:1, 2 se nota con gran claridad:

> Te amo, oh Jehová, fortaleza mía. Jehová, roca mía y castillo mío, y mi libertador; Dios mío, fortaleza mía, en él confiaré; mi escudo, y la fuerza de mi salvación, mi alto refugio.

El poder de atar y desatar

Cuando Ron estaba en Polonia, visitó la catedral de la ciudad de la cual procede el papa Juan Pablo II. Era invierno, pero había una larga fila de gente en la calle que llegaba hasta la catedral. Este es el comentario de Ron:

> Faltaban unos cuantos días para la Navidad, y yo pensé: "Esa iglesia debe estar repleta de gente". Me abrí paso entre la multitud y entré por la puerta trasera, y allí dentro, toda la iglesia estaba vacía. Me pregunté para qué estaban haciendo fila todas esas personas, así que rodeé la iglesia por un costado. Allí había una pequeña puerta abierta, y junto a la puerta había un confesonario,

que era donde el papa solía recibir las confesiones. A un lado estaba el sacerdote, escuchando a través de una abertura, mientras otra persona le estaba confesando sus pecados. Le estaba diciendo que rezara tantas avemarías, que rezara el rosario, que hiciera ciertas cosas para recibir la absolución para que le fueran perdonados sus pecados.

La autoridad para reclamar como suyo este poder, procede de ese mismo pasaje de Mateo 16. Después de haber dicho: "Y yo también te digo, que tú eres Pedro, y sobre esta roca edificaré mi iglesia; y las puertas del Hades no prevalecerán contra ella", Jesús dijo en el versículo 19: "Y a ti te daré las llaves del reino de los cielos; y todo lo que atares en la tierra será atado en los cielos; y todo lo que desatares en la tierra será desatado en los cielos".

La Iglesia católica romana alega que ese fue el momento en que Cristo le dio a Pedro la autoridad papal y, a través de él, a los obispos y sacerdotes. Esta es la justificación y la autoridad para atar y desatar las cosas en la tierra, y para perdonar los pecados del ser humano.

Sin embargo, ¿qué quiso decir Jesús realmente en el versículo 19, cuando dijo que le daría a Pedro las llaves del reino de los cielos para atar y desatar? En el cap 18, se refiere a lo mismo, pero entonces no le está hablando a Pedro solamente, sino a *todos* sus discípulos, incluyéndonos a usted y a mí.

> De cierto os digo que todo lo que atéis en la tierra, será atado en el cielo; y todo lo que desatéis en la tierra, será desatado en el cielo (Mateo 18:18).

Esta autoridad no le fue dada solo a Pedro, sino que es para *todos* los discípulos. ¿Qué quiso decir Jesús al afirmar que entregaba la autoridad de atar y desatar?

Después de su resurrección, se les apareció a los discípulos y volvió a repetir esta instrucción:

> Y cuando les hubo dicho esto, les mostró las manos y el costado. Y los discípulos se regocijaron viendo al Señor. Entonces Jesús les dijo otra vez: Paz a vosotros. Como me envió el Padre, así también yo os envío. Y habiendo dicho esto, sopló, y les dijo: Recibid el Espíritu Santo. A quienes remitiereis los pecados, les son remitidos; y a quienes se los retuviereis, les son retenidos (Juan 20:20-23).

Esta autoridad se la dio a *todos* los discípulos. Ahora bien, ¿cómo es posible que sus discípulos les perdonen los pecados a las personas? El propio Pedro nos aclara este punto:

> Y nos mandó que predicásemos al pueblo, y testificásemos que él es el que Dios ha puesto por Juez de vivos y muertos. De éste dan testimonio todos los profetas, que todos los que en él creyeren, recibirán perdón de pecados por su nombre. Mientras aún hablaba Pedro estas palabras, el Espíritu Santo cayó sobre todos los que oían el discurso (Hechos 10:42-44).

Jesús nos dio, tanto a ellos, como a nosotros, que somos los discípulos suyos que vivimos hoy, la autoridad para *predicar su Evangelio* y compartir las buenas nuevas con muchas personas. Cuando las personas responden positivamente al mensaje de salvación, creyendo en Jesucristo, nosotros tenemos la autoridad de decirles: "Tus pecados te son perdonados, porque crees en el nombre de Jesucristo".

Cuando predicamos el Evangelio, y las personas lo rechazan, volviéndole al espalda a Jesucristo, Él nos dio autoridad, como discípulos suyos, para decirles: "Sigues estando en tus pecados, y te vas a condenar, a menos que te arrepientas".

Aquí la diferencia está entre someterse a la autoridad de un hombre, el obispo de Roma, el papa, y someterse a Dios, al Espíritu Santo, a la Biblia, que es su Santa Palabra.

La tradición sobre María

Una tradición católica que contradice con toda seguridad a la Palabra de Dios, es la de la elevación tan exaltada que se le da a María. Con frecuencia vemos cuadros en los que se presenta a María como la Madre de Dios y la Reina del cielo. Los católicos le rezan sus rosarios a María, y en la misa le ofrecen oraciones. Hoy en día, la iglesia católica está repleta de adoración y obediencia a María.

En mayo de 1991, el papa Juan Pablo II fue a Fátima, Portugal, y le puso una corona de diamantes a la estatua de la virgen María. Una revista de noticias informó que había ido allí a darle gracias por haberle salvado la vida. Ed recuerda que el papa dijo en aquel momento que todo cuanto tenía y era, se lo debía a la virgen María, atribuyéndole incluso el haberle salvado la vida cuando le habían disparado anteriormente.

Los protestantes no reconocemos a María de una manera muy especial. La honramos como la madre de nuestro Señor, Jesucristo. Como cristianos, creemos lo que dice la Biblia: que María tuvo la bendición de llevar a Jesús. Fue una humilde sierva de Dios, que se le sometió y dio a luz al Salvador. La honramos por esto. En cambio, el catolicismo romano la ha elevado a una posición muy por encima de la posición que le conceden las Escrituras.

¿Qué enseña la Iglesia católica romana acerca de María, con lo que no estemos de acuerdo? En primer lugar, la Iglesia católica romana enseña la Inmaculada Concepción de María. Esto fue declarado por el papa Pío IX el 8 de diciembre de 1854. La Inmaculada Concepción significa que María nació sin pecado original; sin embargo, no encontramos una enseñanza así en todas las Escrituras.

Si fue un personaje tan exaltado, ciertamente no lo supo, puesto que ella misma reconocía que necesitaba un Salvador.

Entonces María dijo: Engrandece mi alma al Señor; y mi espíritu se regocija en Dios mi Salvador. Porque ha mirado la bajeza de su sierva; pues he aquí, desde ahora me dirán bienaventurada todas las generaciones. Porque me ha hecho grandes cosas el Poderoso; santo es su nombre (Lucas 1:46-49).

Jesús mismo habló de este asunto de que su madre tuviera una posición de honor elevada.

Mientras él aún hablaba a la gente, he aquí su madre y sus hermanos estaban afuera, y le querían hablar. Y le dijo uno: He aquí tu madre y tus hermanos están afuera, y te quieren hablar. Respondiendo él al que le decía esto, dijo: ¿Quién es mi madre, y quiénes son mis hermanos? Y extendiendo su mano hacia sus discípulos, dijo: He aquí mi madre y mis hermanos. Porque todo aquel que hace la voluntad de mi Padre que está en los cielos, ése es mi hermano, y hermana, y madre (Mateo 12:46-50).

La Iglesia católica enseña también la virginidad perpetua de María; esto es, que permaneció virgen durante toda su vida. En ningún lugar de las Escrituras encontramos esto; de hecho, no está de acuerdo con lo que sí encontramos.

José su marido, como era justo, y no quería infamarla, quiso dejarla secretamente. Y pensando él en esto, he aquí un ángel del Señor le apareció en sueños y le dijo: José, hijo de David, no temas recibir a María tu mujer, porque lo que en ella es engendrado, del Espíritu Santo es (Mateo 1:19, 20).

Y despertando José del sueño, hizo como el ángel del Señor le había mandado, y recibió a su mujer. Pero no la conoció hasta que dio a luz a su hijo primogénito; y le puso por nombre JESÚS (Mateo 1:24, 25).

A José se le indicó que tomara por esposa a María. Ella vivió con él como esposa, con todo lo que esto implica. Es muy obvio que no pudo permanecer virgen. Dio a luz a otros hijos, que fueron los hijos e hijas de José.

> Y venido a su tierra, les enseñaba en la sinagoga de ellos, de tal manera que se maravillaban, y decían: ¿De dónde tiene éste esta sabiduría y estos milagros? ¿No es éste el hijo del carpintero? ¿No se llama su madre María, y sus hermanos, Jacobo, José, Simón y Judas? ¿No están todas sus hermanas con nosotros? ¿De dónde, pues, tiene éste todas estas cosas? (Mateo 13:54-56).

La doctrina de la santidad de María va más allá aún. En diciembre de 1954, el papa Pío XII proclamó lo que se llama la "Asunción de María". Es la enseñanza según la cual, María fue llevada en cuerpo y alma al cielo, donde ha sido exaltada como Reina del cielo.

> Estaban junto a la cruz de Jesús su madre, y la hermana de su madre, María mujer de Cleofas, y María Magdalena. Cuando vio Jesús a su madre, y al discípulo a quien él amaba, que estaba presente, dijo a su madre: Mujer, he ahí tu hijo. Después dijo al discípulo: He ahí tu madre. Y desde aquella hora el discípulo la recibió en su casa (Juan 19:25-27).

Ese discípulo era Juan, el más joven de todos ellos. Es probable que no tuviera más de dieciocho años cuando tuvo lugar la crucifixión. De hecho, Juan sobrevivió a todos los demás discípulos. Fue el escritor del evangelio de Juan, las epístolas de Juan y el Apocalipsis (que no escribió sino hasta cerca de setenta años después de la crucifixión).

Si alguien habría conocido el hecho de que María había sido llevada en cuerpo y alma al cielo, habría sido Juan, puesto que Jesús le ordenó que acogiera a María en su propia casa y cuidara de ella. Sin embargo, en ninguno de sus escritos menciona Juan nada acerca de algo que se habría considerado un milagro extraordinario.

La Iglesia católica también ha elevado a María a la posición de Corredentora y Medianera junto con Cristo. En 1891, el papa León XII declaró:

> De todo ese gran tesoro de todas las gracias que nos ha traído el Señor, según la voluntad de Dios no hay nada que llegue a nosotros, si no es por medio de María.

También dijo: "Nadie se puede acercar a Cristo, si no es por medio de su Madre".

El papa Benedicto XV le daba a María el título de Medianera de todas las gracias ante Dios. Una de las oraciones católicas más corrientes es buen ejemplo de esto:

> Dios te salve, María, llena eres de gracia. El Señor es contigo. Bendita tú eres entre todas las mujeres, y bendito es el fruto de tu vientre, Jesús. Santa María, Madre de Dios, ruega por nosotros pecadores, ahora y en la hora de nuestra muerte. Amén.

Cuando la gente de los tiempos bíblicos trató de elevar a María a un lugar de devoción, aun en esos mismos textos de las Escrituras a los cuales acuden los católicos para demostrar su exaltación, encontramos la verdad bíblica en este asunto: Jesús repudió este intento.

> Mientras él decía estas cosas, una mujer de entre la multitud levantó la voz y le dijo: Bienaventurado el vientre que te trajo, y los senos que mamaste. Y él dijo: Antes bienaventurados los que oyen la palabra de Dios, y la guardan (Lucas 11:27, 28).

María y Jesús

En la mayoría de los países católicos se representa a Jesús, o bien como un hombre muerto pendiente de un crucifijo, o como un niño indefenso que descansa en los brazos de María.

Él no puede ayudar a nadie, de manera que si usted quiere que alguien lo ayude, necesita ir por medio del dulce corazón de María, y ella lo va a comprender.

En la catedral de Quito, la iglesia católica más grande del Ecuador, verá en el centro del altar un crucifijo en el cual es *María* la que cuelga de la cruz, derramando su sangre por los pecados de usted. Es *María;* no Jesús.

Este tipo de cosas está sucediendo en muchos lugares del mundo. Muchos católicos estadounidenses responderían: "No lo creo; eso no es lo que hacemos en nuestras iglesias aquí". Tal vez sea cierto, pero está pasando realmente en países católicos de todo el mundo, con el visto bueno de la Iglesia de Roma. ¿Qué dicen las Escrituras acerca de esto?

> Porque hay un solo Dios, y un solo mediador entre Dios y los hombres, Jesucristo hombre (1 Timoteo 2:5).

> Jesús le dijo: Yo soy el camino, y la verdad, y la vida; nadie viene al Padre, sino por mí (Juan 14:6).

No es María, ni es el papa, o los santos, o la Iglesia, o los sacramentos, o los sacerdotes. Solo hay *un mediador* entre Dios y el hombre, y ese es Jesucristo.

Los que lo conocían mejor, sabían la verdad. El apóstol Pedro dijo:

> Y en ningún otro hay salvación; porque no hay otro nombre bajo el cielo, dado a los hombres, en que podamos ser salvos (Hechos 4:12).

La doctrina del purgatorio

Otro aspecto de las tradiciones no bíblicas es la doctrina católica ampliamente enseñada del purgatorio. Tal como la enseña la Iglesia católica, el purgatorio es el lugar de castigo temporal para los que han cometido pecados veniales. Cuando les sean quitados esos pecados gracias a las misas que se dicen por ellos, las oraciones que se rezan por ellos y la penitencia hecha a base de obras de todo tipo, la persona es soltada del purgatorio y se le permite ir al cielo.

Lo interesante acerca del purgatorio, tal como lo enseña la Iglesia católica romana, es que ni la palabra "purgatorio", ni siquiera el concepto de un purgatorio, aparece en ningún lugar de las Escrituras. De hecho, la Iglesia no dio ni siquiera su opinión acerca de este tema, hasta el Segundo Concilio de Lyón, en el año 1274. Este Concilio afirmaba:

> Si los que están verdaderamente arrepentidos mueren en caridad antes de haber hecho suficiente penitencia por sus pecados de omisión y de comisión, sus almas son purificadas después de la muerte en la purificación o castigo del purgatorio. Los sufragios de los fieles que están en la tierra les pueden ser de gran ayuda para librarlos de estos castigos, como por ejemplo, el sacrificio de la misa, las oraciones, la limosna y otras obras religiosas que, al estilo de la Iglesia, los fieles están acostumbrados a ofrecer por otros fieles.

La doctrina del purgatorio surgió de la especulación teológica de que algunas personas no son lo suficientemente buenas como para ir al cielo y, al mismo tiempo, no son lo suficientemente malas como para ir al infierno y que, por consiguiente, tiene que existir un lugar donde las personas pueden ir para ser purificadas y finalmente se les permita entrar al cielo.

No se dan citas bíblicas, no se citan teólogos de importancia, ni se menciona ningún acto de Jesús o pasaje de las Escrituras. Un simple pronunciamiento de un Concilio papal hace de esta enseñanza la verdad infalible y la santa doctrina de la Iglesia. Ésta es una de las principales herejías contra las cuales luchó Marín Lutero, y fue una de las cuestiones centrales en la Reforma protestante.

Sin embargo, la enseñanza del purgatorio se convirtió en la mejor inversión de negocios hecha jamás por la Iglesia católica, puesto que los grandes ingresos que produjo ayudaron a edificar la gran Catedral de San Pedro, en Roma. El purgatorio produjo el sistema de indulgencias, las acciones que se pueden llevar a cabo a fin de disminuir el tiempo que alguien se tiene que quedar en el purgatorio. Es una especie de rebaja de condena por buena conducta, obtenida por los parientes vivos de la persona, y así sigue siendo hasta el día de hoy.

Si usted quiere ayudar a un pariente difunto que está en el purgatorio para que pueda ir al cielo, necesita hacer que celebren misas por la persona. ¿Cómo hacer para que se celebren esas misas? Se le paga a la Iglesia. Por ejemplo, si usted quiere que se digan un cierto número de misas y se eliminen unos cuantos años de purgatorio, paga una cantidad que puede andar por los quinientos dólares. Si quiere más misas, y que se eliminen más años de purgatorio, da una cantidad mayor, tal vez cinco mil dólares.

Viaje por todo el mundo, a través de países católicos como México, los países de América Central y del Sur, las Filipinas y los países del sur de Europa. Dondequiera que vaya, al entrar en unos poblados y aldeas que viven en medio de una gran pobreza, casi siempre lo que halla en el centro es una inmensa iglesia católica romana repleta de oro y joyas.

¿Cómo es posible semejante cosa? Esto se debe a que la Iglesia católica enseña que en la pobreza y el sufrimiento vamos a hallar la salvación. Por eso el Cristo del catolicismo está sufriendo aún en la cruz. Por eso, a los católicos se les enseña que si no sufren lo suficiente en esta vida, siempre lo tendrán que hacer en el purgatorio. Por eso el pueblo es pobre, mientras que la Iglesia es la que tiene más riquezas en todo el mundo.

No es una doctrina de gozo

Ron y Ed estaban ministrando juntos en las Filipinas hace varios años, y por casualidad, estaban en el centro de Manila en el día de Viernes Santo. Se detuvieron junto con sus hijos en un pequeño puente que cruzaba la calle junto a la iglesia del Nazareno Negro. Todas las calles estaban repletas de creyentes católicos que llevaban cruces con su Jesús crucificado, y un ataúd de vidrio en el que había un Jesús negro de madera dentro. La gente gritaba en su agonía, mientras se flagelaba la espalda con látigos en los cuales habían puesto vidrios. Era un espectáculo increíble ver a aquella gente mientras compartía los dolores de Cristo. Incluso había algunos de ellos que habían sido clavados a una cruz.

En cambio, en la mañana del Domingo de Resurrección, ese gran día de gloria en el que se conmemora la gloriosa resurrección de Cristo de entre los muertos, las calles estaban vacías y silenciosas. No había doctrina de gozo para que aquellos católicos la celebraran.

Hace poco, Ron estaba hablando en una gran ciudad del noroeste de Estados Unidos, y la señora que estaba a cargo de las finanzas de la diócesis católica acudió para escucharlo. Después, le dijo: "Ron, lo que dijo usted acerca del purgatorio es muy cierto. Aquí en este estado, mantenemos libros de contabilidad separados para el purgatorio. La gente nos envía pagos mensuales para las misas que se deben aplicar a sus parientes difuntos, en un intento por sacarlos del purgatorio para que puedan ir al cielo."

¿Por qué estas personas creen unas cosas tan alejadas de la Biblia, y qué poder es capaz de hacerlos realizar cosas así? No tienen alternativa. El papa Pío IX, que fue el primer papa "infalible", dijo en 1870:

> Solo yo, a pesar de mi indignidad, soy el sucesor de los apóstoles y el Vicario de Cristo. Solo yo tengo la

misión de guiar y dirigir la barca de Pedro. Yo soy el Camino, la Verdad y la Vida. Los que están conmigo, están con la Iglesia. Los que no están conmigo, están fuera de la Iglesia.

Más recientemente, el Concilio Vaticano II proclamaba en los años sesenta ante la Iglesia:

> Este sagrado sínodo enseña que la Iglesia es necesaria para la salvación. Por consiguiente, todo aquel que, sabiendo que la Iglesia católica fue hecha necesaria por Dios a través de Jesucristo, se niegue a entrar en ella, o a permanecer en ella, no se podrá salvar.

El Vaticano II dice también, en el decreto sobre el ecumenismo:

> Porque solo por medio de la Iglesia católica, que es el medio de salvación que lo abarca todo, es posible obtener la plenitud de los medios de salvación.

Si eso es lo que enseña la Iglesia católica, y lo es, alegrémonos de que en 1517, en la puerta de aquella iglesia de Wittenberg, Alemania, un monje católico agustino tuviera el valor de clavar un documento en la puerta del frente, en el que decía: "¡Disiento; no estoy de acuerdo; protesto!"

La fe sola, y solo en Cristo

Lutero luchó por un regreso a la roca que es Jesucristo, y a las Santas Escrituras como nuestra única autoridad, sobre la cual descansa la verdad eterna. Estamos de acuerdo con él cuando también afirma que la salvación se produce por medio de la gracia de Dios. Es por la justificación que viene por la fe solo en Jesucristo.

Lo que liberó a Martín Lutero fue que se encontrara con este gran pasaje mientras leía la epístola a los Romanos:

Realidades sobre doctrinas falsas

Justificados, pues, por la fe, tenemos paz para con Dios por medio de nuestro Señor Jesucristo (Romanos 5:1).

El justo, *por la fe* vivirá, y no por las obras. La salvación es *lo que Cristo ya hizo por nosotros*. No se nos da por medio de la m Isaías, ni de los sacramentos, ni de los sacerdotes. No se nos da por medio de la hostia, o de la eucaristía, sino solo por la fe en Jesucristo.

La celebración de la misa es el acto principal del sacerdocio católico romano. Sin embargo, en ningún lugar del Nuevo Testamento se encuentra una sola palabra sobre este rito. El sencillo acto que Jesús nos dijo que hiciéramos en memoria suya se ha convertido en la crucifixión continua de Cristo.

De hecho, la misa, el "sacrificio incruento", es celebrada más de cien mil veces diarias en el mundo entero. Está pensada para ofrecer una y otra vez ese mismo sacrificio de Cristo, del que se dice que se halla *físicamente presente* durante la ceremonia.

En el catolicismo se proclama que hay salvación por asistir a la misa y recibir allí el sacramento. Esta pretensión niega que Cristo sea totalmente suficiente, y que su expiación y muerte en la cruz sea un acto terminado, realizado de una vez y para siempre.

Por tanto, Jesús es hecho fiador de un mejor pacto. Y los otros sacerdotes llegaron a ser muchos, debido a que por la muerte no podían continuar; mas éste, por cuanto permanece para siempre, tiene un sacerdocio inmutable; por lo cual puede también salvar perpetuamente a los que por él se acercan a Dios, viviendo siempre para interceder por ellos. Porque tal sumo sacerdote nos convenía: santo, inocente, sin mancha, apartado de los pecadores, y hecho más sublime que los cielos; que no tiene necesidad cada día, como aquellos sumos sacerdotes, de ofrecer primero sacrificios por sus propios pecados, y luego por los del pueblo; porque esto lo hizo una vez para siempre, ofreciéndose a sí mismo (Hebreos 7:22-27).

En esa voluntad somos santificados mediante la ofrenda del cuerpo de Jesucristo hecha una vez para siempre. Y ciertamente todo sacerdote está día tras día ministrando y ofreciendo muchas veces los mismos sacrificios, que nunca pueden quitar los pecados; pero Cristo, habiendo ofrecido una vez para siempre un solo sacrificio por los pecados, se ha sentado a la diestra de Dios, de ahí en adelante esperando hasta que sus enemigos sean puestos por estrado de sus pies; porque con una sola ofrenda hizo perfectos para siempre a los santificados.

Pues donde hay remisión de éstos, no hay más ofrenda por el pecado (Hebreos 10:10-14, 18).

Cuando Cristo murió de una vez y para siempre, su grito fue: "¡Consumado es!" Así fue como puso el sello de "Pagado por completo" en nuestra deuda.

No nos es posible añadirle nada más a nuestra salvación, ni aquí en la tierra, ni en ese lugar ficticio llamado purgatorio. Cristo, el Cordero eterno de Dios, fue el sacrificio infinito que derramó su sangre de una vez y para siempre por usted. No necesita pasar a través de un sacerdote para entrar a la presencia de Dios; puede llegar a ella directamente, por Jesucristo.

La historia de Tony

Cuando Ron vivía en las Filipinas, hizo una buena amistad con un hombre llamado Tony, que había crecido en Italia. Había sido ordenado por el papa, y enviado a las Filipinas como presidente de la Universidad católica de allí.

Tony sacó su doctorado en dogma católico, y habla nueve idiomas correctamente. Pero en 1975, sucedió algo poco

Realidades sobre doctrinas falsas

corriente. Él estaba celebrando la misa para un grupo de monjas en un convento al norte de Manila. Al salir en su auto por el portón del convento para regresar a su rectoría en Manila, notó que había una pequeña iglesia bautista enfrente. Nunca había estado en una iglesia protestante en toda su vida, puesto que se había criado en Italia. Lo dominó la curiosidad, así que caminó hasta la iglesita bautista. El pastor lo reconoció, y comenzaron a hablar.

Entonces el pastor desafió a Tony a leer simplemente la Palabra de Dios. Más tarde, Tony diría:

> Allí estaba yo, un erudito católico, y si usted ha pasado por el catecismo católico, sabe que el dogma católico afirma que la Biblia es la Palabra inspirada de Dios, así que no me iba a hacer daño leerla.

Comenzó a leer la Palabra de Dios y lo estuvo haciendo durante los seis meses siguientes. La Palabra le produjo tal convicción, que se arrodilló y le pidió a Jesucristo que fuera su Señor y Salvador personal. Pero en aquel momento, se encontró con un verdadero problema, porque a medida que seguía estudiando, se dio cuenta de que iba a tener que regresar a Italia para decirle al papa que ya no podía seguir en la Iglesia católica, puesto que no coincidía con lo que Dios había revelado en la Biblia.

Sin embargo, su mayor problema era tener que ir a su casa para decirle a su madre italiana que dejaba el sacerdocio. No obstante todo esto, Tony se halla ahora de nuevo en las Filipinas, esta vez como misionero bautista, en el mismo lugar donde una vez fue presidente de la Universidad católica.

Tony, el erudito católico que halló a Cristo, le dice a la gente que se siente como se sentía Pablo cuando escribió Romanos 10:1-3. Esto es lo que les dice:

> Oro por su salvación, porque tienen celo por Dios, pero no según conocimiento. Están buscando una justicia propia fuera de Jesucristo.

Siendo católico, yo sentía celo por Dios. Si usted tiene conocidos que sean católicos romanos, sabrá que algunos de ellos se hallan entre la gente religiosa más celosa que conocerá jamás. Están trabajando muy duro por lograr agradarle a Dios.

Yo creía en la Trinidad, creía en la divinidad de Jesucristo, creía en su nacimiento virginal, creía en la expiación y en la resurrección corporal. Hasta enseñaba todas esas cosas. Pero cuando se trataba de mi salvación, se la confiaba a la Iglesia y a la misa, a María y a los santos. Estaba poniendo mi confianza en todo, menos en Jesucristo.

Cuando me di cuenta de que solo hay un Mediador entre Dios y el hombre, y que Jesús era el camino, la verdad y la vida, fue como si por fin se encendiera una luz en mi interior. De repente, todo lo demás adquirió sentido. Sentí el mayor gozo del mundo cuando por fin salí de aquella esclavitud de tradición que se ha ido acumulando, y descubrí el gozo y la paz que produce conocer personalmente a Jesucristo.

15

Realidades sobre...

El satanismo y la explosión del ocultismo

> *Pero el Espíritu dice claramente que en los postreros tiempos algunos apostatarán de la fe, escuchando a espíritus engañadores y a doctrinas de demonios.*
>
> 1 Timoteo 4:1

Jesús nos hizo advertencias acerca de los últimos tiempos. Nos dijo que en los últimos días veríamos aparecer muchos falsos profetas y falsos cristos, y eso es lo que estamos viendo hoy en día, a una escala sin precedentes.

La Biblia también nos advierte que en los últimos días antes del regreso de Jesús veremos a muchas personas seguir doctrinas de demonios y de espíritus engañadores, y también estamos viendo esto como nunca antes.

Se calcula que entre cincuenta y sesenta millones de estadounidenses están envueltos en alguna forma de ocultismo. Una encuesta reciente calculaba que más de cincuenta millones de estadounidenses leen su horóscopo todas las mañanas, para ver qué deben hacer durante el día.

Prácticamente en todos los periódicos de este país se halla un horóscopo diario. La gente está envuelta en todas las formas de ocultismo: adivinación de la fortuna, uso de cartas tarot, quiromancia y numerología. La gente está abiertamente involucrada en la brujería, el satanismo y el espiritismo. Hay otros que acuden a los canalizadores de la Nueva Era, juegan con el tablero de ouija y asisten a sesiones espiritistas para comunicarse con los muertos.

Cuando las tropas invadieron el hogar de Manuel Noriega durante la liberación de Panamá, hallaron allí a tres brujas del vudú procedentes del Brasil, practicando sacrificios al diablo para protegerlo. Cuando lo llevaron al avión en Panamá, descubrieron que tenía puesta ropa interior de color rojo. En ciertos lugares de la América Latina, la ropa interior roja es un tipo de ropa interior mágica satánica que se usa para evitar el mal de ojo. Noriega usaba esta ropa interior tal como lo indica el ocultismo, porque creía que iba a impedir que lo capturaran.

También la gente corriente

Ya no se puede ni pasar junto a las cajas de la tienda de víveres local sin enfrentarse con el mundo del ocultismo. Los periódicos y las revistas tienen unos titulares deslumbrantes que dicen cosas como "Demonios aterran familia" o bien "Horror de los cultos al diablo".

La gente se halla ansiosamente interesada en todo tipo de fantasmas y duendes. Se enreda en cosas como la parapsicología, la telepatía, la clarividencia, la precognición y la percepción extrasensorial. Oímos hablar de curanderos, espiritismo, vudú, brujería, extraterrestres y platillos voladores. Ciertamente, ha sido Hollywood el que ha popularizado el mundo de lo oculto con películas como *El Exorcista, El agüero, Hereje, El horror de Amityville* y la serie *Poltergeist*.

El satanismo y la explosión del ocultismo

Más del setenta y cinco por ciento de los dibujos animados que aparecen hoy en la televisión son de naturaleza ocultista. Veamos los graciosos Pitufos. Toda la idea básica de los Pitufos es que son un grupo de pequeños personajes azules que practican las ciencias ocultas. Por lo general, están ocupados haciendo calderadas de pociones de brujería, lanzando encantamientos y poniéndoles conjuros a las personas. Nos hemos saturado tanto del mundo del ocultismo, que muchos de nosotros hemos quedado desensibilizados a la realidad de lo que está sucediendo.

En los últimos días, muchas personas van a seguir doctrinas de demonios y de espíritus engañadores. Satanás no se acerca hoy a la gente vestido con un traje rojo y provisto de cuernos, tridente y cola. Eso es mitología. En 2 Corintios 11:14 dice: "El mismo Satanás se disfraza como ángel de luz". Él viene buscando a quién engañar. Se presenta ofreciendo sabiduría, conocimiento y poder, con solo ofrecerle nosotros a él nuestra alma.

Hay mucha gente que se deja atraer por el poder, sin darse cuenta nunca de que Satanás se ha apoderado de su alma. Ciertamente, el satanismo ha ganado gran notoriedad en los últimos años. Son famosos los asesinatos de Matamoros, México, al sur de Brownsville, Texas, donde un traficante de drogas le sacrificó a Satanás dieciséis personas en la esperanza de que esto le consiguiera protección.

Hace poco, Geraldo Rivera hizo un gran programa especial llamado "El satanismo en los Estados Unidos", en el cual presentaba la inmensa influencia que tiene el satanismo, sobre todo entre la gente joven. Es como si Satanás se hubiera quitado la careta y ya no estuviera tratando de esconderse. Sencillamente, está diciendo: "Aquí estoy; síganme".

Ron habló con la directora ejecutiva del Equipo de trabajo sobre el satanismo en los Estados Unidos. Esta acababa de regresar de una reunión con el presidente George Bush en la

Casa Blanca. Le dijo: "No va a creer lo que está sucediendo en los Estados Unidos. Hasta la Casa Blanca se halla profundamente preocupada con la explosión de actividades satánicas que está viendo por todo el país."

En una ciudad del Medio Oeste, los policías y los funcionarios de probatoria se reunieron con Ron y le dijeron: "¿Qué podemos hacer nosotros? Todos los fines de semana encontramos perros y gatos que le han ofrecido a Satanás en los cementerios, junto con velas e incienso, unos jovencitos de secundaria que usan símbolos satánicos."

Hasta los más jóvenes

La gente joven se está involucrando en las actividades satánicas más que nunca antes. A causa del aumento de las familias con problemas, son muchos los jóvenes que abusan de las bebidas alcohólicas, de las drogas y del sexo, y que también están buscando nuevos tipos de energía y de control personal por medio de las actividades satánicas. Creen que Satanás les va a dar poder o dominio sobre su vida y sobre la vida de quienes los rodean.

Muchos jovencitos pasan del aspecto de jugar con lo oculto, al de obsesionarse con ese mundo. Muy pronto, comienzan a manifestar en su persona las características de la influencia de lo oculto, como son el uso de adornos ocultistas y satánicos, la compra de libros de ocultismo, las ropas negras y el maquillaje blanco.

Comienzan a practicar los ritos ocultistas sobre los cuales leen, o que les enseñan sus amigos. Comienzan a meterse en juegos de fantasía en los que se representan papeles, como el de Mazmorras y dragones. Comienzan a ver películas y videos ocultistas. Se sumergen en la música de metal pesado y rock ácido. Entran abiertamente en lo oculto, tratando de tomar el control de un mundo del cual se sienten apartados. Atraviesan un velo de tinieblas, sin saber la maldad que les espera. Algunos se abren a sabiendas a la actividad y la posesión demoníacas, profundizando tanto en el ámbito de lo demoníaco, que el infierno entero se desboca en su vida.

¿Cuáles son las señales externas de que un adolescente se está involucrando en este tipo de actividades? Una de las evidencias es que esté profundamente metido en la música metálica pesada. No estamos hablando del "rock and roll", ni de Elvis Presley, sino de una letra satánica que fomenta el lado malévolo de la vida.

¿Cuáles son estos grupos? Entre otros, AC/DC, Iron Maiden, Merciful Fate, Black Sabbath, Slayer, Mötley Crüe, Anthrax, Danzing, Exodus, Grim Reaper, Helloween, Mega Death, Metal Church, Metallica, Celtic Force, Satan, Sodom y Possessed. Todo lo que tiene que hacer es ver la cubierta de los discos para darse cuenta de la increíble influencia satánica; ni que decir tiene, si oye la letra.

Por ejemplo, veamos Slayer, que es muy popular entre la juventud de hoy. Entre las letras típicas de sus canciones se incluyen cosas como las siguientes líneas, procedentes de la canción "Altar of Sacrifice" [Altar del sacrificio], en el disco "Reign in Blood" [Reino en sangre].

> Esperando la hora destinada a morir aquí en la mesa del infierno, una figura vestida de blanco, desconocida para el hombre, se acerca al altar de la muerte. El sumo sacerdote espera, daga en mano, derramando la pura sangre virginal. Satanás asesina con muerte ceremonial; responde a todas sus órdenes... Aprende las palabras sagradas de alabanza: Salve, Satanás; salve, Satanás; salve, Satanás.

Esta letra es típica de lo que están escuchando los jóvenes en las canciones de los grupos metálicos populares del momento. No habla de diversión y juegos, o de amor y romance. Habla de muerte y de una terrible maldad. El disco de Slayer llamado "South of Heaven" [Al sur del cielo] tiene una canción titulada "Mandatory Suicide" [Suicidio obligatorio] que promueve la autodestrucción. Hay casos de adolescentes que se han suicidado, creyendo que esa es la forma de adquirir poder.

La música negra metálica no es una simple música común y corriente. Es un formato que lo abarca todo, y que mezcla la letra con las rarezas de los artistas. En ella, grupos como Kiss se ponen vestimentas satánicas. Los videos de MTV están presentando cosas que hace algunos años habrían hecho que arrestaran a los que las realizan.

Una encuesta reciente de *Billboard Magazine,* que es la principal revista en el mundo de la música, indica que solo el nueve por ciento de los que escuchan música metálica pesada tienen más de veinticuatro años. La mayoría de los jovencitos que la escuchan tienen entre doce y veinte años. Ese es el público al que va dirigida.

Las raíces de Satanás

Las raíces de Satanás se remontan a la música rock. Las semillas contemporáneas proceden de Mick Jagger y los Rolling Stones. Podemos buscar algunos de los primeros discos de los Rolling Stones, en la década de los setenta, y los veremos vestidos de brujas en la carátula de su disco llamado "Their Satanic Majesty's Request" [La solicitud de su majestad satánica]. O pensemos en su disco "Goat's Head Soup" [Sopa de cabeza de cabra], en cuya cubierta aparece un caldero hirviendo en el cual flota una cabeza de cabra, símbolo satánico. Desde los años setenta, grupos como Led Zeppelin, Black Sabbath y Ozzie Ozborne han fomentado el satanismo y se han convertido en parte de nuestra cultura popular diaria.

Es increíble el tipo de adornos ocultistas que usan los jóvenes, como pendientes o medallones con el pentagrama invertido, la estrella de cinco puntas puesta al revés con la cabeza de cabra en el centro. Es un verdadero símbolo satánico. El símbolo de la paz, la cruz quebrada invertida, se ha convertido en otro símbolo que están usando los satanistas. Para ellos representa la cruz de Cristo al revés, con los brazos rotos, como símbolo de la derrota del cristianismo.

Dungeons and Dragons [Mazmorras y dragones] es uno de los juegos que más se venden en este país entre los estudiantes de secundaria y de universidad. Es un juego de fantasía en el que la persona representa papeles, que permite que el jugador viva en ese mundo de fantasía cuantos apetitos inmorales y pervertidos le vengan a la mente. Esto se logra en parte por medio de la visualización, y en parte invocando a toda una serie de personajes del ocultismo —brujas, hechiceros, demonios y semidioses— para que lo ayuden a disfrutar de esa conducta inmoral dentro del mundo de la fantasía, sin tener que enfrentarse a la responsabilidad de hacer esas cosas en el mundo real.

No obstante, algunas veces es difícil separar la realidad de la imaginación, y suceden cosas horribles. El Dr. Thomas Radke, quien practica la psiquiatría y es profesor de la Universidad de Denver, ha documentado ciento veintitrés casos en los cuales "Dungeons and Dragons" ha jugado un papel concreto en asesinatos o suicidios entre jóvenes.

¿Qué es el ocultismo?

¿Cómo reaccionamos ante todo esto? Es importante que comprendamos primero con exactitud lo que es el ocultismo. La palabra "ocultismo" procede del término latino *occultus,* que se refiere a cosas escondidas o secretas. Tiene que ver concretamente con la incursión de una cuarta dimensión, un ámbito espiritual, en nuestro mundo tridimensional.

En otros tiempos, el ocultismo tenía que ver con unos conocimientos a los que solo se podía llegar pasando por alguna especie de ritos secretos de iniciación, y que por consiguiente, solo podían obtener unos cuantos iniciados escogidos. Por consiguiente, en el sentido más amplio de la palabra, hasta grupos como los masones o los Odd Fellows son ocultistas.

Sin embargo, hoy la palabra ha perdido en parte su significado original, puesto que se puede entrar en cualquier librería de un centro comercial y encontrar todo un anaquel dedicado a libros de ocultismo que cualquier jovencito podría comprar. A pesar de esto, permanece la idea de que el ocultismo solo se halla a disposición de los que estén dispuestos a esforzarse por alcanzarlo. Así es como tenemos diferentes tipos de personas que se sienten atraídas por los conceptos del ocultismo:

1) La gente que no asiste a la iglesia, o que tiene poco interés en la religión organizada. Muchas veces, el ocultismo atrae a los que se han criado en la iglesia, pero han tenido malas experiencias en ella.

2) La gente desajustada, que se siente rechazada por la sociedad, y trata de saber por qué se siente así. El ocultismo les proporciona unas respuestas aparentes.

3) La gente que lleva una vida aburrida, y necesita algún tipo de fantasías atrayentes. Esas personas se pueden decir: "Esta gente se cree que yo solamente soy el cajero de la tienda, pero en realidad soy Frater Honorius, archiadepto del cosmos".

4) La gente que se siente solitaria o impotente. El ocultismo promete el poder necesario para cambiar el universo y para controlar la mente y la voluntad de otras personas. Así es como atrae a los que se sienten perdidos en su propio mundo.

5) La gente que necesita sentirse exclusiva y parte de la élite, muy por encima del mundo vulgar. Por eso vemos tantas personas inteligentes y con estudios superiores que se mete en el ocultismo y en el movimiento de la Nueva Era. Sienten

que se hallan en el lugar donde está la acción dentro de un nuevo paso en la evolución humana, y que se hallan muy por encima de los "simples mortales".

En su mayor parte, se trata de personas que en realidad no se pueden permitir que su mente se halle más confusa de lo que ya está. La mayoría de estas personas se hallan integradas de manera muy marginal en la sociedad. Así, su participación en lo oculto los lleva a peligros nuevos, pero diferentes.

Más allá del primer paso

Más allá de los peligros espirituales que presentan tanto las sectas como el ocultismo, el contacto con los poderes ocultos introduce de manera invariable a la persona al uso de drogas psicotrópicas o técnicas para la expansión de la conciencia, como el yoga o la Meditación Trascendental. Esto, en el mejor de los casos, puede abrir a la persona a experiencias psicóticas, y en el peor, a la posesión demoníaca.

Los ocultistas avanzados creen que pueden manipular su propio cuerpo y mente, y los de otras personas, para "su propio bien". Esto lleva con frecuencia a prácticas éticas altamente dudosas, seducción, violación y maltratos físicos, así como tortura y mutilación de animales (e incluso de personas, en algunos de los casos más extremos).

Es triste, pero cierto, que la búsqueda del poder (que de eso se trata el ocultismo, en su sentido más completo) lleva a la megalomanía y al afán de un poder mayor aún. Tarde o temprano, el ocultista tiene que "integrar su lado oscuro" y relacionarse con Satanás. Al llegar a este punto, todo es posible, y con frecuencia, de esta alianza salen formas de conducta criminales o sociopáticas. A una persona así se le exige una obediencia incondicional; debe ser obediente a sus propios demonios internos, que le indican que robe y destruya.

Así es como aparecen gente como el "Hijo de Samuel" y Charles Manson, que solo son la punta de un témpano ocultista mucho mayor. Estos son los que se deslizaron y fueron atrapados, o que fueron sacrificados por sus despiadados amos espirituales. Los "listos" siguen sueltos, porque para ellos, la estación de caza sigue abierta.

La conducta mántica

Un aspecto importante del ocultismo es el llamado "conducta mántica". Es la práctica de la adivinación, tratando de predecir la fortuna por medio del uso de la astrología, las cartas tarot, la lectura de la palma de la mano, la numerología, la bola de cristal y las hojas de té.

Todas las noches aparecen los psíquicos modernos en la televisión con números de teléfono de los novecientos, para que usted sepa lo último sobre su futuro, o le lean el horóscopo.

Magia negra y magia blanca

Un segundo aspecto del ocultismo es la magia. No estamos hablando de los trucos de salón hechos a base de ilusionismo y destreza manual, sino de la magia en su definición clásica. Los ocultistas hablan de magia blanca y magia negra. La diferencia está en que la magia blanca, conocida también como brujería blanca, enseña que solo hay una fuente universal de poder, mientras que la magia negra habla de una fuente buena y otra mala. Ambos tipos de practicantes tratan de aprovecharse de su fuente de poder, a fin de adquirir poder para dominar su propia vida y la de otras personas.

Es algo muy parecido a la fuerza de la Guerra de las Galaxias; la fuerza en la que está tratando de entrar siempre Luke Skywalker. Esta clase de fuente universal de poder ha sido adoptada por el movimiento de la Nueva Era; Shirley MacLaine y otros afirman que existe una fuerza espiritual en alguna parte. Y por supuesto, están en lo cierto, aunque hayan negado la realidad del Dios verdadero. Cuando buscan "la fuerza", se están metiendo en el mundo de los demonios y de los espíritus de engaño.

Todos los sábados por la mañana se pueden ver personajes de los dibujos animados que manejan la fuerza y adquieren así poder espiritual. Así se lleva a los jovencitos televidentes a creer que si ellos pueden tocar esa fuerza, van a tener también los mismos poderes.

Hay quienes dicen que esto ya existía hace muchos años, en películas como *El mago de Oz* y *La malvada bruja del este*. La diferencia está en que el mago de Oz y la malvada bruja del este eran presentados como seres malvados.

A los jóvenes de hoy se les dice que la malvada bruja del este es básicamente buena, que la brujería y la fuerza son cosas buenas, y en las que nos podemos meter nosotros a fin de adquirir poder para nuestra vida.

El satanismo

Un tercer aspecto del ocultismo es el propio satanismo. Es importante que comprenda lo que queremos decir cuando hablamos de demonios y de espíritus de engaño. La Biblia dice que hay un personaje espiritual muy real, llamado Satanás. Dice que es la serpiente antigua, y que está dedicado a engañar al mundo entero.

> Y fue lanzado fuera el gran dragón, la serpiente antigua, que se llama diablo y Satanás, el cual engaña al mundo entero; fue arrojado a la tierra, y sus ángeles fueron arrojados con él (Apocalipsis 12:9).

El diablo es real, y tiene una estrategia destinada a llevar a su destrucción a todos y cada uno de nosotros. La Biblia nos lo advierte:

> Vestíos de toda la armadura de Dios, para que podáis estar firmes contra las asechanzas del diablo.

> Porque no tenemos lucha contra sangre y carne, sino contra principados, contra potestades, contra los gobernadores de las tinieblas de este siglo, contra huestes espirituales de maldad en las regiones celestes (Efesios 6:11, 12).

Satanás era conocido anteriormente como Lucifer, el ángel más hermoso, creado por Dios para servirle en los atrios mismos del cielo. Sin embargo, trató de exaltarse a sí mismo, en lugar de glorificar a Dios.

> ¡Cómo caíste del cielo, oh Lucero, hijo de la mañana! Cortado fuiste por tierra, tú que debilitabas a las naciones. Tú que decías en tu corazón: Subiré al cielo; en lo alto, junto a las estrellas de Dios, levantaré mi trono, y en el monte del testimonio me sentaré, a los lados del norte; sobre las alturas de las nubes subiré, y seré semejante al Altísimo. Mas tú derribado eres hasta el Seol, a los lados del abismo (Isaías 14:12-15).

Cuando hablamos de demonios o espíritus malignos, nos estamos refiriendo a los ángeles caídos, que son seres finitos y creados. Fueron creados por Dios, y servían en el pasado en los atrios mismos del cielo. Pero a causa de su rebelión, fueron arrojados del cielo y sacados de la presencia de Dios.

Adán y Eva, a través de su rebelión contra Dios en el huerto del Edén, le dieron a Satanás el acceso hasta nosotros. Dios le ha permitido temporalmente que tenga una influencia y un control parciales aquí en esta tierra, pero definitivamente, lo tiene condenado junto con sus cohortes al infierno por toda la eternidad.

Solo Dios es soberano

Ni se le ocurra cometer el error de considerar a Dios y a Satanás como iguales, o casi iguales. *Satanás no está a la altura de Dios.* Solo Dios es soberano. Soolo Dios es omnisciente, omnipotente, omnipresente, santo y justo. Satanás es un ser finito creado; un simple ángel caído. No es ni omnipotente, ni omnisciente. Pero tiene el propósito de engañar al mundo entero. Jesús dijo esto acerca de él mientras reprendía a los fariseos:

> Vosotros sois de vuestro padre el diablo, y los deseos de vuestro padre queréis hacer. El ha sido homicida desde el principio, y no ha permanecido en la verdad, porque no hay verdad en él. Cuando habla mentira, de suyo habla; porque es mentiroso, y padre de mentira (Juan 8:44).

Satanás es un mentiroso. Cuando se les acercó a Adán y Eva en el huerto, les dijo lo siguiente:

> No moriréis; sino que sabe Dios que el día que comáis de él, serán abiertos vuestros ojos, y seréis como Dios, sabiendo el bien y el mal (Génesis 3:4, 5).

Era la misma mentira que había hecho que lo sacaran a él del cielo. Pero Adán y Eva la creyeron, y fueron arrojados del huerto del Edén. En los últimos días, la gente va a seguir doctrinas parecidas de demonios y de espíritus engañosos.

¿Qué dice el movimiento de la Nueva Era? Que uno mismo puede ser Dios. ¿Qué dicen los mormones? Que uno mismo puede ser Dios. Satanás no ha cambiado; todo lo que hace es disfrazar su mentira con términos nuevos y tratarla de vender como una revelación nueva.

He aquí lo que dice Dios acerca del mundo de lo oculto.

> Cuando entres a la tierra que Jehová tu Dios te da, no aprenderás a hacer según las abominaciones de aquellas naciones. No sea hallado en ti quien haga pasar a su hijo o a su hija por el fuego, ni quien practique adivinación, ni agorero, ni sortílego, ni hechicero, ni encantador, ni adivino, ni mago, ni quien consulte a los muertos.

> Porque es abominación para con Jehová cualquiera que hace estas cosas, y por estas abominaciones Jehová tu Dios echa estas naciones de delante de ti. Perfecto serás delante de Jehová tu Dios. Porque estas naciones que vas a heredar, a agoreros y a adivinos oyen; mas a ti no te ha permitido esto Jehová tu Dios (Deuteronomio 18:9-14).

Dios dice con toda claridad que nosotros, los que somos su pueblo, no debemos tener nada que ver con ninguna de estas tres categorías dentro del mundo del ocultismo.

La astrología

El aspecto más extendido del ocultismo hoy en día es la astrología. Se basa en la suposición de que hay doce casas en el zodíaco. Según se supone también, los signos astrológicos se basan en el momento en que nace la persona. La posición de los planetas, las estrellas, el sol y la luna en el momento de nacer se usa para calcular los sucesos futuros y los ciclos de bien y de mal, a partir de la interpretación hecha por un astrólogo de dicha posición de las estrellas y planetas.

No solo carece la astrología de validez científica, sino que también es una de las prácticas paganas más antiguas, condenada por Dios a lo largo de toda la historia. Una de las cosas más emocionantes con respecto a la Palabra de Dios es que hoy es más relevante que el periódico del día. Ya Dios ha hablado en su Palabra de manera concreta sobre todas estas cosas con las que nos enfrentamos en la sociedad contemporánea. Veamos estos dos textos de las Escrituras:

> No sea que alces tus ojos al cielo, y viendo el sol y la luna y las estrellas, y todo el ejército del cielo, seas impulsado, y te inclines a ellos y les sirvas; porque Jehová tu Dios los ha concedido a todos los pueblos debajo de todos los cielos (Deuteronomio 4:19).

> Cuando se hallare en medio de ti, en alguna de tus ciudades que Jehová tu Dios te da, hombre o mujer que haya hecho mal ante los ojos de Jehová tu Dios traspasando su pacto, que hubiere ido y servido a dioses ajenos, y se hubiere inclinado a ellos, ya sea al sol, o a la luna, o a todo el ejército del cielo, lo cual yo he prohibido; y te fuere dado aviso, y después que oyeres y hubieres indagado bien, la cosa pareciere de verdad cierta, que tal abominación ha sido hecha en Israel; entonces sacarás a tus puertas al hombre o a la mujer que hubiere hecho esta mala cosa, sea hombre o mujer, y los apedrearás, y así morirán (Deuteronomio 17:2-5).

Era una abominación tan grande que Israel practicara la astrología —que siguiera al sol, la luna y las estrellas—, que Dios ordenó que mataran a los suyos por haberlo hecho.

Hoy en día, no matamos a la gente por practicar la astrología, porque no vivimos en una teocracia. Pero el principio sigue siendo el mismo: Dios dice que esas cosas son abominación para Él.

El espiritismo

Otro aspecto del ocultismo que ha adquirido gran popularidad es el espiritismo. También se le da el nombre de canalización; en él hay un canalizador que es dominado por un espíritu controlador que trae consigo algún detalle de sabiduría al estilo de la Nueva Era. ¿Qué dice Dios acerca de esto?

> No os volváis a los encantadores ni a los adivinos; no los consultéis, contaminándoos con ellos. Yo Jehová vuestro Dios.
>
> Y la persona que atendiere a encantadores o adivinos, para prostituirse tras de ellos, yo pondré mi rostro contra la tal persona, y la cortaré de entre su pueblo.

> Y el hombre o la mujer que evocare espíritus de muertos o se entregare a la adivinación, ha de morir; serán apedreados; su sangre será sobre ellos (Levítico 19:31; 20:6, 27).

Aunque en estos tiempos no apedreamos a la gente hasta morir, Dios sigue considerando estas cosas como merecedoras de su propia sentencia de muerte.

La clarividencia

Dios habla con claridad acerca de este aspecto de la clarividencia. Hoy en día hay profetas y profetisas que afirman poder predecir lo que va a suceder en su vida y en la nación. Sin embargo, Él en su Palabra nos da dos pruebas para decidir quién es verdadero profeta. La primera prueba aparece en Deuteronomio 18:20-22.

> El profeta que tuviere la presunción de hablar palabra en mi nombre, a quien yo no le haya mandado hablar, o que hablare en nombre de dioses ajenos, el tal profeta morirá. Y si dijeres en tu corazón: ¿Cómo conoceremos la palabra que Jehová no ha hablado?; si el profeta hablare en nombre de Jehová, y no se cumpliere lo que dijo, ni aconteciere, es palabra que Jehová no ha hablado; con presunción la habló el tal profeta; no tengas temor de él.

O sea, que en primer lugar, debemos poner a prueba la profecía. ¿Sucede, o no? Si no sucede, ya usted sabe que el profeta no viene de parte de Dios. Los profetas hebreos del Antiguo Testamento tenían un acierto del ciento por ciento cuando hablaban de parte de Dios; de lo contrario, los apedreaban hasta la muerte. Es muy peligroso andar proclamando que uno es un profeta de Dios. Mejor que se asegure de que es Dios el que está hablando, y de que usted no está diciendo algo que procede de su propia mente o de su imaginación.

Dios nos alerta sobre esto en Ezequiel 13:3, 6-9.

> Así ha dicho Jehová el Señor: ¡Ay de los profetas insensatos, que andan en pos de su propio espíritu, y nada han visto!... Vieron vanidad y adivinación mentirosa. Dicen: Ha dicho Jehová, y Jehová no los envió; con todo, esperan que él confirme la palabra de ellos. ¿No habéis visto visión vana, y no habéis dicho adivinación mentirosa, pues que decís: Dijo Jehová, no habiendo yo hablado? Por tanto, así ha dicho Jehová el Señor: Por cuanto vosotros habéis hablado vanidad, y habéis visto mentira, por tanto, he aquí yo estoy contra vosotros, dice Jehová el Señor. Estará mi mano contra los profetas que ven vanidad y adivinan mentira; no estarán en la congregación de mi pueblo...

La segunda prueba que nos da Dios para determinar quién es un verdadero profeta se halla en Deuteronomio 13:1-5.

> Cuando se levantare en medio de ti profeta, o soñador de sueños, y te anunciare señal o prodigios, y si se cumpliere la señal o prodigio que él te anunció, diciendo: Vamos en pos de dioses ajenos, que no conociste, y sirvámosles; no darás oído a las palabras de tal profeta, ni al tal soñador de sueños; porque Jehová vuestro Dios os está probando, para saber si amáis a Jehová vuestro Dios con todo vuestro corazón, y con toda vuestra alma. En pos de Jehová vuestro Dios andaréis; a él temeréis, guardaréis sus mandamientos y escucharéis su voz, a él serviréis, y a él seguiréis.

Primeramente, hay que probar la profecía. Después, hay que probar la enseñanza. ¿Tratan de guiarlo estos profetas hacia la adoración del Dios vivo y verdadero, o lo tratan de llevar a dioses falsos y a enseñanzas contrarias a la Palabra de Dios? Aunque la profecía se llegue a convertir en realidad, es necesario probar la enseñanza por medio de la Palabra de Dios, tal como se nos indica que hagamos en 2 Timoteo 3:16, 17.

Los platillos voladores

Hoy en día hay gran fascinación por los platillos voladores. ¿Qué son esos objetos voladores no identificados? Se calcula que el ochenta y cinco por ciento de la población mundial cree hoy en día en que los platillos voladores son reales. En la Unión Soviética, según se informa, el noventa y cinco por ciento del pueblo cree que los platillos voladores son reales, y que son parte del esfuerzo de una civilización tecnológicamente avanzada que viene a salvar al mundo.

Las encuestas muestran que cincuenta y cinco por ciento de los norteamericanos creen que los platillos voladores son reales. La Fuerza Aérea de los Estados Unidos ha estudiado los Ovnis por muchos años, excluyendo el estudio del Libro Azul de los años cincuenta y sesenta. La mayoría de esta información está clasificada secreta.

¿Qué podemos decir sobre los platillos voladores? No creemos que se deba negar su existencia. Sencillamente, hoy en día existen demasiadas evidencias que sugieren que hay *algo* real. Ya no se trata de *si existen,* sino de *qué son.*

La gente responde de formas muy variadas a esa pregunta. Si lee los libros que se han escrito en los últimos diez o veinte años, verá que hay quienes especulan diciendo que los platillos voladores no son más que un engaño. El problema que tiene esta idea, es que hay demasiados relatos de testigos dignos de confianza, que han visto platillos voladores, y se tratan de personas adiestradas para saber qué es lo que hay en el cielo, entre ellas pilotos de la Fuerza Aérea y astronautas.

Algunos escritores piensan que los platillos voladores solo son fenómenos naturales. Tal vez han visto pasar un satélite artificial, o un globo observatorio, o gas de los pantanos, o una bandada de aves, o una luz reflejada por otro objeto. Es cierto que muchas de las veces que se han visto platillos voladores, se pueden explicar como fenómenos naturales, pero hay otras en las que esto no es posible.

Hay escritores que piensan que los platillos voladores forman parte de alguna civilización interplanetaria. Solían pensar que se trataba de Venus, Marte o Júpiter, pero ahora que hemos enviado sondas espaciales a estos planetas, no hemos encontrado en ellos vida de ninguna clase.

También hay escritores que piensan que los platillos voladores son intergalácticos. Tal vez vengan de algún sistema solar situado en otra galaxia, que ahora está tratando de hacer contacto con nosotros. Creen que, al haber millones de galaxias, la evolución se debe haber producido en algún otro lugar. Sin embargo, los estudios más recientes parecen indicar que estamos solos en el universo. Sencillamente, en estos momentos no hay evidencia alguna de que haya vida extraterrestre en ningún lugar del universo.

Hay escritores que sostienen que los platillos voladores proceden de alguna civilización desconocida de la tierra. Ideas como la "teoría de la tierra hueca" van y vienen. Tal vez haya una civilización que ha escapado a la devastación de la sociedad moderna y ha desarrollado una alta tecnología. A lo mejor está escondida en algún volcán o en la selva del Amazonas.

El problema que tiene esta idea, es que hoy tenemos varios centenares de satélites artificiales en órbita alrededor de la tierra. Tenemos en esos satélites unos equipos fotográficos tan delicados, que desde más de trescientos cincuenta kilómetros de altura, pueden fotografiar a un ratón mientras corre por un maizal. Todos hemos sido fotografiados muchas veces, sin saberlo siquiera. Sin embargo, a partir de toda esta información, no tenemos evidencia alguna de que exista en la tierra alguna civilización cuya presencia no se haya detectado.

Algunos escritores han pensado que los platillos voladores son algún tipo de arma supersecreta. Pero no tenemos tecnología en ningún lugar del mundo que nos permita volar a las velocidades y en los ángulos que lo hacen los platillos voladores.

Muchos investigadores que estudian los platillos voladores están diciendo actualmente que la única explicación posible para ellos es que sean de una naturaleza ultradimensional; procedentes de un ámbito espiritual situado fuera de nuestro mundo natural tridimensional.

La venida del anticristo

Nuestra propia especulación se basa en el estudio de las Escrituras y de los platillos voladores, e insistimos que solo se trata de una opinión ilustrada. Lo que creemos es que estamos viendo cómo el mundo es preparado para la venida del anticristo en un platillo volador. En otras palabras, creemos que los platillos voladores pertenecen al ámbito de lo demoníaco.

¿Por qué decimos esto? Porque nuestro mundo de hoy no está buscando un mesías espiritual; está buscando un salvador tecnológico. Si aterrizara en el planeta Tierra un platillo volador, y de él saliera una criatura benevolente semejante a Cristo, una especie de E. T. Que afirmara ser una inteligencia superior, capaz de resolver todos nuestros problemas económicos, ambientales y tecnológicos, el mundo se arremolinaría a su alrededor.

Prácticamente en todos los "cuartos encuentros", en los cuales la gente afirma haber sido raptada y llevada a un platillo volador, la experiencia que relatan es la misma: Las criaturas les han dicho que se pueden salvar ellos mismos. No necesitan a Dios, porque ellos mismos son dioses. No necesitan que Jesús sea su Salvador, porque se pueden salvar ellos mismos por medio de un ciclo de nacimientos. Es la misma doctrina antigua de demonios y espíritus de engaño (1 Timoteo 4:1).

Sin embargo, no tenemos por qué cargar con nosotros un espíritu de temor. La Palabra de Dios nos dice que cuando nos acercamos al Señor, el diablo tiene que huir (Santiago 4:7).

Nos dice que mayor es el que está en nosotros, que el que está en el mundo (1 Juan 4:4). En Efesios 6:10-18 se nos da la armadura de Dios para esta guerra espiritual.

> Por lo demás, hermanos míos, fortaleceos en el Señor, y en el poder de su fuerza. Vestíos de toda la armadura de Dios, para que podáis estar firmes contra las asechanzas del diablo. Porque no tenemos lucha contra sangre y carne, sino contra principados, contra potestades, contra los gobernadores de las tinieblas de este siglo, contra huestes espirituales de maldad en las regiones celestes. Por tanto, tomad toda la armadura de Dios, para que podáis resistir en el día malo, y habiendo acabado todo, estar firmes.
>
> Estad, pues, firmes, ceñidos vuestros lomos con la verdad, y vestidos con la coraza de justicia, y calzados los pies con el apresto del evangelio de la paz. Sobre todo, tomad el escudo de la fe, con que podáis apagar todos los dardos de fuego del maligno. Y tomad el yelmo de la salvación, y la espada del Espíritu, que es la palabra de Dios; orando en todo tiempo con toda oración y súplica en el Espíritu, y velando en ello con toda perseverancia y súplica por todos los santos.

16

Realidades sobre...

La meditación trascendental

En los años sesenta se popularizó la meditación trascendental, cuando el grupo de rock de los Beatles visitó la India y aprendió esta práctica hindú con su fundador, el Maharishi Mahesh Yogui. El Maharishi descubrió que podía prosperar si ofrecía un "atajo hacia la Iluminación".

Los occidentales espiritualmente hambrientos estuvieron más que dispuestos a aceptar una forma sencilla de hinduismo y Raja Yoga llamada "meditación trascendental". Cuando el Maharishi trajo a los Estados Unidos sus enseñanzas y prácticas hindúes en los años sesenta, su organización tomó el nombre de "Movimiento de regeneración espiritual". Su meta era adaptar el hinduismo para que se ajustara a la cultura occidental. Hoy en día, la Universidad Maharishi, en Fairfield, Iowa, es el centro de este movimiento que se ha extendido por todo el mundo.

Solo en los Estados Unidos, más de un millón de personas han pagado para poder pasar por la ceremonia de iniciación, a fin de aprender y practicar la meditación trascendental. Ha sido como una especie de camaleón religioso, que se ha tratado de confundir en la corriente principal de la cultura occidental sin que detecten su verdadera naturaleza. Para enmascarar y cubrir la verdadera naturaleza religiosa hindú de la meditación trascendental, la organización le da ahora a esta creencia y práctica el nombre de "Tecnología Maharishi del Campo Unificado". La expresión "Tecnología Maharishi" no es más que un eufemismo para referirse a la práctica de la meditación trascendental.

El campo unificado

"Campo Unificado" no es más que una etiqueta pseudocientífica para identificar la filosofía religiosa del monismo hindú. Para demostrar la verdadera naturaleza hindú de la meditación trascendental, no tenemos que ir más allá de los escritos del propio Maharishi. En su libro *Transcendental Meditation* [La meditación trascendental], Maharishi escribe:

> Ser es algo de naturaleza impersonal, así que para ser uno mismo solo es necesario salir de la naturaleza personal, salir del campo del hacer y del pensar, y establecerse en el campo del Ser. El Dios impersonal es ese Ser que habita en los corazones de todos. Cada persona, en su verdadera naturaleza, es el Dios impersonal (páginas 267-269).

Maharishi añade también:

> El estado trascendental del Ser se halla más allá de todo ver, oír, tocar, oler y gustar; más allá de todo pensar y más allá de todo sentir. Este estado de conciencia pura absoluta y no manifiesta del Ser es lo máximo de la vida. Se experimenta con facilidad por medio del sistema de la meditación trascendental (página 46).

La meta del Maharashi es hacer que usted experimente el "Campo Unificado", o sea, la realidad impersonal del monismo hindú, a base de practicar la "Tecnología Maharishi", conocida como "meditación trascendental". Pero a fin de experimentar esta "iluminación", más de un millón de estadounidenses han tenido que pasar primero por una ceremonia hindú de iniciación.

El mantra personal

Después del pago de una cantidad por ser iniciado, el elemento más importante y requerido para convertirse en practicante de la "Tecnología Maharishi" es la ceremonia de iniciación, en la cual a cada iniciado se le da un "mantra" personal, o palabra sagrada en la cual debe meditar.

A los que se van a iniciar en la meditación trascendental se les indica que lleven a su ceremonia de iniciación una ofrenda que consiste en seis flores, tres frutas y un pañuelo blanco. En la ceremonia, cada iniciado se quita los zapatos y entra en un pequeño cuarto poco iluminado. En medio del cuarto hay un altar con velas encendidas, donde se está quemando incienso. El altar está adornado con una fotografía del Gurú Dev, el maestro ya fallecido del Maharishi Mahesh Yogui. De pie con el iniciado ante el altar, el instructor recita el Puja, la parte central del rito de iniciación. El Puja es un himno sánscrito de adoración y es un preludio a la entrega del mantra.

El Puja es descrito para los instructores de la meditación trascendental en un manual secreto conocido como *The Holy Tradition* ["La santa tradición"]. La traducción del himno sánscrito que se canta en la ceremonia de iniciación contiene las partes siguientes:

> Ante el Señor Narayana, a BRAHMA, nacido del loto, el Creador... Ante Shankaracharya el redentor,

> saludado como KRISHNA, me inclino. Me inclino una segunda vez y una tercera para la gloria del Señor ante cuya puerta toda la galaxia de los dioses ora para pedir la perfección de día y de noche.
>
> Blanca como el alcanfor, la bondad encarnada, la esencia de la creación se engalana con BRAHMÁN, toda habitación en el loto de mi corazón, el impulso creativo de la vida cósmica; ante eso, en la forma del Gurú Dev, me inclino...
>
> Gurú en la gloria de BRAHMA, Gurú en la gloria de VISHNÚ, Gurú en la gloria del gran SEÑOR SHIVA, Gurú en la gloria de la plenitud trascendental personificada de BRAHMÁN; ante Él, ante Shri Gurú Dev, adornado con gloria, me inclino.

Más de un millón de personas en los Estados Unidos han pasado por esta ceremonia, en la esperanza de encontrar la realidad y la realización definitivas. No solo son típicos del hinduismo la ceremonia de iniciación y el Puja, sino que el mantra o "palabra sagrada", que recibe el iniciado para meditarla, es el nombre de un dios hindú, o un nombre asociado con uno o varios de ellos.

En el libro de Maharishi llamado *Meditations of Maharishi Mahesh Yogi* [Meditaciones del Maharishi Mahesh Yogui], leemos:

> Los Vedas [las Escrituras hindúes] son un estudio muy básico de los aspectos fundamentales de la vida. Esa es la razón por la que, por medio de los himnos védicos, los que son expertos en entonar esos himnos pueden producir ciertos efectos aquí, allí o allí. El universo es amplio, con tantos mundos y todo lo demás. Hacemos aquí algo según los ritos védicos, en especial, entonando una cierta cantilena para producir un efecto en algún otro mundo, atraer la atención de esos seres superiores o dioses que viven allí. Todo el conocimiento

del mantra o himno de los Vedas está dedicado a la conexión del hombre, a su comunicación con los seres superiores que se hallan "en estratos diferentes de la creación" (páginas 17 y 18).

En el libro *The Religion of the Hindus* [La religión de los hindúes], editado por K. W. Morgan, hallamos lo siguiente acerca de la meditación trascendental en la página 24:

> Un mantra no es una simple fórmula o conjuro mágico, ni tampoco una oración; es la encarnación en sonido de una divinidad determinada. Es la divinidad misma. De esta forma, cuando el adorador repite un mantra, está haciendo un esfuerzo por identificarse con el que está adorando, y el poder de esa divinidad acude en su ayuda. De esta forma, el poder humano queda complementado por el poder divino.

La meditación trascendental, lo mismo que otras sectas hindúes, ha tenido una gran influencia en el esfuerzo por poner en primera fila a las filosofías orientales en los Estados Unidos.

La soberanía y sus consecuencias

Es importante que comprendamos las espantosas consecuencias que tiene la adopción de esta filosofía hindú y budista como cosmovisión básica para la vida y para la práctica diaria. El hecho de invocar a otros dioses, repetir sus nombres y vaciarse de sí mismo pone con toda seguridad a la persona bajo la soberanía del dios al cual abrace. *Abrazar a una divinidad pagana es garantía segura de que pronto la persona será un siervo totalmente entregado de esa divinidad.*

Para un cristiano, solo existe el Dios vivo y verdadero. Todos los demás son falsos dioses, que solo pueden llevar a sus seguidores al abismo infernal. Para decirlo con palabras más sencillas aún, *lo que no procede del Dios verdadero, procede del diablo.* Los que creen que se están uniendo con el cosmos a base de despojarse de ellos mismos, en realidad se están entregando a fuerzas demoníacas.

Los cristianos que creen poder jugar con la meditación trascendental y seguir caminando dentro de la fe cristiana, se están engañando a sí mismos. La Palabra de Dios habla con claridad sobre esto:

> ¿Qué digo, pues? ¿Que el ídolo es algo, o que sea algo lo que se sacrifica a los ídolos? Antes digo que lo que los gentiles sacrifican, a los demonios lo sacrifican, y no a Dios; y no quiero que vosotros os hagáis partícipes con los demonios.
> No podéis beber la copa del Señor, y la copa de los demonios; no podéis participar de la mesa del Señor, y de la mesa de los demonios. ¿O provocaremos a celos al Señor? ¿Somos más fuertes que él? (1 Corintios 10:19-22).
>
> El Espíritu dice claramente que en los postreros tiempos algunos apostatarán de la fe, escuchando a espíritus engañadores y a doctrinas de demonios (1 Timoteo 4:1).

Los que alegan que no hay Dios, o que todos somos un dios en unidad, pero adoran a estos demonios, no han tenido en cuenta un punto muy crítico: Esos demonios son espíritus engañadores que conocen realmente la verdad, pero la están enmascarando para cumplir con sus propios propósitos. Son los ángeles caídos arrojados junto con Satanás de la presencia del Dios vivo y verdadero.

> Tú crees que Dios es uno; bien haces. También los demonios creen, y tiemblan (Santiago 2:19).

La única respuesta correcta del cristiano ante estos intentos de Satanás por engañarlo, es la misma que Cristo le dio cuando lo trató de tentar:

Vete, Satanás, porque escrito está: Al Señor tu Dios adorarás, y a él sólo servirás (Mateo 4:10).